国家社科基金（15BGL160）资助项目

中国制造业集群转型升级政策研究

RESEARCH ON TRANSFORMATION AND UPGRADING OF MANUFACTURING INDUSTRY CLUSTER IN CHINA

赵波 等◎著

图书在版编目（CIP）数据

中国制造业集群转型升级政策研究/赵波等著.—北京：经济管理出版社，2018.12
ISBN 978-7-5096-6226-7

Ⅰ.①中… Ⅱ.①赵… Ⅲ.①制造工业—转型经济—经济政策—研究—中国
Ⅳ.①F426.4

中国版本图书馆 CIP 数据核字(2018)第 273137 号

组稿编辑：杜　菲
责任编辑：杜　菲
责任印制：黄章平
责任校对：王淑卿

出版发行：经济管理出版社
（北京市海淀区北蜂窝 8 号中雅大厦 A 座 11 层　100038）
网　　址：www.E-mp.com.cn
电　　话：（010）51915602
印　　刷：北京虎彩文化传播有限公司
经　　销：新华书店
开　　本：720mm×1000mm/16
印　　张：16
字　　数：230 千字
版　　次：2018 年 12 月第 1 版　　2018 年 12 月第 1 次印刷
书　　号：ISBN 978-7-5096-6226-7
定　　价：68.00 元

联系地址：北京阜外月坛北小街 2 号
电话：（010）68022974　　邮编：100836

前 言

制造业是国民经济的主体，是立国之本、兴国之器、强国之基。改革开放以来，我国制造业取得了举世瞩目的成就，成为全球制造业第一大国，是世界上唯一拥有联合国产业分类全部工业门类的国家，且每一小类均形成了不同种类的产业集群。据《全球制造500强》报告显示，2017年我国共有76家制造业企业进入榜单，位于美国与日本之后，排名全球第3位。然而，在经济新常态下，制造业遇到了前所未有的困境，如何促进制造业的转型升级已经是我国现阶段经济转型升级的关键和核心问题。迈克尔·波特（1990）在《国家竞争优势》一书中指出，一个国家或地区竞争优势的获得，关键在于产业的竞争，而产业的发展往往是在国内几个区域内形成有竞争力的产业集群。因此，制造业的转型升级关键在于制造业集群的转型升级。本书在对经济新常态下我国制造业面临的困境总结的基础上，从产能过剩、政府转型升级、企业转型升级三个维度考察我国制造业集群转型升级问题，借鉴制造业集群升级的国际经验，提出相应的政策建议。

本书的具体结构如下：

第一章分析研究的背景与意义。第二章梳理国内外关于制造业集群升级相关的文献。第三章分析我国制造业集群的典型类型及形成机制，使用2000～2016年全国31个省（市、区）分两位数制造业的工业总产值数据，测算我国制造业分行业分地区的产业集群程度，并分析了东部与中西部地区制造业集群转型升级面临的主要问题。第四章构建了我国制造业集群转型升级的评价指标体系，使用主成分分析法测算了我国制造业集群转型升级的绩效。第五章以 PSR 模型为理论基础，构建了产能过剩对我国制造业集群转型升级的一个简单的理论机制，实证分析了我国制造业集群转型升级缓慢与产能过剩长期存在的原因。第六章研究了政府转型升级与制造业集群转型升级的理论机制，在刻画我国政府转型升级情况的基础上，实证分析了政府转型升级与制造业集群转型升级的关系。第七章从微观视角分析企业转型升级与制造业集群转型升级的关系，并考察产业集群、产业政策、金融发展等对企业转型升级的影响。第八章为制造业集群升级的国际经验借鉴与启示，整理与梳理了国际上具有不同代表性的制造业集群升级的困境、路径与举措。第九章为政策建议部分，在对本书研究总结与归纳的基础上，提出我国制造业集群升级的总体方向与政策建议。

本书的研究得到国家社科基金一般项目（15BGL160）的资助，特此表示衷心的感谢。本书的完成是课题组共同努力的结果，赵波教授负责第一、第六章及全书的框架与统筹工作；黄信灶负责第三、第五章的撰写及全文统稿；罗小娟负责第九章的撰写；罗小娟与丁霞负责第二、第七章的撰写；钟天黎负责第四章的撰写；黄珊珊负责第八章的撰写。感谢江西省发改委产业协调处邓强处长、开发区改革发展处曾铭处长；江西省工信厅新兴产业处万钧处长、装备工业处陈军处长、综合处刘运明处长等为本书提供了素材与宝贵建议。课题组在调研过程中得到了江苏、浙江、四川、重庆及江西 5 省市 30 多个工业园区管委会的支持，在此一并表示感谢。

囿于知识水平与研究资源，书中存在诸多不足，许多问题有待进一步探讨，这些将成为课题组团队成员未来研究的方向与重点。本书存在的不当与疏漏之处，敬请广大读者批评指正。

赵波

2018 年 11 月于江西师范大学瑶湖校区

目　录

第一章 导论

一、中国制造业集群转型升级的背景与意义

自 1978 年改革开放以来，我国经济取得了令世人瞩目的成就，被称为“中国奇迹”（林毅夫等，1994）。2017 年中国 GDP 达 82.7 万亿元，占全世界经济的比重约为 15%。[①] 我国人均 GDP 从 1978 年的 381 元，上升到 2017 年的 59660 元，名义增长了 156.59 倍。然而，近些年我国经济增速明显放缓，2015～2017 年连续 3 年的 GDP 增长率低于 7%；经济结构性矛盾突出，低端产业产能过剩与高端产业发展不足并存；劳动力、土地等要素价格上涨，且对经济增长的带动作用越来越弱。我国经济已然进入了新常态。

（一）经济新常态需要新的发展思维

习近平总书记对我国经济新常态有着深刻的总结，其主要特征可归纳

① 2017 年中国 GDP 占世界经济比重的 15% 左右［EB/OL］. 新浪财经，http://finance.sina.com.cn/7x24/2018-02-28/doc-ifyrvnsx0400771.shtml.

为三个方面：一是从高速增长转为中高速增长；二是经济结构不断优化升级；三是从要素驱动、投资驱动转向创新驱动。[①] 具体而言，我国经济增速已经难以有之前近两位数增速的情形，这已经成为我国政府及大部分学者的共识[②]；结构从增量扩能为主转向调整存量、做优增量并存的深度调整时期，不再一味追求产出，同时也需调整现有的存量结构，并注重提升产出的质量；经济增长的动能从传统增长点转向新的增长点，更多依赖于科技进步与生产效率的提高；增长方式从规模速度型粗放式增长转向高质量、高效率型的集约式增长。认识经济新常态、适应新常态、引领新常态，是当前和今后一段时期我国经济发展的大逻辑。显然，如果我国经济增长模式无法得到有效改变，则我们离建设社会主义现代化强国的目标将渐行渐远。习近平总书记在党的十九大报告中指出，在经济新常态下，需要有新的发展思维。这意味着我们必须以新的思维、新的语境和新的举措、新的动力，积极主动地应对“新常态”，稳妥地完成国家战略抉择的适时转向，实现经济社会健康持续的发展进步。其中，制造业发展模式的转变是所有工作中的重中之重。

（二）经济新常态下制造业集群转型升级的紧迫性

一个国家制造业的发展水平是其是否强大的重要衡量标志，是富国之基、强国之本。我国经济已经步入新常态，经济增速、方式、动力、结构等均发生了本质性的变化。在经济新常态下，认清当前制造业集群面临的形势，分析制造业集群存在的问题，推动制造业集群发展升级，对于提升我国综合实力，建设现代化强国，实现两个百年奋斗目标具有重要意义。

在中国经济进入新常态的大背景下，2015 年 5 月 19 日，国务院发布《中国制造 2025》，提出到 2025 年迈入世界制造业强国的发展目标，并部

---

① 习近平在 APEC 工商领导人峰会开幕式上发表主旨演讲［EB/OL］. 中国新闻网，http：//www. chinanews. com/gn/2014/11 – 09/6763528. shtml.

② 不少学者认为，我国在 2025 年前能保持在 5% 以上的增速，2026 ~ 2035 年能保持在 4% 左右的增速，2035 年后与世界经济平均增速相近。参见清华大学中国与世界经济研究中心（CCWE）宏观预测课题组报告。

署了全面推进实施制造业强国战略。推动经济高质量发展已成为当前和今后一段时期确定发展思路、制定经济政策、实施宏观调控的根本要求。工业作为实体经济的主体和建设现代化经济体系的主要着力点，必须把提高供给体系质量作为主攻方向，推动工业经济发展质量变革、效率变革、动力变革，显著增强工业经济质量优势，使工业经济朝着更高质量方向发展。但是，伴随着新一轮产业革命和全球产业竞争范式的转变，伴随着中国经济发展阶段逐渐步入工业化后期，我国制造业面临着前所未有的困境（黄群慧，2015）。

1. 我国制造业成本优势逐渐减弱

（1）劳动力成本。改革开放后，人口红利对我国经济的高速增长起到至关重要的作用（蔡昉，2004，2010）。劳动力数量多且成本低廉一直是我国制造业竞争力的最大优势来源。然而，自2010年刘易斯拐点到来之后，我国劳动力成本优势正在减弱。1990～2015年，中国制造业年平均工资由2073元提高到55324元，16年间劳动力成本上升了26倍。同期，美国制造业年平均工资由28173美元上升至55292美元，劳动力成本仅上升了1.9倍。2000年中国制造业工资水平相当于美国制造业工资水平的6%，1990～2015年，中国制造业年平均工资增速基本保持在10%以上的水平，几乎一直高于美国，美中制造业平均工资差距已由1990年的65倍降至2015年的6倍（渠慎宁、杨丹辉，2017）。中国单位劳动力成本已经超过了泰国、印度尼西亚等国家（魏浩、郭也，2013）。

（2）能耗成本。制造业能耗占全国一次能耗的63%，单位产品的能耗高出国际水平的20%～30%；资源绩效居世界59个主要国家的倒数第6位；据世界银行估计，环境污染给中国带来相当于3.5%～8%的GDP损失，企业造成的污染70%来源于制造业。工业企业是中国能源消费大户，能源消费量占全国能源消费总量的70%左右，所以工业节能对我国节能减排事业影响深远。被称为“史上最严”的新环保法从2015年开始实施，无形中提升了企业的用能成本（如煤改气提升企业的成本）、环保的费用支出。

2. 全要素生产率的驱动力不足

要素投入依旧是我国制造业的主要增长动力。郭庆旺、贾俊雪（2005）测算了我国全要素生产率与经济增长的关系，结果表明，1979～2004年，我国全要素生产率增长率及其对经济增长的贡献率较低，表明我国经济增长主要依赖于要素投入增长，是一种较为典型的投入型增长方式。江飞涛等（2014）；蔡昉（2014）；黄群慧、贺俊（2015）认为"入世"以来，特别是2003年以后，中国制造业全要素生产率增速呈现较明显的下滑态势。蔡跃洲、付一夫（2017）也认为2005年之后，技术进步对经济增长的支撑作用迅速下降。

3. 产能过剩与供给不足并存

改革开放以来，中国产能迅猛增长，粗钢、水泥、发电量等主要工业品的人均产量在1978～2014年分别增长了17.1倍、25.8倍和15.4倍。但是，在经济新常态下，中国大多数工业行业都出现产能相对过剩问题，尤其是金属冶炼、建筑材料、基础化工、机械装备制造和汽车制造等重化工业的产能过剩问题更为突出。2012～2013年中国电解铝、平板玻璃、汽车、太阳能电池组件、聚氯乙烯和甲醇的生产能力利用率分别为70%、68%、70%、51%、60%和50%（中国社会科学院工业经济研究所，2013、2014）。2016年全国水泥熟料产量13.76亿吨，熟料产能实际利用率68%；水泥产量24.03亿吨，水泥产能利用率62.74%。[①] 中国2016年粗钢产量8.08亿吨，表观消费量7.07亿吨，产能10.7亿吨，产能利用率为75.5%。[②] 玻璃产能利用率约为71.61%。[③]

中国制造业既存在产能过剩，也存在供给不足。供给不足主要集中在高附加值的技术密集型产业，其正是国内企业的市场空间。以电子信息市场为例。2017年中国集成电路进口量约3770亿块，进口额高达2601亿美

① 数据来源于《水泥行业去产能行动计划（2018～2020年）》。

② 中国钢铁产能严重过剩矛盾已经缓解［EB/OL］. 新浪财经，http://finance.sina.com.cn/roll/2018-01-16/doc-ifyqptqw0132953.shtml.

③ 2017年中国水泥玻璃行业产能及前景分析［EB/OL］. 中国产业信息网，http://www.chyxx.com/industry/201708/554408.html.

元，折合人民币约17561亿元，同比增幅高达14.6%。同期中国货物进口额为12.46万亿元，集成电路进口总额占到了其中的14.1%。[①] 再如中国机械工业。我国机械工业大量出口到世界各国，但据中国工业机械联合会的数据显示，我国工业机械存在低端大量出口，高端不得不大量进口的现象。2016年我国金属加工机床外贸逆差45亿美元，仪器仪表逆差126亿美元，汽车逆差更高达338亿美元，高端供给不足矛盾突出。[②]

4. 外部需求放缓

由于我国制造业的成本上升，许多产品的市场竞争力下降，再加上国外市场需求较为疲软，表现为近些年我国进出口增速下降。如图1-1所示，自2011年以来中国进出口贸易增速显著下降。在2016年以后，我国进出口的增速才有所反转。可以预计未来我国进出口贸易的增速如经济增速，很难再出现高速增长的状态。

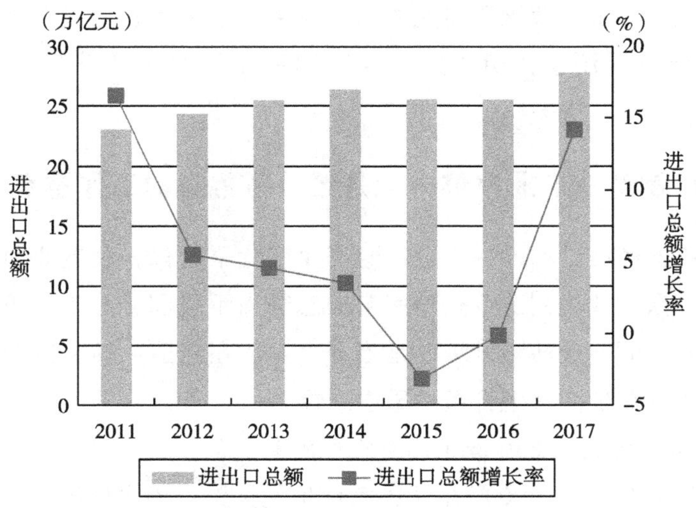

图1-1 2011~2017年我国进出口贸易额及增速

① 简直抢钱！中国进口芯片年开销超万亿，美日欧垄断如何破局？［EB/OL］. 凤凰财经，http：//finance. ifeng. com/a/20180425/16199423_ 0. shtml.

② 小小螺栓，为何在中国高端装备上几乎100%进口？［EB/OL］. 搜狐网，http：//www. sohu. com/a/201856973_ 100004405.

5. 外部环境多变

当前，世界经济正处于深度调整期与复苏期，发达国家通过加大科技创新和产业变革、修改国际投资贸易规则，积极争夺制造业竞争优势和价值链高端环节；发展中国家依靠资源、劳动力等比较优势，以更低成本承接制造业转移，形成“高端回流”和“中低端分流”的双向挤压态势，对我国制造业转型升级形成新的压力。美国的减税计划、新一轮的加息周期，导致国际资金回撤，外汇储备规模减小，人民币汇率持续贬值，对我国的外商投资数额都将产生一定的负面影响。

“逆全球化”思潮和贸易保护主义倾向抬头。2018 年初美国计划对中国超过 500 美元的商品征收高额关税，我国对从美国进口的商品征收同等规模的报复性关税，因此中美之间的贸易战硝烟弥漫。同时，我国与其他国家的贸易争端将更加普遍，关税与非关税壁垒将成为我国对外贸易的一种常态，进一步加大我国制造业的出口难度。在中美贸易战背后，世界贸易体系将会有所调整，切实要求我国制造业及时调整并适应新的游戏规则。

（三）制造业产业集群升级是经济新常态的工作重点

当前我国经济已融入一个全新的产业链竞争时代，制造业面临的发展环境更为复杂，我国制造业企稳回升的态势尚不稳固，有诸多不确定、不可持续因素，制造业转型升级已是当务之急。在制造业转型升级中，产业集群的升级是制造业转型升级的重中之重。

1. 制造业的竞争是制造业产业集群的竞争

迈克尔·波特（1990）在《国家竞争优势》一书中提出，一个国家或地区竞争优势的获得，关键在于产业的竞争，而产业的发展往往是在国内几个区域内形成有竞争力的产业集群。在我国经济发达的地区，如广东、江苏、浙江、福建、山东等地区，其区域内均形成了许多在国内外有竞争力的产业集群（具体可参见第四章的论述）。正是由于在区域内形成了有竞争力的产业集群，沿海地区的许多制造业在国内外市场拥有较大的市场份额。因此，不同国家制造业的竞争是制造业产业集群的竞争，产业的升级本质上表现为产业集群的升级。

2. 新常态下制造业集群升级的困境

制造业产业集群升级已经被认为是我国经济新常态的工作重点。然而，我国产业集群内部存在诸多问题：

（1）大部分制造业集群处于产业链的中低端、产品附加值低。如2017年财富500强企业中，我国有6家整车企业进入榜单，但这6家整车企业的利润总额仅是丰田汽车的六成。①

（2）产业集群内部分工协作弱。由于许多企业在地理上的集中，但企业与企业之间缺乏内部的有效分工协作，更多表现为“企业扎堆”而非产业集群（郑江淮等，2008），以横向分工（同质产品+专业市场）与简单生产链纵向分工（传统劳动密集型产业）为主要形式（张杰等，2007）。

（3）产业集群内的创新能力不足。我国产业集群的增长动力主要来源于廉价的要素成本与优惠的扶持政策。由于存在路径依赖（Path－Dependence），如何实现从要素驱动向创新驱动将是我国产业集群最大的问题。

根据阮建青等（2014）的研究，产业集群需要经历三个阶段：集群发展早期处于数量扩张期，在数量扩张期鼎盛阶段，集群可能陷入内生质量危机；若能克服质量危机，集群将演化到质量提升期；在质量提升期末期，产业集群能够将利润重心从生产环节升级到技术研发、品牌创新与市场开拓环节，则集群将向微笑曲线的两端演化，即集群演进到研发与品牌创新期。目前，我国制造业产业集群总体处于从第二阶段向第三阶段转变。在面临着“内忧外患”的环境下，如何实现制造业产业集群升级事关我国经济的持续增长动力、居民收入、就业等方方面面。

本书基于我国经济进入新常态的背景、我国制造业集群升级的必要性与意义，拟分析我国制造业集群升级的现状、困境与绩效评价，实证研究

① 财富500强汽车榜六家中国车企总盈利仅及丰田六成［EB/OL］. 网易网，http：//auto.163. com/18/0721/08/DN7O4DTE000884MM. html.

产能过剩、政府行为与企业转型升级三个方面对我国制造业集群升级的影响，并在借鉴国外制造业集群升级经验的基础上，提出我国制造业集群升级的政策建议。

二、研究内容与框架

在经济新常态下，制造业集群遇到了前所未有的困境。在分析中国制造业集群现状与困境、建立制造业集群升级绩效评价指标的基础之上，本书重点从三个方面分析我国制造业集群升级的问题：一是基于压力—状态—响应理论模型（PSR），分析我国制造业在产能过剩的状态下，制造业集群是否能实现升级。此部分的分析结果也解答了“产能过剩是否倒逼我国产业结构升级”的问题。二是基于国内关于政府行为与经济增长关系的主流理论——晋升锦标赛与财政分析理论，分析政府转型与制造业集群升级之间的关系。此部分主要解答了政府转型在制造业集群升级中的作用，并分析为了实现制造业集群升级，政府应加快哪些方面的转型。三是基于微观视角，分析制造业集群与企业转型升级的关系。此部分主要关注在产业集群内部企业转型升级行为。进一步地分析制造业集群升级的国际经验与启示，结合对以上三个问题的分析，提出我国制造业集群升级的政策建议。本书的研究框架如图 1 – 2 所示。

本书的研究内容包括以下九个章节：

第一章导论。主要介绍我国经济新常态下研究制造业集群升级的背景与研究意义、研究框架与主要内容、研究方法、研究难点重点与可能的创新点。

第二章国内外研究进展。根据本书涉及的理论，主要对以下三个方面的文献进行综述：一是制造业及制造业集群升级与影响因素的国内外文献；二是PSR理论与产能过剩（包括产能过剩的测算方法、原因与政策建议等）的国内外文献；三是制造业集群升级路径与政策建议的国内外文献。

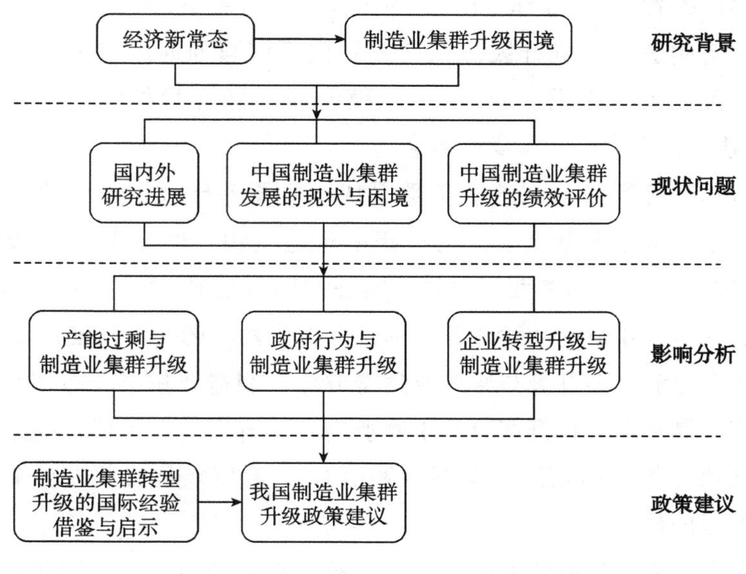

图1-2 研究框架

第三章中国制造业集群发展的现状与困境。首先，分析了我国制造业集群的种类与形成机制；其次，分析了我国制造业集群代表性的两个地区的现状与问题（浙江的块状经济与广东的专业镇）；最后，在介绍产业集群测度方法后，选择区位熵作为本章分析我国制造业集群现状的方法，并分析了我国30个省（市、区）2000~2016年20个分行业制造业集群的演变情况。

第四章中国制造业集群升级的绩效评价。在分析国内外关于制造业集群升级评价指标的基础上，构建了我国制造业集群升级的评价指标，从集群升级的经济效益（目标）、集群升级的自主创新能力（路径）、集群升级的绿色发展（方向）三个层面构建集群升级的评价指标，使用主成分分析法（PCA）合成我国2006~2016年30个省（市、区）制造业集群的升级情况。

第五章产能过剩与制造业集群升级主要基于PSR模型，分析常见于各类媒体的文章“产能过剩倒逼我国产业结构调研”问题。构建了在理想状态或欧美国家背景下，产能过剩倒逼产业结构升级的理论分析框架。分析产能过剩对制造业集群升级的倒逼作用被延缓与削弱。使用2001～2016年我国省际面板的数据，通过GMM模型与空间计量模型（SAR模型与SDM模型）实证检验了本章的结论。

第六章政府行为与制造业集群升级。主要基于政治经济学的分析视角，分析政府转型与制造业集群升级的理论机制，通过2002～2016年我国29个省（市、区）的面板数据，实证检验政府转型与制造业集群升级的关系，并进一步分时间阶段与分地区分析了两者的时空演变规律。

第七章企业转型升级与制造业集群升级。制造业集群升级依赖企业的转型升级，制造业集群升级有利于企业的转型升级。使用微观企业调研数据，以江西为例，建立计量模型，采用Logit模型实证分析产业集群对我国企业升级的作用。

第八章制造业集群转型升级的国际经验借鉴与启示。选取了四种不同类型的产业集群，包括台湾新竹集成电路产业集群、底特律汽车产业集群、意大利纺织产业集群和日本丰田汽车业集群四个具有代表性的产业集群，重点分析了其产业集群发展过程中曾经遇到的主要问题及采取的措施，并总结了不同类型产业集群升级对我国制造业集群升级的启示。

第九章研究结论与对策建议。在对本书研究总结归纳的基础上，提出我国制造业集群升级的总体方向，即向创新驱动转型、智能制造转型、服务化转型、绿色化转型和品牌化转型。并在理念层面、公共服务平台、人才梯队、体制机制、营商环境五个方面提出我国制造业集群升级的政策建议。

三、研究思路与研究方法

（一）研究思路

本书基本遵循着提出问题—分析现状与问题—实证分析—解决问题的思路（见图1－3）。

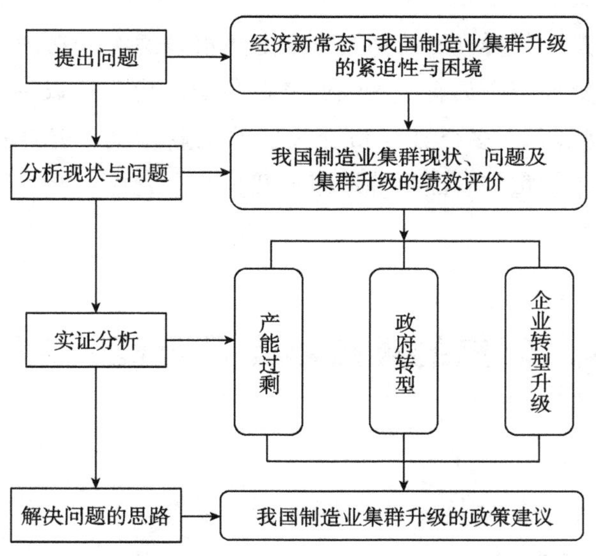

图1－3 本书研究的主要思路

（二）研究方法

1. 规范分析与实证分析相结合

在分析经济新常态下，我国制造业集群升级的紧迫性、意义、现状与问题、政策建议等方面使用了规范分析方法。在实证分析上，在制造业集群升级的现状使用了区位熵，在集群升级的绩效评价使用了主成分分析法，在分析产能过剩、政府行为、企业转型升级的三个内容中使用了GMM估计、空间计量与Logit估计。

2. 归纳分析与演绎分析相结合

在我国制造业集群现状与问题、集群升级绩效评价、国外代表性产业集群升级经验与启示等方面大量使用了归纳分析法。在产能过剩与产业集群升级、企业转型升级与产业集群升级等理论假设采用演绎分析法。

3. 实地调研与案例分析相结合

在分析我国制造业集群升级的现状与问题时，着重分析了我国有代表性的两大产业集群（浙江的块状经济与广东的专业镇）；分析了包括台湾新竹集成电路产业集群、底特律汽车产业集群、意大利纺织产业集群和日本丰田汽车业集群四个具有代表性的产业集群。为了获取一手资料，课题组实地调研了江西20多个县（市、区）的工业园区、近百家企业以及浙江、江苏、广东、重庆、四川等地园区及企业。

四、研究的重点难点及可能的创新

（一）研究重点

主要包括：我国制造业集群存在的主要问题；制造业集群升级的绩效评价；借鉴国内外产业集群升级的经验，根据国内实际情形提出相应的政策建议。

（二）研究难点

主要包括：一是制造业集群升级的评价指标体系的构建，涉及制造业集群升级的目标、路径、方向等多方面；二是产能过剩倒逼我国制造业集群升级的机制，包括如何构建产能过剩倒逼我国产业集群升级的理论框架及相应的计量模型；三是政府转型与制造业集群升级的理论机制，包括如何构建政府转型升级与产业集群升级的理论框架及相应的计量模型；四是分析新常态下我国制造业集群对企业转型升级的作用。

（三）可能的创新

1. 研究思路上的创新

分别从产能过剩（产业）、政府转型（政府）、企业转型升级（微观）三个层面分析我国产业集群升级存在的问题。其中产能过剩部分基于PSR模型、政府转型升级基于新政治经济学的分析视角。

2. 研究方法上的创新

在产能过剩与制造业集群部分，借用环境管理领域上的PSR模型，分析我国产能过剩是否倒逼我国制造业集群升级；区别以往定性分析政府转型与制造业集群升级的分析方法，借用新政治经济学的分析视角，通过构建理论与计量模型，使用省际面板数据分析政府转型与制造业集群升级的关系。

3. 研究结论上的创新

通过三个层面分析我国产业集群升级存在的问题，借鉴国外产业集群升级的经验，提出我国制造业集群升级的政策建议；在产能过剩倒逼产业集群升级上，发现我国目前倒逼机制失灵及倒逼机制的“二元结构”；在政府转型与制造业集群升级关系上，实证结果表明我国政府转型正处于纵深推进过程中，政府转型对制造业集群升级具有正向的促进作用，因此为了促进制造业集群升级，必须加快政府转型步伐。

第二章　国内外研究进展

经济新常态背景下，经济结构不够优化、经济增长质量不高、可持续发展能力欠缺、资源和环境问题愈加突出，经济发展转型升级的需求更为迫切。产业集群作为我国经济增长和产业升级的重要载体和平台，是众多学者关注的焦点问题。数年来，学术界从不同的角度对其进行了不少的探讨与研究，成果颇丰，下面主要就产能过剩、产业集群转型升级以及 PSR 相关概念的国内外研究现状进行分析。

一、产能过剩

所谓产能，是指生产产品的能力，多用产能利用效率或是设备利用效率对其进行测度。而产能过剩则是指由于产能的饱和利用，使市场中的产品超出社会需要的能力，故而，产能过剩并非仅仅是指市场上产品的过剩，更是指产品生产能力的过剩。一般而言，产能过剩与产业升级存在交叠前进的态势。对于产能过剩概念，我们还要明晰以下几个问题：一是产能过剩是指针对特定行业的产能过剩，而非所有行业。当前我国产能过剩问题多存在于资源型行业与传统产业，例如，钢铁、煤炭、平板玻璃、纺织服装、电解铝等。二是产能过剩只出现在特定的时期，不是一直存在的。例如，美国多次出现的产能过剩都与经济周期有关，但在经济发展进入复苏期之后，市场又会通过产业升级，淘汰落后产业等方式化解产能过剩问题。付保宗、郭海涛（2011）在分析日本产能过剩问题时发现，日本产能过剩同时具有周期性产能过剩和非周期性产能过剩两个特征，对此，他们更多地采用事前预防和事后干预的产业政策加以调整。三是产能过剩出现的根本原因是供求结构失衡。所以，解决产能过剩问题不能仅仅靠去库存。下面将具体从产能过剩的定义、产能过剩的成因以及化解产能过剩的政策建议角度对有关产能过剩的相关文献进行梳理。

（一）产能过剩的定义

在一定计划期内，组织技术条件既定，企业所能生产的产品和能够处理的原材料数量超过市场标准的剩余就叫产能过剩，这时企业供给能力存在闲置。已有文献主要从微观和宏观视角、总量和结构视角、体制和非体制的视角对产能过剩的内涵进行界定，但有关产能过剩还未形成一个统一的定义，下面主要就国内外学者对产能过剩的界定进行阐述。

1. 国外学者对产能过剩概念的研究

通过梳理国外有关文献，发现国外学者多从微观层面对产能过剩问题进行研究，他们普遍认为不完全竞争或垄断竞争形成的实际产出小于最优产出的情况就是产能过剩。1933 年，张伯伦最早提出“产能过剩”概念，他在《垄断竞争理论》一书中提出“垄断竞争使平均成本线高于边际成本线，致使企业的产品供给大于均衡市场下的市场需求，从而表现为持续性的产能过剩”。1947 年，他又对产能过剩概念做了微观经济学的阐述，指出，完全竞争市场下的产出水平是“完全产能”，而垄断竞争市场下的产出水平是偏离“完全产能”的，造成了经济组织的无效率。此后，学者们对产能过剩的内涵展开了各式的研究和讨论。Ross（1959）同样认为产能过剩是一种持续状态，是指企业能够生产的产出大于实际生产的产出的情况。Kamien 和 Schwartz（1972）也指出，产能过剩是垄断竞争或不完全竞争行业的企业生产设备利用率低于最小平均成本时的情况。Kirkley 等

（2002）认为产能过剩主要由固定投入要素和可变投入要素的过度投资造成，而固定投入量是决定产能水平的关键变量。

2. 国内学者对产能过剩概念的研究

不同于国外学者，国内学者更多地从宏观层面对产能过剩进行界定，并对其进行了具有中国特色的定义。国内学界普遍认为：我国所出现的产能过剩为周期性产能过剩，是市场上产品实际生产能力大大超过有效需求的状态，更为重要的是，超过的部分大于维持正常生产和市场竞争所需的闲置产能界限，出现产能过剩现象时就业不充分、资本错配、资源利用不充分和社会福利损失等问题也会接踵而至（王岳平，2006）。李江涛（2006）指出在经济周期性波动研究中，产能过剩是隐含于生产过剩背后的附加问题；但产能过剩作为一个独立的经济现象，对我国经济运行具有重要的现实意义，他首先就对产能过剩与生产过剩进行了区分，并指出，产能过剩是以产品的生产能力作为考察对象的，由于前期投资规模过大、结构不合理或是未来可能形成的潜在的生产规模、生产结构超过了符合市场有效需求的供给规模和结构，所造成的供大于求的情形；此外，相比于生产过剩，产能过剩出现更早，生产过剩是产能过剩在后期全面爆发的结果，产能过剩更具有潜在性和现实性，故而，相较而言，产能过剩对经济造成的危害可能更为严重。

自 2008 年全球经济危机发生后，产能过剩成为制约我国经济发展的重要影响因素，国内对产能过剩的理解从市场供给需求视角转向结构性视角。当前，国内学者多将产能过剩定义为结构性产能过剩与体制性产能过剩，其中，结构性产能过剩是指由于供给结构和需求结构不匹配，部分落后产能无法满足市场需求而形成过剩，而先进产能则由于产业转型与创新乏力而出现供给不足的问题；体制性产能过剩则认为，市场经济体制的不健全以及政府干预的过度使企业具有不完全成本，造成企业投资决策出现偏差，市场供给能力远远超过实际需求而产生产能过剩（王立国、张日旭，2010；周劲、付保宗，2011；翟东升，2013；王立国、周雨，2013）。周劲、付保宗（2011）对不同类型的行业进行了区分，指出结构性产能过剩多出现在轻工业领域，而体制性产能过剩多出现于重工业领域，部分新兴行业则表现出两者共存的特征。江飞涛（2008），冯俏彬、贾康（2014）认为当前我国经济发展过程中，政府对市场的干预程度相对较高，经济靠投资拉动明显都是造成体制性产能过剩的重要原因。

3. 我国政策文件中有关产能过剩的理解

通过查阅国内有关政策文件，可将产能过剩概括为：产能过剩是因为市场中的盲目性投资行为和低水平的重复建设行为所造成的生产能力远远大于市场需求的现象，具体表现为产品价格下跌、库存上升、行业利润率下降甚至亏损等问题。此外，政策文件中对产能过剩概念并非指在市场经济周期波动中所出现的短暂的产能富余，而是指在经济和产业转型升级过程中所特有的、一段时间内的生产能力高于市场需求的现象。

（二）产能过剩的成因

虽然不少学者对产能过剩提出了不同的见解，但产能过剩的成因更是学者们的热点关注问题（李江涛，2006）。

国外学者研究中，Fair（1985）指出由于经济存在周期性波动，部分优质企业会考虑通过持有一定数量的过剩产能，借此来应对经济不景气或是经济波动时出现的市场需求变化，保持生产弹性，这是非战略性产能过剩，这一类产能过剩主要是由于企业为降低成本调整而出现。相应地，战略性产能过剩是指行业内现有的企业为阻止新的竞争者进入市场，或是为争夺市场份额，通过扩产能或是降价对潜在进入者形成威慑，保证已有的市场份额与利润水平（Lieberman，1987；Eaton & Lipsey，1979）。

有关我国产能过剩原因的分析，学者们主要从市场缺陷、要素价格扭曲、体制不健全、政府干预四个方面进行了分析。一是市场缺陷、市场调节不到位、投资过热是造成产能过剩的重要原因之一。Kornai（1986）在分析中国国有企业投资时指出，由于企业缺乏硬性约束，导致投资及产能扩大，造成产能过剩。林毅夫等（2010）则使用潮涌现象说明企业在不完全信息条件下，由于对于某一产业的发展持共同认知，导致资源的大量涌入形成产能过剩问题，进而导致市场价格大跌、大量企业开工不足甚至亏损破产。韩国高等（2011）通过利用我国28个制造业行业的数据分析产能过剩的原因，认为固定投资是产能过剩的最主要原因。何蕾（2015）也有类似结论。二是要素价格扭曲。地方政府为了追求经济绩效，向企业提供相对较多的土地和融资优惠、政策性补贴，引起了过度投资的行为，造成要素市场扭曲，无法形成正确的价格信号，进一步导致了产能过剩（耿强等，2011；干春晖，2015；程俊杰、刘志彪，2015）。三是体制不健全。在体制转轨过程中，体制不健全导致的过度投资、重复建设、过度竞争问题，都是形成产能过剩的重要原因（江飞涛等，2012；范林凯等，2015）。魏后凯（2001）指出因为生产同类型产品的企业过多，造成全国总体生产能力过大，生产设备闲置（卫新华，2003；杨培鸿，2006）。四是政府干预。干春晖等（2015）从地方官员任期的视角探讨企业产能过剩的成因，认为在任期内，地方官员在晋升锦标赛的激励下，向企业提供相对较多的土地和融资优惠，形成投资冲动，导致产能过剩。刘航、孙早（2014）则认为过快推进城镇化，迫使地方政府从财政、贷款、土地等方面加大对企业的干预，最终导致了产能过剩。

（三）化解产能过剩的政策建议

学术界提出的化解产能过剩的方式方法主要有以下两种：一是供给侧去产能。对于那些由于产能过剩而无法正常运作的企业不能简单地“一刀切”，不能以去产能为名简单破产关闭处理。对于多数已经形成产能的企业，一般企业实力较好，以优质企业居多，对于这一类企业以引导去产能或是企业转型升级为主要解决手段，这样既不会导致社会资源的浪费，又可以促进经济增长。二是需求侧刺激社会增加对过剩产能产品的需求。以增量化解产量也是解决产能过剩问题的重要手段，增加社会对相关过剩产品的需求，平衡市场的供给量与需求量，解决供求结构失衡问题。

具体地，可从加快市场化进程、减少政府干预、增加对地方政府官员的监管等出发。范林凯等（2015）指出加快产能过剩行业的市场化改革进程可以帮助化解产能过剩问题，通过建立和维护公平竞争的市场环境，让“无形的手”更好地发挥作用（徐朝阳、周念利，2015）。程俊杰、刘志彪（2015）从政府干预角度提出，政府应放弃对要素价格以及市场资源配置的过度干预。于春晖等（2015）则主要从加强官员的考核及考核体系的建立和增加官员异地交流机会等方面提出了解决产能过剩的政策建议。

二、产业集群转型升级路径

产业集群作为区域经济发展的新模式，是一种典型的产业组织形式。由于外部规模经济的存在，使许多性质相同的企业集聚在一起，形成产业集群，通过企业间的协同研发，资源、信息共享，带来了知识、信息、技术等的外溢效应，提高了企业的生产效率。虽然产业集群是一种较为稳定的经济活动空间组织形式，但也并非所有的产业集群都有利于经济发展与产业发展，我国一些地方的产业集群开始出现技术创新乏力和动态适应能力不足等问题（王云平，2006；胡大立、张伟，2007；蔡宁等，2011），产业集群转型升级问题也越来越被学者们所关注。

（一）国外有关产业集群转型升级路径的相关研究

Gereffi（1999）最早提出产业升级的概念，并将其引入全球价值链（GVC）分析模式，他根据东亚服装生产行业在全球价值链的升级演化过程总结了一条产业升级的路径，即从委托组装（OEA）、委托加工（OEM）、自主设计和加工（ODM）到自主品牌生产（OBM）的升级过程，这为产业转型和升级的研究提供了一种新的研究思路。在此基础上，Humphrey 和 Schmitz（2002）再次从价值链角度出发，提出产业转型升级的四种模式：一是过程升级，通过重组生产系统或是采用更好的技术，提高投入产出比。二是产品升级，借助引进先进的生产线，改进老产品，推广新产品，增加产品的附加值。三是功能升级，与 Gereffi（1999）的思路一脉相承，即是整个生产过程向利润丰厚的设计和营销方面靠拢。四是跨产业升级，在整个产业价值链上，企业将一个行业的专业知识应用到另一个行业；Kaplinsky 和 Morris（2011）以案例研究的方式，辅佐验证了 Humphrey 和 Schmitz（2002）的观点，他们发现许多行业在升级过程中出现了类似的逐步发展的规律。

（二）国内有关产业集群转型升级路径的相关研究

国内学者主要从以下两个角度对产业集群转型升级的路径进行分析。一是从创新角度研究产业集群转型升级的演化路径。梅丽霞等（2005）通过研究台湾地区 20 年以来 PC 产业的发展过程，认为我国的原始设备制造（OEM）企业应首先积极在全球价值链上逐渐从原始设备制造（OEM）到原始设计制造（ODM），再到原始品牌制造（OBM）转变，以低成本为导向转为以创新为导向，从资本的积累到技术的过渡，逐步攀升至价值链的高端环节。唐海燕、程新章（2006）从产品升级、工艺升级、功能升级三个层次对温州打火机生产企业的升级过程进行研究。蔡瑞林等（2014）运用程序化扎根理论方法开展质化研究，指出市场、技术和组织等要素整合是低成本创新的源泉，为我国制造业行业发展，实现低成本创新提出了对策建议。唐光海（2015）结合互联网思维分析了互联网对我国传统制造业行业发展的巨大影响，提出通过生产扩大化和生产虚拟化两种路径推动我国制造业产业升级。二是从转型实施角度研究产业集群转型战略和策略。其中，关于战略转型的文献丰富。胡迟（2014）认为，转型升级是产业转变发展方式的“必由之路”，进入“十二五”以来，我们应该努力培育“第三次工业革命”环境下源自科技创新和人力资本的新竞争；李文军（2015）提出，在经济新常态背景下，可持续的经济增长的根本路径是转变经济发展模式，加快产业转型升级，特别是加快培育和发展战略性新兴产业，促进传统产业特别是制造企业进行转型升级，适应新常态、引领新常态。张志元、李兆友（2015）认为我国应建立包括科学技术的发展、需求结构的升级、产业组织结构的改革和创新等在内的转型升级的动力机制，来应对经济增长速度换挡期、产业结构调整阵痛期、前期刺激政策消化期“三期叠加”的新常态特征。沈坤荣、李震（2017）通过分析供给侧结构性改革与制造业转型升级的内在关系和作用机理，提出制造业转型升级发展要寻求新空间、抢占制高点，必须统筹规划、综合施策，尤其是要加快推动供给侧结构性改革，努力消除无效供给、减少低端供给，着力扩大有效供给、创造新型供给，加快有关体制机制及政策创新，逐步提高产业供给结构对需求结构的适应性。金碚等（2011）从资源环境约束下技术路线转换角度提出，发展现代产业体系要向高附加值产业端攀升、在更新更先进技术的基础上全面提升企业自主发展能力和国际竞争力等。徐充、刘志强（2016）指出东北地区的产业转型升级可以从提高行业生产集中度、增加集群规模效益、加强产业之间关联、创新产业发展模式、提升技术水平等方面着手。

三、产业集群转型升级影响因素

对产业集群转型升级影响因素的研究，多为实证研究。已有研究从不同方面考察了制造业转型升级的影响因素，主要有结构性因素、价值链因素、人力资本因素、政府干预因素、金融市场化水平因素、外商投资因素等。下面将分别从这些方面对有关产业集群转型升级的影响因素的文献进行回顾。

（一）结构性因素

结构性因素是影响产业集群发展与转型升级的重要因子，学者们在设计转型升级的计量模型和指标选取时，多将结构性问题纳入计量模型，有部分学者也直接用产业结构来表征产业转型升级的水平。陈佳贵等（2006）基于经济发展水平、工业结构、就业结构、空间结构等多方面构建地区工业化综合评价体系来评价中国大陆所有省级区域的工业化水平。王福君、宋玉祥（2008）设计了包括技术结构的高度化、资产结构的高度化、劳动力结构的高度化和产出结构的高度化的装备制造业内部结构升级测度指标体系，对辽宁的装备制造业进行测度。浙江省经信委（2012）在发布的《关于浙江省块状经济向现代产业集群转型升级示范区建设考评办法（试行）》文件中确定了规模效益、自主创新、结构调整、资源节约四个一级考核指标，用以综合考核评价产业集群示范区的建设工作和成效。① 刘小铁（2013）则认为产业集群的发展水平可以分为萌芽期、成长期和成熟期三个阶段，可从集群规模、集群结构、集群效应和集群网络四个方面构建产业集群发展水平的评价模型及指标体系。张继良、赵崇生（2015）基于产业结构、投资结构、经济效益、自主创新和节能降耗等环节构建指标体系，计算了2008～2013年全国、东部、中部、西部和东北区的工业转型升级效果。祁明德（2015）在构建区域产业转型升级综合绩效评价指标体系时，选取了2009～2013年珠三角9个城市的包括产业结构水平等在内的5个层面的考核指标，对珠三角城市产业转型升级的绩效进行评价研究。王敏、汤伟（2016）从三次产业比例结构的角度实证分析了产业结构对企业转型升级的作用，研究结论显示，产业结构（以工业产值占GDP比重为指标）对转型升级具有正向促进作用，并在1%的水平上显著。李慧、平芳芳（2017）在装备制造业转型升级的指标体系中加入了产业结构合理化这一维度的指标，利用2000～2011年装备制造业7大行业的统计数据，对产业结构的高度化和合理化水平进行测量，研究发现，装备制造业产业结构合理化水平较高，且呈逐年增长趋势，但产业结构高度化水平整体偏低。何宁、夏友富（2018）也构建了包括技术创新、资产结构、人

① http：//www. doc88. com/p－6445931029948. html.

才结构、产出结构、绿色发展、两化融合发展等在内的6项准则层指标及20项子指标的产业升级评价指标体系。

（二）价值链因素

从全球价值链出发研究产业转型升级或是集群转型升级问题也是较为常见的研究视角。张辉（2005）根据全球价值链中各主体之间协调能力的高低探讨了全球价值链下的地方集群治理模式，指出地方产业集群是在价值链中的地位向上升级的。刘志彪、张少军（2008）则认为我国要完成产业升级，不能只在既有的全球价值链中攀升，更应该通过价值链延伸，将全球价值链转化为国内价值链。汪斌等（2008）认为即便是使用同种治理模式的全球价值链，地方产业集群转型升级的路径和模式也会有所不同。Linden等（2009，2011）；Xing和Detert（2010）以苹果智能产品为例，对中国厂商的分工地位和所获分工利益进行了案例研究，施炳展（2010）采用同一产品内部，出口产品价格的跨国比较方法，对中国制造业的国际分工地位进行了研究，得出中国制造业出口产品绝大多数处于低端位置，且随着产品技术含量增加，中国分工地位逐渐恶化的研究结论。陈爱贞（2008）则通过投入产出分析法对中国装备制造业在全球价值链中的地位演变进行了研究，发现中国装备制造业各细分行业的中间投入层次较低，间接的资源和能源消耗大。Breinlich和Hliger（2008）从国际贸易角度提出，并购行为是贸易自由化后进行产业结构调整的一个有效渠道。毛蕴诗、汪建成（2006）有着同样的见解，他们认为充分利用国际产业转移的机会，加强同国际企业的合作与竞争，从中进行技术和管理学习，有助于加快我国制造业转型升级的步伐，培植自己的自主创新能力。龚三乐（2011）基于全球价值链视角，以东莞市IT产业集群为例，建立了核心能力提升、价值链地位提升以及社会效益提升三方面的集群企业升级绩效评价的指标体系。

（三）人力资本因素

王一鸣（2005）指出我国企业自主创新能力薄弱，主要是受到创新人才等内部条件的制约。张国强等（2011）对人力资本与产业结构升级之间的关系进行了研究，发现人力资本在东部地区对产业结构的升级具有显著的促进作用，而对中西部地区产业结构升级的促进作用不明显。都阳（2013）也提出用高技术水平的劳动力替代低水平的劳动力是应对劳动力成本上升，提高劳动生产力的重要手段。Yang 等（2013）在建立工业转型升级综合评价指标体系时，也加入了人力资本变量，并运用层次分析法对 2000～2009 年中国工业发展方式的转变进行了研究与评价。赵昌文、许召元（2013）提出影响企业转型升级成效的主要因素包括对研发的投入、商标和品牌的建设、人力资源的培养、先进管理技术的应用和管理能力的提升等方面。宁靓等（2016）基于包括人力资本供给能力在内的四个层次构建服务外包产业转型升级的综合能力评价指标，对 19 个省市服务外包产业转型升级的综合能力做出了评价，指出提高中国服务外包产业的竞争力需要从政府宏观政策、基础设施建设及配套服务、企业技术创新能力和人才体系建设四个方面入手，依据新形势加快服务外包产业的转型升级。Zhao 等（2017）则采用创新型人力投入、创新型财务投入、创新型主体投入、创新技术产出和创新扩散 5 个一级指标以及 23 个子指标构建了制造业创新能力评价指标体系。贺小刚等（2005）、中国企业家调查课题组（2015）则指出，企业家的能力既是影响人力资本的重要组成部分，也是制约企业与企业集群转型升级与进一步发展的重要因素。

（四）政府干预因素

近些年，政府在产业转型升级中的影响作用受到学者们的普遍关注，从理论上来看，对产业转型升级中政府的作用研究较多，研究视角也较为多样，有从政府官员、政府治理角度深入的研究，也有从税收、产业政策、金融深化角度的研究，还有不少研究从政府财政收支角度着手分析政府行为对制造业转型升级的影响。具体包括：一是制度角度。制度环境是影响我国制造业转型升级的重要因素，体制创新和结构优化是增强我国制造业自主创新能力，实现从制造业大国走向制造业强国的必由之路（李时椿，2006）。产业政策作为制定环境的重要部分，一直为学界所关注。在林毅夫（2007）的新结构经济学理论中认为在发展中国家，企业很容易对哪一个是有前景的新产业达成共识，政府相对于企业具有总量信息优势，可以利用这一信息优势制定产业政策引导产业升级。多数学者认为制度性因素是影响我国产业转型升级最为重要的因素之一，他们认为由于制度质量的差异，不同产业所处的发展环境也各有不同，行业内企业的全要素生产率、创新研发动力等也会受到影响（曹驰、黄汉民，2017；黄群慧、贺俊，2016）。二是政府与市场角度。罗光华（2008）认为政府在产业优化升级中的职能主要体现在产业规划和政策指导、创造良好的环境、科技服务、信息服务、法制服务等方面。王薇（2012）指出政府在产业发展中的职能主要包括完善健全政策法规、制定执行产业发展规划、支持和加强基础设施建设、保障财政投入、拓展区域合作等方面。金碚（2014）提出，我国制造业转型升级成功的关键在于创建一个公平透明的市场竞争环境，进一步地，他认为积极地推动制造业以外的其他领域改革，尤其是要素市场的改革是创建公开透明的市场的重要举措。国企垄断问题也是构成我国政府与市场关系的重要部分，吴延兵（2012），张天华、张少华（2016）等学者认为国有企业垄断妨碍了整个社会经济的增长与发展，抑制了我国经济体制的转型与发展升级。黄群慧、贺俊（2016）认为制度观学派所提出的完善市场经济体制、深化国企改革等也是我国进入发达工业国家所必须具备的条件。建立好中介服务组织，打造良好的产业升级发展的服务环境；加大创新投入，优化企业营商环境；加强产学研合作，提升企业技术水平等对制造业转型升级具有重要作用（岳芳敏，2009；潘忠贤，2011）。郭庆旺、贾俊雪（2006）分别分析了公共物质资本投入和公共人力资本投入与经济增长之间的关系，发现政府公共物质资本投入对经济增长的影响显著为正，而公共人力资本投入对经济增长的影响较小，尤其是在短时间内不利于我国经济的增长。三是财政收支角度。游秋琳等（2016）提出，最大化地发挥政府财政政策在促进制造业转型升级中的积极作用，是我国当前供给侧改革所需重点关注的主要内容之一。沈坤荣（1999，2000）、姚洋（2000）、张军（2002）、郭庆旺（2003）、吕冰洋（2014，2016）等知名学者都基于财政的视角对我国经济增长和产业发展进行了分析。崔永涛等（2017）基于2002～2007年全国20个省市42个行业的数据对政府财政支出对产业结构变化的影响关系进行分析，结果表明政府财政支出对企业转型升级产生负向影响，且在10%水平上通过显著性检验。周黎安（2008）针对地方政府在经济发展水平不同地区的做法指出，地方政府在公共服务上表现的系统差异是造成区域间经济发展水平存在差异的重要原因，在政府公共服务水平更高的地区，政府是市场经济发展的“协助之手”，而在公共服务落后的地区，政府更像是经济发展的“攫取之手”。此外，还有不少学者提出政府在基础设施、平台培育、人才保障等方面提供的服务对制造业转型升级具有较大的推动作用，并建立了相应的政府公共服务能力评估指标体系（李想、汪雷，2009）。四是政府官员的视角。政府官员治理效率和治理质量也是政府干预产业转型升级的重要手段，对我国经济和产业发展具有重要影响（Li，1998）。改革开放以来，中国地方官员在推动经济体制改革、招商引资、发展民营经济、改善地方基础设施等方面都发挥了重要作用，可以说，中国的经济奇迹和地方官员的努力是分不开的。国内越来越多的学者也开始尝试从地方官员的角度来解释中国的经济增长，周黎安（2004，2007）的晋升锦标赛、张军（2005，2007）的为增长而竞争、徐现祥（2005，2007，2008）的经济增长市场论，尽管提法不同，但这三种表述的内在逻辑却是一致的：中央对地方官员的晋升标准以经济绩效为主，辖区经济增长较快的地方官员更可能获得晋升。中国的经济转型离不开政府自身的转型（周黎安，2015）。

（五）金融市场化水平因素

金融市场化水平是发展中国家经济增长的一个重要影响因素。熊彼特认为将资金向创新型产业领域配置，可以达到促进产业结构升级的效果。孙晶（2012）提出通过服务和信息的外溢，金融集聚为企业转型升级发展提供了适宜的土壤。杨志群（2013）发现金融集聚对集聚区内企业的技术创新起着促进作用。而刘海飞、贺晓宇（2017）则认为地方政府对金融资源的干预尤其是融资渠道的干预，削弱了金融集聚对企业创新的促进作用。

（六）外商投资因素

吴进红（2007）的研究表明，外商直接投资对优化产业结构具有显著的推动作用，其影响路径主要是通过进出口贸易结构的改变引起企业生产结构的改变，并通过前后向关联效应催生出新的产业，从而促进产业结构优化。张海洋（2005）、王红领等（2006）利用行业数据直接对FDI与国内企业自主研发进行了实证分析，沈坤荣、耿强（2001）；赵文军、于津平（2012）；周升起等（2014）也从FDI的角度对我国经济增长、产业转型升级的影响进行了探讨。

四、PSR模型研究综述

（一）PSR模型定义

20世纪70年代末，加拿大研究人员Rapport和Friend最早提出驱动力—状态—响应模型的框架基础。联合国UNEP（环境规划署）和OECD（经济合作与发展组织）首次提出压力—状态—响应模型（Pressure - State - Response，PSR），将其运用于对生态环境的评价。PSR模型建立在因果关系基础之上，体现的是原因—效果—响应的逻辑关系，具体包含压力、状态和响应三方面的指标。其中，压力指标指由于人类活动给自然生态环境所带来的巨大压力与影响，主要是指人类通过自身的活动、资源消耗等对生态环境带来的变化；状态指标指生态环境系统在遭受外在压力之后所呈现出的状态；响应指标指为响应人类活动对生态环境系统造成的压力，并为了促进环境的可持续发展而实施的优化生态环境系统的具体行动与反应，是人类对环境状态变化所做出的反应。由此可见，PSR 模型反映的是人与环境之间相互作用关系。

（二）PSR 模型在生态与资源领域的运用

由 PSR 模型框架构建的相关评价系统逐步为国内外学者所认可，并已经将模型应用到包括经济、交通、环境、土地等在内的多个领域。在现有文献中，对 PSR 模型的应用多集中于生态环境绩效管理与生态安全评价、可持续发展、土地集约管理以及各类资源安全、区域生态安全、森林生态安全等的评价研究。其中，运用 PSR 模型的资源安全评价，包括水资源安全与承载力评价、国家资源安全、矿产资源安全、海洋资源、粮食安全、空气安全等研究。

冯科等（2007）指出已有的土地集约利用评价指标系统多集中于土地利用的现存状态，而较少考虑人地关系对用地效益的影响，对此，他们通过构建土地利用中人地相互作用的 PSR 框架，同时利用 GIS 和主成分分析的方法对浙江 11 个地级市的城市土地集约利用情况进行了测度和评价；研究发现 PSR 系统的协调度与城市土地集约利用水平呈高度正相关。此外，PSR 模型还被广泛应用到土地资源管理领域（周炳中等，2002；李晓云、张安录，2003；郭旭东等，2004；张文斌，2014；王蓓华，2014；谢花林等，2015）。毛旭鹏等（2012）借助 PSR 模型，结合长株潭地区的具体情况构建了长株潭地区森林生态安全评价指标体系，同时运用熵值法，模糊综合评价法对长株潭地区森林生态安全的演变规律及影响因素进行分析。袁兴中（2001）等也运用 PSR 模型建立了生态环境评价的指标体系（FAO，1997；陈甲球，2006；杨志敏，2009；张丽，2011；高珊、黄贤金，2010）。李中才等（2010）以 1990～2005 年长岛县的生态安全状况为例，研究了生态压力、生态状态和生态响应之间的作用关系，绘制了生态安全指数的变化曲线。彭建等（2011）也将PSR应用到区域的可持续发展评价中（李琳等，2004；李向辉等，2005）。此外，还有不少学者将PSR应用到资源的可持续发展评价中（张翔等，1999；麦少芝等，2005；贺三维等，2011）。

（三）PSR在产业研究中的运用

近年来，学者逐步尝试将PSR模型框架应用于有关于产业发展或是产业转移的分析研究中。李然（2016）指出产业转移所带来的影响涉及许多方面，不仅对区域经济的发展有影响，还对区域产业结构的优化产生影响，对产业集群的形成有影响，此外，也对区域生态环境产生影响；对此，使用PSR模型作为分析工具，用模型对这一复杂过程进行分析和模拟（张文龙等，2012）。曹园园（2017）则研究了产业结构与生态安全之间的关系，产业结构的优化发展对于生态安全具有重要意义，在此基础上，他构建了产业结构视角下的城市生态安全PSR评价模型。范硕（2017）通过建立适用于工业园区环境评价的PSR模型，选择相应的评价指标体系，并运用该指标体系对工业园区的可持续发展性进行了综合评价。此外，张晓晓（2015）以山西为例，运用PSR模型对工业用地的集约利用空间差异进行了研究（姜巧玲，2009）；蔺蕊（2009）基于PSR模型，对工业污染进行了评价（陆翱翔等，2007）。李炎女（2008）在对我国工业污染问题进行系统分析的基础上，运用PSR模型建立了通用的工业生态安全评价指标体系。

五、相关研究述评

国内外文献对我国产能过剩和集群转型升级有着比较深入且广泛的研

究。首先，对产能过剩的相关研究较多地集中于产能过剩的测度、特征、成因与政策建议，这对于帮助我们认识与解决我国产能过剩问题具有重要意义。但是，有关产能过剩与产业结构升级之间作用关系的研究却是寥寥无几，但“产能过剩倒逼产业结构升级”的问题却为大家所默认，故而，本书考虑对产能过剩倒逼产业结构升级的问题进行具体分析，对我国产能过剩研究做一个补充。

其次，有关于产业集群转型升级已经进行了长期深入的研究，形成了相当丰富的研究结论，已具备相应的研究基础。现有文献对集群转型升级路径与影响因素进行了充分的研究，对产业集群转型升级的研究主要是从产业转型升级影响因素、转型升级对策、转型升级水平测度等进行研究。就研究方法而言，以往的研究多是定性分析，通过分析产业的发展现状、转型升级过程中所遇到的问题等，提出推进产业转型升级的新路径和新思路，近年来，定量分析逐渐应用于产业集群转型升级测度和产业转型升级影响因素的研究中；尤其是在产业转型升级影响因素研究中，以定量分析为主。但通过构建计量模型对集群转型升级进行研究的运用还不够深入。从研究视角来看，多从宏观角度对经济转型升级进行对策研究，对产业集群转型升级的现有研究已较为充分，主要是从产业结构转型升级和产业内升级两个角度进行研究，区域性转型升级研究较多，主要以对企业转型升级的研究居多，但研究不够全面。对企业转型升级的研究主要以发达地区为主，广东、浙江、江苏、东北等地的研究较多，而对中西部地方产业集群转型升级研究得很少。

最后，在 PSR 模型研究方面，现有文献对该模型的应用主要集中在生态环境管理、土地及其他资源管理领域，较少将 PSR 模型应用到产业发展管理领域，这为本书提供了很好的切入点，所以我们选择“经济新常态下我国制造业集群转型升级政策研究”为主题，应用 PSR 框架模型从形成机制、现状特征、行为决策三个方面，建立了压力—状态—响应理论框架，并展开实证研究。压力方面主要分析制造业产能过剩的形成机制；状态方面分析我国制造业产能过剩的时空规律；响应方面从制造业集群中观视角和企业微观视角，分别研究其在经济新常态背景下，抑制产能过剩的转型升级响应决策。将经济新常态、产能过剩和产业集群转型升级建立有机联系，这也正是本书研究在学术上可能的边际贡献。

第三章　中国制造业集群发展的现状与困境

一、中国制造业集群的类型与形成机制

（一）中国制造业集群类型

Porter（1990）在《国家竞争优势》一书中提出，一个国家或地区竞争优势的获得关键在于产业的竞争，而产业的发展往往是在国内几个区域内形成有竞争力的产业集群。在改革开放后的40年里，中国经济的快速增长伴随着区域内产业集群的形成与壮大。我国富有竞争力的产业集群主要集中于东部沿海发达地区，这也验证了Porter（1990）的观点。反观西部地区，产业集群规模普遍较小、竞争力不强，最终结果表现为经济发展相对落后的状态。

1. 我国产业集群的种类

关于产业集群的种类，学者们有着不同的认识。Markusen（1996）将产业集群分为四大类型（见表3－1）。在中国制造业中，代表性的马歇尔的产业集群有福建泉州的纺织服装产业、广东中山的专业镇、温州的小商

品；代表性的轮轴式产业集群有湖北十堰的汽车产业、安徽的奇瑞汽车产业、上海的钢铁产业；代表性的卫星平台式产业集群有深圳与惠州的电子通信设备制造产业；代表性的政府主导式产业集群有北京的中关村。

表 3－1　马库森的产业集群类型

类型	区内企业特点	内部依赖关系	地方劳动力市场	地方政府作用	长期增长前景
马歇尔式产业集群	地方性中小型企业	大量的内部贸易与合作，强大的制度支持	劳动力市场在区内，有高度的灵活性	在管理和促进核心产业发展中起很大作用	依赖于区内的经济制度和协作关系
轮轴式产业集群	一个或多个大型企业与大量小型的供应商	由大型企业对企业之间的分工协作做出安排	劳动力市场在区内，活动性小	在管理和促进核心产业发展中起重要作用	依赖于产业和轴心企业的发展前景
卫星平台式产业集群	总部在外部的大中型企业	小规模合作与企业网络	劳动力市场在区内，在垂直一体化的企业中	提供基础设施、关税和其他优惠条件	依赖于当地吸纳和外部分支企业的能力
政府主导式产业集群	大型公共企业与非营利实体以及与之相关的供应商	仅限于公共实体与其供给商之间的贸易关系	国家出资则劳动力市场在区内，大学、军事机构等出资则劳动力市场在外部	在规制和促进核心活动中的作用弱	依赖于当地扩大政治支持获取公共设施的能力

资料来源：Markusen A. Sticky Places in Slippery Space：A Typology of Industrial Districts［J］. Economic Geography，1996（72）.

仇保兴（1999）根据集群的结构特征将产业集群划分为三类：一是市场型产业集群，类似马歇尔式产业集群，集群内有众多中小型企业，企业与企业之间通过市场交易来形成分工协作，在我国沿海地区的绝大部分纺织服装、家具制造、食品制造等产业集群都属于此种类型；二是中心—卫星产业集群，类似轮轴式产业集群，由一个企业主导，众多中小企业围绕的结构，如汽车制造；三是混合网络型产业集群，在集群内企业间主要以信息联系，通过非物质媒介进行组织生产的集群，这类集群企业在地理位置上并没有传统产业集群上的要求，企业可以在全国甚至全世界分散布点。王缉慈（2001）将我国产业集群分为外向型出口加工基地、智力密集地区、条件优越的开发区、乡镇企业集群而形成的企业网络、国有大中型企业为核心的企业网络。罗若愚（2002）根据产业形成的原因，将产业集群分为原生型产业集群（如浙江的块状经济）、外向型产业集群（如广东省的专业镇）、政府作用形成的产业集群（如中关村的高新产业集群）及国有企业衍生形成的产业集群（如湖北的十堰汽车产业集群）。

2. 我国产业集群的发展阶段

自改革开放后，我国产业集群经历了不同的阶段。刘世锦（2009）根据产业集群的发展动力不同，将产业集群的演化划分为四个阶段（见图3－1）：自然条件促成阶段（20世纪80年代初期至90年代初期）、市场需求拉升阶段（20世纪90年代初期至90年代中后期）、外商投资推动阶段（20世纪90年代中后期至21世纪初期）、产业转移和升级阶段（21世纪初期至今）。我国现阶段产业集群正处于产业转移和升级阶段。一方面是大量劳动密集型产业从东部向中西部或是东南亚地区转移；另一方面是产业由价值链低端向高端、由低质量增长向高质量发展、由成本驱动向创新驱动转向。

（二）中国产业集群的形成机制

中国已是全球制造业第一大国，拥有39个工业大类191个中类525个小类，是全世界唯一拥有联合国产业分类全部工业门类的国家，每一小类均形成了不同种类的产业集群。然而不同种类的产业集群形成的机制却截然不同：有些产业集群是因为资源禀赋的原因，如山西与内蒙古的煤矿采炼加工业、江西的铜与稀土冶炼加工业；有些产业集群则是由于外资直接投资形成的，如广东、福建的纺织服装、制鞋，江苏的电子通信产业等；有些则是国有企业与政府作用形成的产业集群。

阶段	自然条件促成阶段	市场需求拉升阶段	外商投资推动阶段	产业转移和升级阶段
主要推动力	自然资源 传统手工业 商业传统 地域文化	居民消费品价格放开 内需扩大 出口增加	参与全球产业分工 全球产业转移 外商直接投资	产业辐射 产业容量约束 集群间竞争 重化工业化 链状产业集群

图 3－1　产业集群演化阶段

资料来源：刘世锦．对中国的产业结构和产能过剩问题的看法［A］．中国国际经济交流中心．第一届全球智库峰会演讲集［C］．中国国际经济交流中心，2009：2.

1. 资源驱动型产业集群

资源驱动型产业集群指的是依靠本地区特有的产业基础条件、自然资源、社会资源等，依靠市场力量或政府力量而建立的产业集群，包括社会资源驱动型的产业集群与自然资源驱动型的产业集群。社会资源驱动型的产业集群主要分布于我国沿海地区，而自然资源驱动型的产业集群主要集中于中西部地区。

在改革开放前，我国产业按“三线建设”布局，沿海地区由于处于第一线，较少有大型的工业企业。在改革开放后，由于凭借其良好的地理位置、丰富的劳动力资源、传统经商的经验与文化，许多中小企业如雨后春笋般地冒出来，形成了今天广东、江苏、浙江、福建等省市的产业集群。

中西部地区自然资源丰富，形成了许多资源导向型的产业集群。以西部地区的矿产资源为例。在全国已探明储量的 156 种矿产中，西部地区有 138 种。在 45 种主要矿产资源中，西部有 24 种占全国保有储量的 50% 以上，另有 11 种占 33% ~50%。西部地区全部矿产保有储量的潜在总价值达 61.9 万亿元，占全国总额的 66.1%。丰富的自然资源造就了中西部的不少县市形成了资源型的产业集群，如山西、陕西、内蒙古、云南、贵州的煤矿开采冶炼加工业；新疆、内蒙古的天然气开采加工业；云南的铜与稀土开采冶炼加工业；四川、湖南、新疆等地区农副产品加工业。

2. 贸易驱动型产业集群

贸易驱动型产业集群指的是以国内与国际贸易为主要驱动力而形成的产业集群。在我国，贸易驱动型的产业集群更多的是指国际贸易带动形成的产业集群，主要贸易形式包括“三来一补”，代表性地区为广东、福建、浙江等省份。在改革开放初，由于在地理位置上的便利，广东承接了香港地区、福建承接了台湾地区的许多劳动力密集型产业，如纺织、服装、制鞋、塑料等产业。由于当地廉价的劳动力与土地及几乎为零的环境成本，吸引大量的外商直接投资，生产的产品最初为出口贸易。在外商投资溢出效应的影响下，当地不少企业积累了生产技术、管理经验，企业规模不断扩大，在出口的同时，有不少企业也开始将产品销售到国内市场。如温州的打火机产业集群。温州商人在获得电容器技术后，打火机质量得到极大提高，成本也大幅度下降，短时间内数百家打火机生产企业在温州建立。由于产品成本低廉，获得了国外商人的青睐。温州打火机在全球的市场份额一度超过70%。

3. 外商直接投资型产业集群

外商直接投资型产业集群是一种嵌入式的产业集群。一般而言，外商直接投资具有群体性的特征，一家外资进入某地区，其同一产业链的上下游企业也会陆续跟进。当出现马歇尔所说的集群经济时，会吸引更多的投资。或是由于信息不对称，缺乏对当地政府与市场的了解，已经进入的外商对其他外商企业具有示范效应，“羊群效应”也开始显现。具有代表性的产业集群当属富士康在中国的投资。富士康成立于1974年，最初注册资本为9000美元，主要生产电视机的旋钮、塑料等产品。1998年，富士康在深圳建立子公司——深圳海洋精密电脑接插件厂。2011年富士康决定在郑州市建立手机生产基地，占地148万多平方米，拥有30多万名员工。富士康落户郑州的同时，吸引了酷派、天语等智能手机生产企业，同时吸引了400多家配套企业。2016年，郑州航空港区手机产量达2.58亿部，约占全球手机产量的1/7，全球有一半的iPhone手机产自郑州。

4. 科技资源衍生型产业集群

科技资源衍生型产业集群指的是利用当地科技与人才资源，建立高科技含量的产业集群。硅谷是世界上科技资源衍生型产业集群的代表地区。硅谷占据当今电子工业和计算机产业链的高端环节，聚集了1万家以上的电子工业企业，包括了英特尔、苹果、谷歌、脸书、甲骨文、思科、雅虎等高科技企业。这些企业之所以集聚于硅谷，主要的原因在于该地区拥有世界一流的大学，包括斯坦福大学、加州大学伯克利分校、圣塔克拉拉大学等。我国中关村产业集群的形成背景与硅谷相似。中关村是我国教育与科研资源的富集区，拥有北大、清华、人大等41所国内外著名的大学，中国科学院、中国工程院等206家科研机构，还包括各类国家重点实验室、工程技术研究中心等。百度、新浪、搜狐、方正、长城、爱国者、金山等企业聚集于中关村。2017年中关村科技园总收入突破5万亿元，形成了人工智能、移动互联网、高端显示等具备国际竞争力的产业集群；从业人员超过230万人。

5. 大企业种子型产业集群

大企业种子型产业集群指的是，原来某一个或几个大型企业（尤其是原有的国有大型企业）在发展过程中被市场所淘汰，但其几十年的发展为当地留下了宝贵的人才、技术、设备等产业基础。这些产业基础在一些有管理能力的人才重新配置后，逐渐裂变成了许多企业。我国的许多纺织、家具、陶瓷、家电等产业均有这样的例子。青岛是我国重要的家电产业集群，拥有海尔、海信、澳柯玛等国内知名企业。2016年家电产业链累计完成产值1891.4亿元，在主要家电产品中，共生产电冰箱（冰柜）1395.1万台、空调731.9万台、洗衣机606.7万台、电视机2111.7万台。再如江西的高安陶瓷产业。高安陶瓷的产业化发展最早可追溯至1970年江西红梅建筑陶瓷总厂前身“上游电瓷厂”。办于1970年的江西红梅建筑陶瓷总厂，曾经辉煌于20世纪80年代末和90年代初。在企业内部改革等方面，它曾经开创江西建陶行业之先河，众多的创新与改革让它成为江西建筑陶瓷行业的一面旗帜，推动了江西建筑陶瓷产业的发展。然而由于经营不善，于1999年底宣告破产。但红梅建筑陶瓷厂为高安市积累了大量的人才与技术设备，一些技术工人、管理层纷纷另起炉灶办起了自己的工厂。

一些外省建陶生产企业瞄准了高安的产业集群，在高安建立了生产基地，现有新中源、新瑞景、新明珠陶瓷、欧雅陶瓷等知名企业。

6. *产业转移型产业集群*

根据弗农（1966）的产品生命周期理论，一个地区的产业会经历形成、成长、成熟、衰退四个阶段。当一个地区某一产业进入成熟期时，产业也就开始向其他地区转移。赤松要（1936）提出了雁形理论，认为产业会在地区之间实现梯度转移，即普遍呈现出发达国家或地区向发展中国家转移的现象。由于近些年东部沿海地区的劳动力、土地、环境等成本高企，大部分轻工产业已经进入了成熟阶段，产业向其他地区转移开始大量出现。中西部地区在劳动力、土地、资源等方面拥有比较优势，吸引了大量的沿海产业。重庆的电子信息产业的建立与壮大，主要依靠于外商的直接投资。自2007年重庆将电子信息产业确定为主导产业后，在全球范围内大力招商引资。2009年富士康与惠普落户重庆，2010年宏基将全球生产基地布局重庆，京东方、英伟达等电子信息生产商也纷纷落户重庆。重庆已经构建起“5+6+860”的电子信息产业集群，成为重庆第一支柱产业。2017年产值规模突破6000亿元，成全球第一大笔记本生产基地、第二大手机生产基地。

二、中国制造业集群发展的典型案例

广东与浙江是我国经济最为发达的两个省份，也是产业集群度最高、门类最多的地区。根据前文产业集群的种类划分标准及产业集群形成的机制不同，广东与浙江的产业集群的特征、形成机制、结构、市场等方面均有着较大的差别，因此两种集群在新常态下所面临的问题、转型升级的路径与举措等也各有不同。

（一）浙江的块状经济

浙江是我国市场经济最为发达的省份之一。2017 年 GDP 总量达 51768 亿元，位列全国第四位；人均 GDP 达 6.61 万元，位列全国第五位；在全国百强县榜单中，其数量长期居于首位；2017 年中国民企 500 强中，浙江共占 120 席，连续 19 年蝉联全国第一。在改革开放后的 40 年里，数以万计的中小企业在浙江各地区快速成长，形成了近 500 个工业产值在 5 亿元以上的产业集群，块状经济的崛起可以说是近年浙江经济中最为突出的一个亮点。[①] 费孝通于 20 世纪 80 年代中期在观察浙江民营经济发展模式时，首先提出块状经济的概念（王缉慈、童昕，2001）。所谓块状经济，指的是在一定地域范围内，集聚形成特色产业优势十分明显的专业化产销基地，并由其带动当地经济和社会发展的一种区域经济组织形式（黄勇，1999）。

1. 浙江块状经济的主要特征[②]

块状经济作为富有浙江特色的区域产业组织形态，是在特定的经济社会发展阶段，主要依靠地方的内生力量形成并发展起来的。浙江打造了一批在全国甚至在全球拥有一定市场份额的产业集群，在 31 个统计大类的制造业中，除石油加工炼焦及核燃料加工业、烟草制品业和武器弹药制造业三个外，均有块状经济存在，如宁波的电气机械、金属制品、塑料制品、通用设备、服装、有色金属、纺织、工艺品、电子通信、交通运输设备、文体用品、专用设备、化纤、农副食品加工；温州的鞋革、服装、乐清电器、塑料、汽摩配、印刷；绍兴织造、印染、纺丝、五金、织布、织袜、领带、化工；嘉兴的皮革、纺织、化纤、服装；台州的泵与电机、鞋帽服装、汽摩配、阀门；湖州的化纤、纺织、服装等。在浙江的 31 个制造业中，销售收入和利润总额均占全国同行 10% 以上的产业共有 17 个。

---

① 资料来源于国家信息中心网，http：//www.sic.gov.cn/News/455/5992.htm。

② 本部分内容参考了《浙江块状经济发展特征、成因及启示》，国家信息中心网，http：//www.sic.gov.cn/News/455/5992.htm。

（1）中小企业是块状经济的主体。浙江企业数量居全国前列：2017年浙江规模以上工业企业数量超过4万家，占全国的比重约为10.61%；工业中小企业超过40万家，比重约为10.24%。工业中小企业数量是规模以上企业的10倍，吸纳了全省80%以上的就业。浙江中小企业以特色产品为龙头、以专业化分工为纽带、以中低收入消费群为主要市场的地方生产体系，以及为之配套的社会服务体系，构筑起专业化产业区，呈现“无形大工厂”式的区域规模优势。并且不少中小企业做深专业化，成为专、精、特、新的“小型巨人”企业。典型的块状经济显示“小资本大集聚、小企业大协作、小产品大市场、小产业大规模”的特征，通过产业组织创新赢得竞争优势。

（2）产业与专业市场相互支撑共同发展。浙江块状经济的发展壮大与专业化市场有着密切的关系（郑勇军等，2002；孔伟杰，2012）。专业市场的建立，有利于缓解生产与市场之间的信息不对称的问题、有利于解决原材料供给的问题、有利于解决产品销售渠道的问题。根据中国社会科学院发布的2017年“中国商品市场百强”榜单，浙江有43家不同类型的市场入围，成为全国商品市场数量最多、规模最大、交易额份额最高的领先省份。浙江块状经济发达的地区，一般都有较为享誉于世的商品市场。其中以义乌小商品市场最具有代表性。义乌小商品市场创建于1982年，现拥有营业面积470余万平方米，商位7万个，从业人员21万多人，日客流量21万余次，经营16个大类、4202个种类、33217个细类、170万个单品。义乌小商品市场是国际性的小商品流通、信息、展示中心，被联合国、世界银行与摩根士丹利等权威机构称为“全球最大的小商品批发市场”。

（3）浙商精神是块状经济产生的前提与基础。浙江自古就有着深厚的经商氛围，自唐代以后，浙江商人就在中国的经济中占据着重要的位置。在浙商内部也涌现出了诸如温州商帮、绍兴商帮、宁波商帮、台州商帮、湖州商帮等。改革开放后，浙江商人在其敢闯敢拼的精神指引下，在其历史深厚的经商文化支撑下，许多人开始了创业之路。许多创业者，采用家庭或家庭经营的方式，以血缘姻亲、地缘乡情为维系纽带。小规模生产是企业的主要形态，往往前门是商铺，后堂就是作坊。创新精神、不墨守成规是浙商精神的另一个特征（吕福新，2008）。在创业初期，浙商主要通过模仿方式，生产一些技术含量并不高的产品，如温州、义乌等县市生产的纽扣、打火机等小商品。在模仿中挖掘了人生的每一桶金，完成了原始的资本积累。然而在短缺经济结束后，浙商们发觉一味地模仿并非长久之计，开始走上创新之路。创新保证了浙江块状经济的持续快速增长，也诞生了许多国内外知名的企业家，如马云、丁磊、陈天桥、李书福、郭广昌、鲁冠球、冯根生、徐冠巨、宗庆后等。

2. *浙江块状经济的发展历程*

浙江块状经济总体经历了三个阶段[①]：

（1）萌芽形成阶段（1978 年至 20 世纪 90 年代初期）。在此阶段，浙江各地开始涌现出了第一批农民企业主，许多创业者也收获了人生的第一桶金。1979 年 4 月，国务院批准工商行政管理总局关于恢复和发展个体经济的报告。当年浙江省登记的新工商个体户数量达到 8091 家，从业人数为 86900 人。1982 年党的十二大报告提出："在农村和城市，都要鼓励劳动者个体经济在国家规定范围内和工商行政管理下适当发展。"这是第一次在党的代表大会的工作报告中明确提出要鼓励个体经济发展，并且把个体经济发展的地域扩展到农村，打破了过去个体经济仅局限于城镇的状况。1987 年 11 月，党的十三大报告明确提出社会主义初级阶段的基本路线和鼓励发展个体经济特别是私营经济的方针。1990 年，当集体经济占 GDP 的比重高达 53.1% 时，个体私营经济所占比重仅为 15.7%。1991 年，浙江经工商登记注册的个体工商户和私营企业分别为 153.2 万户和 9.2 万家，从业人员分别为 155.8 万人和 16.9 万人，注册资金分别为 40 亿元和 7.3 亿元。由于浙商在创业初期主要以血缘姻亲、地缘乡情为纽带，因此个体私营经济在浙江各乡镇遍地开花的同时，往往是某一乡镇集中生产某

① 本部分的数据主要来源于单东（2008）。

一种产品，如永嘉桥头镇的纽扣、义乌的拉链、温州的打火机等。

浙江块状经济的形成，专业市场的建立与发展至关重要。最早且具有代表性的市场当属义乌小商品市场。1982 年义乌小商品市场建成。1984 年义乌小商品市场扩建，占地 13590 平方米，摊位 1849 个，改名为义乌小商品市场。1985 年市场成交额 6190 万元；1986 年市场成交额首次突破亿元大关，达 10029 万元。每天有上万人前来交易，其中义乌之外的民众人数甚至超过了义乌本地人。

（2）成长阶段（1992 年至 21 世纪初期）。1992 年邓小平在视察了湖北、湖南与广东等地之后，发表了重要谈话："计划多一点还是市场多一点，不是社会主义与资本主义的本质区别。计划经济不等于社会主义，资本主义也有计划；市场经济不等于资本主义，社会主义也有市场。计划和市场都是经济手段。"邓小平的南方重要讲话，解放了思想，对个体民营经济得到新的认识，并进入了新的发展阶段。截至 2000 年年底，浙江个体工商户总量为 158. 86 万户，从业人员 272. 38 万人；私营企业 17. 88 万家，从业人员 300. 48 万人。乡镇企业工业增加值超过 2500 亿元，出口产品交货值为 1500 亿元。有不少块状经济的年产值超过了 100 亿元，壮大了区域特色经济。绍兴的纺织、海宁的皮革、宁波的服装、大唐的袜业、嵊州的领带、嘉善的木业、新昌的轴承、柳市的低压电器、东阳的磁性材料等块状经济已经相当成熟，集群内部的分工协作得以加强，在国内外已经打出了一定的知名度。

（3）壮大与转型阶段（21 世纪初期至今）。自进入 21 世纪以来，浙江块状经济规模不断扩大，逐渐成为浙江经济增长的主要源泉。但在此期间，块状经济内部一方面不断壮大，另一方面却在各种发展问题中不断转型。

浙江块状经济最初是建立在模仿的基础上，过分追求速度，发展质量不高成为最大的硬伤。2000 年公布的全国重点整治的 10 个市场中，浙江有 3 个上榜。杭州市质量技术监督局对杭州的装饰材料、食品、电扇、阀门等产品检查发现，合格率仅为 59%。另外，块状经济的增长呈现出"高消耗、高污染、低效益”的特征。为了提高企业的产品质量、打造核心竞争力，转变经济增长方式，许多企业开始了第一次转型升级。许多企业采取了转型升级的举措，如引入了ISO质量体系认证，品牌意识逐渐增强，研发与创新的重视度得到提高等。2008年，块状经济已撑起了浙江工业的“半壁江山”。

然而，自2008年经济危机后，又开始进入经济新常态企业的外部发生了根本性变化，块状经济面临着前所未有的挑战与危机。2008年浙江出台了《关于加快工业转型升级的实施意见》，着力推进江西省块状经济向现代产业集群转型升级，增强工业综合实力和国际竞争力；2013年浙江省委又做出了加快建设创新型省份的战略决策，转换浙江块状经济发展动力机制，从要素驱动、投资驱动转向创新驱动、效率驱动。“浙江制造”不断向“浙江创造”转型，标准强省、质量强省、品牌强省深入人心，新产业、新业态、新模式蓬勃发展。

（二）广东的专业镇

《广东省技术创新专业镇管理办法》第二条对专业镇做了如下界定：“专业镇是指经省科技主管部门认定的，以镇（区）为基本地理单元、主导产业相对集中、经济规模、专业化配套协作程度较高的新型经济形态，是集群经济在广东的基本形式。”一般认为，专业镇经济（Industry Town Economic）是一种具有强烈镇域色彩的产业集聚的经济形态，它们或者由“一镇一业、一村一品”发展形成，或者由镇级经济单元内从事相似产业的“三来一补”企业及外资企业构成，或者是形成了某种特定的专业镇市场从而引起相关产业的集中等（钟自然、谷雨，2010）。在这种镇域经济特征显著的集群经济中，专业镇的概念孕育而生，即“以中小企业专业化生产为依托的城镇经济集合”。目前，广东专业镇数量近450个，2017年地区生产总值（GDP）达到3万亿元，占全省GDP的1/3以上，近四成的专业镇工农业产值超过百亿元，其中工农业产值超千亿元的专业镇达11个，超百亿元的146个。广东专业镇有440个，其中，11城专业镇数量超

20个，潮州最多，共计50个，佛山42个，东莞36个，汕头29个，云浮26个，惠州25个，江门25个，河源24个，揭阳23个，肇庆22个，潮州21个。广州和珠海专业镇最少，仅6个。深圳没有一个专业镇。

1. 广东专业镇的形成与特征

（1）外商投资与产业转移是专业镇的形成基础。广东珠三角由于邻近港澳地区，拥有无可比拟的区位优势，成为外商投资的首选。产业内部需要上下游的协作，因此外商在投资时，一般会集体性的转移，故形成了许多专业镇。以深圳、东莞、惠州为例。这些地区早期承接了大量的电子、制鞋、服装等产业，如东莞的石龙镇、石碣镇、长安镇承接日本、中国台湾、中国香港的产业转移，形成以电子信息、电子五金为主的特色产业，仅石龙镇就承接了日本美能达、京瓷公司、三协精机以及台湾EMC等公司相关产业的转移。惠州的惠东黄埠以港商投资鞋厂为支撑，吸引众多商人投资鞋业及其配件，形成鞋业专业镇（曾祥效，2003）。

（2）专业镇的主导产业相对集中。经过30年的不断发展，广东的各专业镇基本形成了稳定的特定产业，一般而言，主要产业在两个左右。专业镇内的企业围绕着特定的产业进行生产、协作与竞争，如东莞虎门的服装、佛山南庄的陶瓷、中山大涌镇的红木家具、澄海澄城的玩具、花都狮岭镇的皮具、茂名高州的水果等。

（3）嵌入式与内生式产业集群并存。广东专业镇的产业集群许多是由外商投资带来，称为嵌入式产业集群。但是，也有不少产业集群是建立在本地传统制造业的基础之上的。例如顺德的容桂镇，在历史上是著名的商埠，生产小家电也有多年的积累。容桂镇通过发挥传统小家电生产的优势，不断壮大，如今汇集了美的、格兰仕等大型家电企业，成为广东最大的电气机械制造业基地（李侠广，2014）。

2. 广东专业镇发展中的主要问题

广东专业镇自形成至今，已经走过30多年，对广东经济的发展有着巨大的贡献。然而，在经济新常态下，以外贸为主要对象的专业镇遇到了前所未有的困境。

（1）总体处于价值链的中低端。外商直接投资是广东专业镇形成的一个主要原因，但转移的产业主要是价值链的中低端环节，代加工是企业生产经营的主要方式。因此，广东专业镇更多的是以低端方式融入全球价值链（Global Value Chain，GVC）。借助这种基于全球价值链代工与加工贸易体系的工业化发展道路，虽然有助于广东专业镇实现起飞或低端阶段的工业化进程，但是在发展到高端工业化进程中，却广泛地出现了被“俘获”或“锁定”现象（Schmitz，2004），就是参与全球价值链的本土企业或网络被限制于低附加值、微利化的价值链低端生产制造环节（刘志彪、张杰，2007；张杰等，2013；张杰、郑文平，2017；马述忠等，2017）。

（2）传统产业仍然占据主导。在广东近450个专业镇中，传统产业占据主要部分。如以农副食品加工的专业镇，包括海产品、桑蚕、茶叶、果蔬等，其比重大约在30%，此类专业镇的产品大部分只是经过初加工后就投入市场，产品附加值不高；再如传统制造业型专业镇，包括五金、灯具、纺织、服装、家具、建材、陶瓷等专业镇的比重超过30%。而高新技术产业的比重，如电子信息设备制造、精密仪器等专业镇的比重也仅在1/3左右。

（3）对外依存度过高。“三来一补”是广东专业镇的主要生产经营方式，依靠出口导向型的发展策略获得了快速的增长，其对外依存度在某些年份超过100%。但是过度依赖出口造就了更大的不确定性与风险，受到国际经济形势的波动影响就大。如近年国际经济低迷，广东的进出口及企业都受到负面影响。2015年广东外贸进出口总值6.36万亿元人民币，比上年同期（下同）下降3.9%；2016年广东外贸总体上延续了之前的低迷态势，继续承压；全年货物进出口总值6.30万亿元，同比降幅0.8%；2016年广东实际利用外资额降幅较大，同比下降13.4%，吸引外资的优势在下降。

三、中国制造业集群发展的现状

（一）制造业集群的测度指标

关于产业集群的测度指标，国内外已有了深入的研究，主要有以下几类。

1. 产业集中度

产业集中度（Concentration Ration of Industry，简称 CR 指数）是规模最大的几个地区的某一产业的产值规模（或主营业务收入、就业人数等，下同）占整个产业的比重。CR 指数越大，则产业集中度越高。其计算公式为：

$$CR_n = \frac{\sum_{i}^{n} X_i}{\sum_{i}^{N} X_i} \tag{3-1}$$

式中，CR_n为产业集中度；$\sum_{i}^{n} X_i$ 为规模最大几个地区的某一产业的产值规模的总和；$\sum_{i}^{N} X_i$ 为该产业的全国总体规模。

2. 区位熵

区位熵（Location Quotient，简称 LQ 指数）也称为地区的集中度指标或专门化率。LQ 指数越大，说明产业集中度越高。一般以 1 作为分界线，即区位熵大于 1，说明该地区形成产业集群优势。其计算公式为：

$$LQ_{ij} = \frac{q_{ij} / \sum_{i=1}^{n} q_{ij}}{\sum_{j=1}^{m} q_{ij} / \sum_{i=1}^{n} \sum_{j=1}^{m} q_{ij}} \tag{3-2}$$

式中，i 为产业；j 为地区；n 为产业的总数；m 为地区的总数；q_{ij} 为 j 地区 i 产业的产值；$\sum_{i=1}^{n} q_{ij}$ 为 j 地区所有产业的总产值；$\sum_{j=1}^{m} q_{ij}$ 为 i 产业的地区加总；$\sum_{i=1}^{n} \sum_{j=1}^{m} q_{ij}$ 为所有地区所有产业的总产值。

3. 赫芬达尔—赫希曼指数

赫芬达尔—赫希曼指数（Herfindahl - Hirschman Index，HHI），指一个产业中每一地区产值规模占总产值的比重平方和。HHI 指数越大说明产业集中度越高。其计算公式为：

$$HHI = \sum_{j=1}^{m} (X_j / X)^2 = \sum_{j=1}^{m} S_j^2 \tag{3-3}$$

式中，m 为地区的总数；X_j 为产业中某一地区的产值规模；X 为产业的产值规模；S_j 为 X_j/X 的简写。

4. 空间基尼系数

空间基尼系数（Space Gini Coefficient）是克鲁格曼（1991）借用基尼系数测算产业在地区之间的不平衡程度。空间基尼系数越大，则产业在地区之间的分布越不平衡。其计算公式为：

$$G = \sum_{j=1}^{m} (S_j - X_j)^2 \tag{3-4}$$

式中，S_j 为 j 地区某一产业产值规模占全国的比重；X_j 为 j 地区所有产业产值规模占全国的比重。

5. EG 指数

EG 指数是 Elilsion 和 Glaeser（1997）提出的新的测量产业集聚程度的集聚指数。其计算公式为：

$$\gamma = \frac{G - (1 - \sum_i x_i^2) H}{(1 - \sum_i x_i^2)(1 - H)} \tag{3-5}$$

式中，G 为空间基尼系数的计算公式；H 为赫芬达尔指数。Elilsion 和 Glaeser(1997)将产业在地理上的集中度分为三个层次：$\gamma < 0.02$，则说明产业是分散的；$0.02 < \gamma < 0.05$，则说明产业在地理上分布较为均匀；$\gamma > 0.05$，则说明产业在地区之间分布出现集聚。

（二）我国制造业产业集群程度

由于每个指标均存在不同的缺陷，因此并没有得出哪一指标最优的结论。本书采用区位熵测算我国制造业分行业分地区的产业集群程度，拟使用2000～2016年全国31个省（市、区）的工业总产值测算制造业分行业（两位数）的区位熵。但是在2000～2007年，制造业中的许多产业数据缺失，包括纺织服装鞋帽制造业；皮革毛皮羽毛（绒）及其制造业；木材加工及木竹藤棕草制造业；家具制造业；印刷业和记录媒介的复制；文教体育用品制造业；橡胶制品业；塑料制品业等。为了前后的一致性与可比性，本书利用区位熵测算了农副食品加工业；食品制造业；饮料制造业；烟草制造业；纺织业；造纸及纸制品业；石油加工炼焦及核燃料加工业；化学原料及化学制品制造业；医药制造业；化学纤维制造业；非金属矿物制品业；黑色金属冶炼及压延加工业；有色金属冶炼及压延加工业；金属制品业；通用设备制造业；专用设备制造业；交通运输设备制造业①；电气机械及器材制造业；通信设备计算机及其他电子设备制造业；仪器仪表及文化办公用机械制造业20类产业的区位熵。数据来源于2001～2017年《中国统计年鉴》、《中国工业经济统计年鉴》、2004年与2008年《中国经济普查年鉴》。对于部分地区部分年份的一些产业的缺失值，使用平滑法处理。②

1. 分地区制造业产业集群变化情况

为了区分不同地区不同产业的产业集群变化进程，结合 OECD

① 自2012年开始，交通运输设备制造业拆分为汽车制造业和铁路船舶航空航天和其他运输设备制造业两大类。为了前后的一致性与可比性，本书将2012～2016年的汽车制造业和铁路船舶航空航天和其他运输设备制造业合并成交通运输设备制造业。

② 2000～2016年中国制造业分行业区位熵计算结果详见本章附表。

（2013）关于产业技术含量的划分标准①与我国制造业的发展水平，本书将产业划分为三类产业：高技术水平产业、中等技术水平产业、低技术水平产业，具体分类如表3－2所示。

表3－2　制造业分行业技术含量水平划分种类

产业划分种类		
高技术水平产业	中等技术水平产业	低技术水平产业
医药制造业；通用设备制造业；专用设备制造业；交通运输设备制造业；电气机械及器材制造业；通信设备计算机及其他电子设备制造业；仪器仪表及文化办公用机械制造业	石油加工炼焦及核燃料加工业；化学原料及化学制品制造业；化学纤维制造业；非金属矿物制品业；黑色金属冶炼及压延加工业；有色金属冶炼及压延加工业；金属制品业	农副食品加工业；食品制造业；饮料制造业；烟草制造业；纺织业；造纸及纸制品业

资料来源：根据OECD（2013）整理而得。

（1）分时间节点考察地区的产业集群变化情况。分别从两个时间节点来考察中国制造业产业集群变化的进程，即分析2000年、2016年分东部、中部、西部地区简单平均数的区位熵②，计算结果如表3－3所示。

表3－3　分东、中、西部地区我国制造业产业集群情况

产业	东部		中部		西部	
	2000年	2016年	2000年	2016年	2000年	2016年
农副食品加工业	0.839	0.659	1.217	1.822	1.204	1.222
食品制造业	1.118	1.064	1.003	1.281	1.184	1.504

① OECD（2013）根据产业的技术含量水平，将产业划分为四个类型，分别为高技术产业（High－Technology Industries）、中高技术产业（Medium－High－Technology Industries）、中下技术产业（Medium－Low－Technology Industries）和低技术产业（Low－Technology Industries）。

② 本章的东部地区包括北京、天津、河北、上海、江苏、浙江、福建、山东、广东9省市；中部地区包括山西、河南、安徽、湖北、湖南、江西、辽宁、吉林、黑龙江9省；西部地区包括内蒙古、广西、海南、重庆、四川、贵州、云南、陕西、甘肃、青海、宁夏、新疆12省市区。

续表

产业	东部		中部		西部	
	2000 年	2016 年	2000 年	2016 年	2000 年	2016 年
饮料制造业	0.909	0.576	1.129	1.241	1.895	2.960
烟草制造业	0.462	0.842	1.362	1.079	2.845	3.077
纺织业	1.033	0.988	0.672	0.589	0.537	0.550
造纸及纸制品业	1.068	0.982	0.802	0.713	0.715	1.197
石油加工炼焦及核燃料加工业	0.877	1.013	1.709	1.666	0.863	2.662
化学原料及化学制品制造业	0.920	0.863	1.128	0.867	1.169	1.145
医药制造业	0.904	0.910	1.322	1.330	2.374	1.219
化学纤维制造业	1.099	1.399	0.679	0.214	0.390	0.286
非金属矿物制品业	0.907	0.659	1.161	1.254	1.530	1.722
黑色金属冶炼及压延加工业	1.032	1.251	1.380	1.174	1.305	1.138
有色金属冶炼及压延加工业	0.580	0.589	1.632	1.218	3.165	2.476
金属制品业	1.164	1.130	0.511	0.713	0.505	0.495
通用设备制造业	0.976	1.082	0.753	0.853	0.598	0.387
专用设备制造业	1.038	0.949	0.951	1.038	0.542	0.492
交通运输设备制造业	0.803	1.358	1.524	1.149	0.983	0.656
电气机械及器材制造业	1.064	1.006	0.573	0.749	0.357	0.561
通信设备计算机及其他电子设备制造业	1.463	1.160	0.272	0.517	0.275	0.414
仪器仪表及文化办公用机械制造业	1.089	1.149	0.401	0.531	0.482	0.382

2000 年，东部地区具有集群优势的产业包括食品制造业、纺织业、造纸及纸制品业、化学纤维制造业、黑色金属冶炼及压延加工业、金属制品业、专用设备制造业、电气机械及器材制造业、通信设备计算机及其他电子设备制造业、仪器仪表及文化办公用品机械制造业十大产业。中部地区具有集群优势的产业包括农副食品加工业、食品制造业、饮料制造业、烟

草制造业、石油加工炼焦及核燃料加工业、化学原料及化学制品制造业、医药制造业、非金属矿物制品业、黑色金属冶炼及压延加工业、有色金属冶炼及压延加工业、交通运输设备制造业 11 大产业。西部地区具有产业集群优势的产业包括农副食品加工业、食品制造业、饮料制造业、烟草制造业、化学原料及化学制品制造业、非金属矿物制品业、黑色金属冶炼及压延加工业、有色金属冶炼及压延加工业 8 大产业。

2016 年，东、中、西部的产业集群优势的产业均发生了变化，有些产业集群优势得以提升，有些则表现出较大幅度的下降。东部拥有的集群优势产业包括食品制造业、石油加工炼焦及核燃料加工业、化学纤维制造业、黑色金属冶炼及压延加工业、金属制品业、通用设备制造业、交通运输设备制造业、电气机械及器材制造业、通信设备计算机及其他电子设备制造业、仪器仪表及文化办公用品机械制造业十大产业。其中纺织业、造纸及纸制品业两大产业集群优势已经降至 1 以下。石油加工炼焦及核燃料加工业、通用设备制造业、交通运输设备制造业的集群优势明显提升。中部拥有的集群优势产业包括农副食品加工业、食品制造业、饮料制造业、烟草制造业、石油加工炼焦及核燃料加工业、医药制造业、非金属矿物制品业、黑色金属冶炼及压延加工业、有色金属冶炼及压延加工业、专用设备制造业、交通运输设备制造业 11 大产业。其中化学原料及化学制品制造业的集群优势下降至 1 以下，专用设备制造业的集群优势得到提升。西部拥有的集群优势产业包括农副食品加工业、食品制造业、饮料制造业、烟草制造业、造纸及纸制品业、石油加工炼焦及核燃料加工业、化学原料及化学制品制造业、医药制造业、非金属矿物制品业、黑色金属冶炼及压延加工业、有色金属冶炼及压延加工业 11 大产业。

比较 2000 年与 2016 年不同区域产业集群的差别。首先，东部在低技术产业的集群优势不断下降，中高技术产业的集群优势不断提升。根据本书的产业划分标准，东部在 2000 年时，拥有的低技术产业集群包括食品制造业、纺织业、造纸及纸制品业三大产业。2016 年时，除了食品制造业仍然保持微弱的集群优势之外，所有的低技术产业也不再拥有集群优势。

另外，在不拥有集群优势的低技术产业中，东部的区位熵也在不断下降。如农副食品加工业下降了0.18，饮料制造业下降了0.33。与此同时，东部的高技术产业集群的数量由4个增加到5个。

其次，中西部在低技术产业集群的优势获得了明显的增强。在农副食品加工业、食品制造业、饮料制造业造纸及纸制品业等区位熵均有大幅度的提高。在中部地区，农副食品加工业、食品制造业的集群优势提升幅度较其他产业更大。在西部地区，食品制造业、烟草制造业的集群态势有明显提升。

最后，中西部初始的中高技术产业的集群优势正在削弱。以交通运输设备制造业为例。在2000年时，中部与西部的区位熵分别为1.52与0.98，在2016年分别下降至1.15与0.66。一些资源性的优势产业的区位熵也明显下降，如黑色金属冶炼及压延加工业、有色金属冶炼及压延加工业。这或许与其资源优势未转化为产业竞争优势，长期居于资源的粗加工、获取低附加价值有关。

（2）2000～2016年分地区产业集群总体变化情况。为了考察此期间的产业集群变化情况，在各省市区2000～2016年制造业分产业区位熵的数据基础上，计算分东、中、西部的简单算术平均数。计算结果如表3－4所示。

首先，在高技术产业，东部地区拥有的产业集群数量最多。在所分析的七大高技术产业中，除了专用设备制造业与医药制造业，东部地区在高技术产业均呈现集群化的发展态势。中部在医药制造业、专用设备制造业、交通运输设备制造业上的区位熵也大于1。但是除了医药制造业，西部高技术产业上均未呈现出集群化的发展态势。其次，在低技术产业，中西部的产业集群优势明显。中部与西部分别拥有4个与5个产业集群。西部地区在饮料制造业与烟草制造业上的区位熵大于3，说明产业集群优势大。最后，在中等技术产业，东中西部各拥有自身的产业集群。非金属矿物制品业、黑色金属冶炼及压延加工业、有色金属冶炼及压延加工业等在中西部均呈现集群化发展。东部在黑色金属冶炼及压延加工业、金属制品业的区位熵也大于1。

表3-4　分东、中、西部2000~2016年制造业简单平均区位熵

产业	区位熵		
	东部	中部	西部
农副食品加工业	0.727	1.476	1.222
食品制造业	1.017	1.256	1.504
饮料制造业	0.760	1.245	2.960
烟草制造业	0.625	1.307	3.077
纺织业	1.012	0.559	0.550
造纸及纸制品业	0.994	0.782	1.197
石油加工炼焦及核燃料加工业	0.895	1.620	2.662
化学原料及化学制品制造业	0.893	0.970	1.145
医药制造业	0.907	1.408	1.219
化学纤维制造业	1.176	0.445	0.286
非金属矿物制品业	0.814	1.231	1.722
黑色金属冶炼及压延加工业	1.126	1.279	1.138
有色金属冶炼及压延加工业	0.573	1.488	2.476
金属制品业	1.125	0.701	0.495
通用设备制造业	1.001	0.837	0.387
专用设备制造业	0.965	1.112	0.492
交通运输设备制造业	1.039	1.370	0.656
电气机械及器材制造业	1.034	0.715	0.561
通信设备计算机及其他电子设备制造业	1.373	0.268	0.414
仪器仪表及文化办公用机械制造业	1.169	0.447	0.382

2. 分产业制造业产业集群变化情况

为了考察不同产业在不同地区的集群发展情况，提取了各产业区位熵大于1的产业，并对比了2000年与2016年的情况（见表3-5）。

表 3-5 分产业制造业集群地区分布

产业	年份	地区
农副食品加工业	2000	内蒙古、黑龙江、安徽、福建、江西、山东、河南、湖北、湖南、广西、海南、四川、云南、新疆
	2016	内蒙古、辽宁、吉林、黑龙江、安徽、福建、江西、山东、河南、湖北、湖南、广西、海南、四川、云南、陕西、甘肃、新疆
食品制造业	2000	北京、天津、河北、内蒙古、吉林、黑龙江、福建、山东、河南、广东、广西、海南、陕西、宁夏、新疆
	2016	天津、河北、内蒙古、吉林、黑龙江、福建、河南、湖北、湖南、海南、四川、云南、陕西、宁夏、新疆
饮料制造业	2000	北京、河北、内蒙古、黑龙江、浙江、安徽、山东、河南、湖北、海南、四川、贵州、陕西、甘肃、青海、新疆
	2016	内蒙古、吉林、黑龙江、福建、河南、湖北、湖南、广西、四川、贵州、云南、陕西、甘肃、青海、新疆
烟草制造业	2000	安徽、福建、江西、河南、湖北、湖南、广西、海南、重庆、四川、贵州、云南、陕西
	2016	黑龙江、上海、浙江、湖北、湖南、广西、海南、贵州、云南、陕西、甘肃
纺织业	2000	河北、内蒙古、江苏、浙江、安徽、山东、湖北、新疆
	2016	河北、江苏、浙江、福建、山东、湖北、宁夏、新疆
造纸及纸制品业	2000	河北、黑龙江、浙江、福建、山东、河南、湖南、广东、广西、四川、宁夏
	2016	浙江、福建、山东、河南、湖南、广东、广西、海南
石油加工炼焦及核燃料加工业	2000	北京、山西、辽宁、黑龙江、江西、山东、湖南、陕西、甘肃、新疆
	2016	北京、天津、河北、山西、内蒙古、辽宁、黑龙江、上海、山东、海南、陕西、甘肃、宁夏、新疆
化学原料及化学制品制造业	2000	天津、河北、山西、辽宁、吉林、江苏、安徽、湖南、广西、海南、重庆、四川、贵州、云南、甘肃、青海、宁夏
	2016	内蒙古、江苏、浙江、山东、湖北、海南、贵州、云南、青海、宁夏、新疆

续表

产业	年份	地区
医药制造业	2000	天津、河北、山西、吉林、黑龙江、浙江、江西、湖北、广西、海南、重庆、四川、贵州、云南、陕西、青海
	2016	北京、吉林、黑龙江、江西、山东、河南、湖南、重庆、四川、贵州、云南、陕西、青海
化学纤维制造业	2000	吉林、上海、江苏、浙江、福建、海南
	2016	江苏、浙江、福建、新疆
非金属矿物制品业	2000	河北、山西、安徽、福建、江西、山东、河南、湖北、湖南、广西、海南、重庆、四川、贵州、甘肃、青海、新疆
	2016	内蒙古、吉林、安徽、福建、江西、河南、湖北、湖南、广西、海南、四川、贵州、云南、陕西、甘肃、青海、新疆
黑色金属冶炼及压延加工业	2000	北京、天津、河北、山西、内蒙古、辽宁、上海、安徽、江西、湖北、湖南、四川、贵州、甘肃、青海、新疆
	2016	天津、河北、山西、内蒙古、辽宁、江苏、广西、四川、贵州、云南、陕西、甘肃、青海、宁夏、新疆
有色金属冶炼及压延加工业	2000	山西、内蒙古、辽宁、安徽、江西、河南、湖南、广西、重庆、贵州、云南、甘肃、青海、宁夏
	2016	山西、内蒙古、安徽、江西、山东、河南、湖南、广西、贵州、云南、陕西、甘肃、青海、宁夏、新疆
金属制品业	2000	天津、河北、上海、江苏、浙江、广东、海南、宁夏
	2016	天津、河北、江苏、浙江、山东、广东
通用设备制造业	2000	辽宁、上海、江苏、浙江、山东、广西、重庆、宁夏
	2016	天津、辽宁、上海、江苏、浙江、安徽、山东、河南、湖南、四川
专用设备制造业	2000	北京、山西、江苏、浙江、安徽、山东、河南、陕西
	2016	北京、天津、上海、江苏、安徽、山东、河南、湖南、四川、陕西
交通运输设备制造业	2000	吉林、黑龙江、上海、江西、湖北、广西、海南、重庆、贵州、陕西
	2016	北京、天津、辽宁、吉林、上海、湖北、广西、重庆、陕西

续表

产业	年份	地区
电气机械及器材制造业	2000	上海、江苏、浙江、安徽、山东、广东
	2016	江苏、浙江、安徽、江西、广东、新疆
通信设备计算机及其他电子设备制造业	2000	北京、天津、上海、福建、广东、四川、陕西
	2016	北京、山西、上海、江苏、广东、重庆、四川
仪器仪表及文化办公用机械制造业	2000	北京、上海、江苏、浙江、广东、重庆、陕西、宁夏
	2016	北京、上海、江苏、浙江、陕西

（1）高新技术产业向东部集群发展。东部地区如北京、上海、江苏、浙江等地在专用设备制造业、电气机械及器材制造业、通信设备计算机及其他电子设备制造业、仪器仪表及文化办公用机械制造业等产业集群发展，且集群数量出现下降的趋势，说明高新技术产业的集群发展态势更加明显。与此同时，东部地区逐渐从一些低技术产业开始退出，如北京、天津、浙江、江苏等省市在2000年时在农副食品加工、食品制造业、饮料制造业等低技术产业呈现出集群化发展，在2016年时，诸类地区的区位熵已经下降至1以下。

（2）中西部地区在高技术产业集群化发展开始分化。由于我国在“三线建设”中将许多重型工业迁移至中、西部地区，为许多地区的产业集群打下基础，如湖北的汽车与钢铁产业、湖南的轨道交通制造业、陕西的仪器仪表与通信设备制造业、四川的通用设备制造业等。截至2016年，这些省份的高技术产业仍呈现出集群化发展的态势。但也有一些地区的产业，如山西的专用设备制造业、江西的交通运输设备制造业等在2000年区位熵大于1，在2016年时产业并未集群化发展。

（3）东部的资源性产业集群化发展趋势明显。由于我国的矿产资源主要产区在东部，因此在2000年时，大部分资源性产业集群均在中西部地区。但在2016年时，一些东部地区，如江苏、山东、浙江等省份的黑色金属冶炼及压延加工业、有色金属冶炼及压延加工业开始出现集群化发展的态势。正如前文所分析的，这或许与我国东部地区对一些矿产资源进行深加工，提高产品附加值有关。

（4）产业集群在不同地区的分布并未呈现出一定的规律。区位熵的计算结果与我国实际情况有些出入。在广东、浙江、江苏、福建、山东等省份产业集群竞争力在全国甚至全世界都具有较强的竞争力。然而在区位熵的计算结果如表3-6所示，这些发达省份的产业集群数量并不处于全国的第一方阵，而陕西、新疆等省市区的产业集群的数量却远高于沿海的发达省份。这一结果与区位熵的“天生”缺陷分不开，即如果某一地区所有产业都强或都弱，只要是产值规模相近，则区位熵数值就小。另外，本书使用的两位数的制造业分行业数据，如果是四位数的制造业分行业数据，也许可以避免这一问题。

表3-6　我国各省市区产业集群数

地区	北京	天津	河北	山西	内蒙古	辽宁
数（个）	6	7	5	4	8	5
地区	吉林	黑龙江	上海	江苏	浙江	安徽
数（个）	6	7	8	10	9	6
地区	福建	江西	山东	河南	湖北	湖南
数（个）	7	5	10	9	8	10
地区	广东	广西	海南	重庆	四川	贵州
数（个）	4	8	7	3	9	7
地区	云南	陕西	甘肃	青海	宁夏	新疆
数（个）	9	12	7	6	6	11

四、中国制造业集群发展存在的问题

由于沿海发达地区与中、西部地区在产业集群发展阶段存在较大差别，产业集群的发展方向也存在差异，因此本章将区分沿海地区与中、西部地区制造业集群发展中存在的主要问题。

（一）东部沿海地区制造业集群发展存在的主要问题

作为我国的经济发达地区，东部沿海地区产业集群层次高于全国其他地区。但是，在经济新常态下，东部沿海地区的产业集群在发展与转型升级中也存在许多问题。

1. 根植性不强

在沿海地区，一些产业集群的形成机制是外商投资驱动型，以加工贸易为主导，该产业集群是成本敏感性的产业。如广东、江苏、上海等省市的电子信息产业，外商投资占比一度超过50%。随着近年劳动力成本上升，一些电子信息加工制造业开始向中西部或东南亚转移，也出现了企业的倒闭潮。据公开资料显示，产业迁移已经开始大量显现。2015年2月，在中国已经存续17年之久的世界知名钟表企业日本西铁城集团在华重要生产基地——西铁城精密（广州）有限公司清算解散，1000多名员工失业；2015年，微软关停诺基亚东莞工厂和北京工厂，总共裁员9000余人，并将生产设备运往越南工厂；2016年5月，由于劳动力成本高企，富士康开始在印度购买土地，投资建造新的工厂，计划在2020年之前在印度建设10~12座工厂，预计将带来超过100万员工的就业岗位；2017年3月，由于制造成本的提高，世界500强美资企业霍尼韦尔安防中国公司宣布将从深圳撤离，将产品线内迁至西安。

2. 总体处于价值链低端

尽管东部沿海地区的产业集群处于我国领先地位、高新技术产业高速发展，但是总体仍处于微笑曲线低端。罗长远、张军（2014）；戴翔（2015）；樊秀峰、程文先（2017）等学者利用 OECD、WTO、TIVA 等数据库测算了中国出口企业的产品附加值，发现我国制造业的产品附加值是在不断下降的。大部分企业仍然是从事加工贸易，赚取微弱的加工费。以苹果手机为例。据 Counterpoint Research 的报告，一台苹果手机的净利润约为 151 美元。美国、日本、韩国分别依靠产品设计、品牌、技术专利等获取苹果 49.4%、34% 和 13% 的利润。而中国承担了大部的组装加工环节，却仅获得不到 4% 的利润。

3. 创新驱动产业集群发展的能力不强

在经济新常态下，制造业集群发展动力面临着前所未有的挑战。由于要素驱动仍是产业集群发展的主要动力，创新与技术进步对产业集群转型升级的作用仍不强。据《2016 年全国科技经费投入统计公报》显示，2016 年我国研发经费投入强度为 2.11%，虽然比 2015 年提升 0.05 个百分点，但与 OECD 的 2.40% 相比还有着较大差距，与以色列（4.25%）、韩国（4.23%）、日本（3.49%）等创新型国家相比差距巨大。而同期制造业的整体的研发投入强度（研发经费与主营业务收入之比）仅为 1.01%。全要素生产率是衡量技术与创新驱动的一个重要指标。据国务院发展研究中心企业研究所副所长张文魁（2018）测算，2017 年我国 TFP 只相当于美国 43% 的水平，且近几年呈现出徘徊不前的发展态势。

4. 产业集群的外部生存环境有待完善

（1）融资难、融资贵问题亟待改善。在东部沿海地区，中小企业数量占比超过 99%，而在银行贷款中，中小企业仅获得不超过 30% 的信贷额度。超过 50% 以上的企业需要通过非正规金融甚至是高利贷方式获得融资。中小企业的平均融资成本高出大企业的 50% ~200%。因此，融资难、融资贵成为许多中小企业发展的头号难题。

（2）营商环境仍需改善。习近平总书记与李克强总理多次强调改善营商环境对我国经济发展的重大意义。我国制造业集群发展的营商环境仍有较大的改善空间。存在的问题包括：首先，隐性的行政体制壁垒仍然存在。在我国战略性新兴产业，尤其是一些高端制造业行业中存在较大的行政体制壁垒，导致绝大部分的企业很难向战略性新兴产业以及高端制造业方向实现转型升级，进而迫使企业在一定程度上被挤压在低技术产量、低附加值的特定传统产业领域。其次，企业的宏观税负依然很高。与中国制造业普遍处于全球价值链的低附加值的低端环节以及当前平均3% ~5%的净利润率相比，中国制造业的税费负担水平显然是大大超出了自身的发展能力和承受能力（张杰、宋志刚，2018）。最后，仍未有效构建亲商环境。在课题组调研过程中，有些企业反映，地方政府仍然会有“吃、拿、卡、要”现象；或是在中央打击腐败问题的高压形势下，由于腐败空间下降，“庸政、懒政、怠政”已经成为一些地区和一些部门的常态。

5. 产业集群内部分工网络体系不健全

首先，在同一产业内部，相关企业缺乏在一定空间范围内围绕某一产业链条集中并相互分工协作，单打独斗现象较为普遍，看似产业集群，实则是企业的“简单堆积”。其次，核心企业带动能力不强，链条延伸不够，企业附着密度不高。国内外产业集群发展经验表明，产业集群内往往存在一个或者两个明显的核心企业，其关联性强、带动能力高，并有较高的市场竞争力。最后，产业集群内产业服务体系不完善，大多数只注重发展核心企业本身，金融、研发、营销、广告等外围服务发展严重滞后，特别是资产评估、法律咨询、人才培训等中介组织普遍缺乏。

（二）中西部制造业集群发展存在的主要问题（以江西为例）[①]

为了发现在新常态下，我国中西部地区制造业集群发展过程中存在的主要问题，课题组于2016年7 ~9月实地调研了江西20多个县（市、区）

① 本小节的内容发表于《江西发展研究》（内刊）2017年第3期，获得时任省委书记鹿心社的肯定性指示，并下发至江西省工信委及工业园区。

的工业园区、近百家企业以及浙江、江苏、广东、重庆、四川等地园区及企业。

1. 两个“两头在外”的现象依旧

调研发现，江西省工业园区两个“两头在外”的分工体系是长期且普遍存在的现象，而且在过去10多年的时间里，这一问题并未出现根本性好转。在确定的80个重点发展产业集群中，大部分仅能称为是企业集聚：一方面，园区内企业的原材料和终端市场这“两头”主要与省外或国外的公司相联系。因江西市场规模较小、要素市场发育不足，企业间的联系与合作有限，许多企业在园区表现为一个处于“孤岛”的个体。另一方面，价值链的“两头”主要停留在母公司或总公司。由于主要依靠劳动力成本、土地、资源等吸引投资，大部分来赣投资企业仅将其生产部门搬迁到江西。而这些吸引力却对研发设计与营销服务等作用有限，故许多企业本质上表现为沿海地区或国外公司设在江西的一个加工基地（部门）。两个“两头在外”现象，也进一步限制了园区的产业招商能力，园区只能采取“粗放式”、同质化的招商方式，而这种招商方式又进一步阻碍了产业集聚向产业集群转变的步伐，因此部分县市陷入恶性循环的状态，致使江西制造业存在集聚不集群，不大不强的现象。

2. 产业发展中“潮涌现象”较为突出

江西不少县市无视自身实际条件，一窝蜂上马战略性新兴产业，形成了林毅夫先生所说的“潮涌现象”。调研发现，有近1/2的园区将电子信息产业列为重点发展产业，1/3以上的园区将新能源汽车视为其未来发展的主导产业。但实际中不少园区的电子信息、新能源汽车的基础十分薄弱甚至是零基础。这种现象也蔓延到省里的其他重点发展产业。不仅是原有产业无法继续做大做强，而新上马产业由于没有根底，也难以存活，致使很多产业最后都是未强已弱，未大即夭。这种“潮涌现象”也可以部分解释，为何目前江西仍未形成在全国范围内有竞争力的产业集群。

造成“潮涌现象”的根本原因在于：一是一些县市缺乏合理的产业规划，并伴随急功近利思想。有些地方政府官员为了迅速做出政绩，无视地方产业基础条件，对新兴产业使用优惠的土地、财政、税收等“短平快”方法刺激新产业的增长。但是，对于新兴产业而言，该方法却难以形成其核心竞争力。二是地方官员缺乏企业家精神。地方官员在传统产业的转型升级中遇到“瓶颈”时，常常是“绕道而行”，试图通过引进新产业来掩盖现有产业发展的问题，实际上是放弃了原有产业的发展，缺乏锲而不舍、迎难而上的企业家精神。但是新产业发展到一定阶段，必将遇到类似的问题，届时又重新选择新产业，进入周而复始的困境。

3. 先进制造业“虚高”且质量不高

从统计数据看，江西先进制造业貌似发展态势良好，但还是存在一些不容忽视的问题。

一方面，不少地方存在以次充好，以增加先进制造业的规模的现象。在调研中发现：为了能体现更高的经济发展水平、更为优化的产业结构，不少地方政府或工业园区，将许多传统或低端产业戴上先进装备制造、智能制造、新材料、新能源汽车等“帽子”，便名正言顺地纳入先进制造业的统计范围。以次充好的产业数据，误导了政策决策者对江西产业现状、未来发展方向的判断，并由此可能做出错误决策。另一方面，江西的战略性新兴产业含金量不高，正在重复传统产业的发展道路。调研发现，江西大多数战略性新兴产业仍然只是价值低端的加工环节，仅赚取廉价劳动力和土地、财税等优惠政策所换取的收益。如江西“遍地开花”的电子信息产业，主要来源于广东的产业转移，转移的主要部分也仍是代加工生产环节。倘若这一局面不能得以扭转，江西战略性新兴产业将面临与传统产业相同的困境。

4. 面临优势转换“青黄不接”的困境

江西传统的资源成本和政策优惠的比较优势正在衰减，而新优势尚未形成规模，难以与传统优势等量齐观。劳动力成本上升幅度大，据调研的制鞋、服装、纺织等劳动密集型企业反映，2006~2008年，江西的普通工人成本与沿海地区相差30%~40%，而在2016年，两者的差距缩小至10%左右。在土地资源方面，园区用地紧张问题日益凸显。调研发现，

40%以上的园区反映用地紧张已成为制约园区发展的“瓶颈”之一，部分园区甚至已面临无地可用的窘况。此外，江西对资源的有序开发与环境保护意识已经加强，基本实现与沿海地区同步，外部性成本已经内在化。并且，随着各省市区对产业振兴的日益重视，在土地、税收、财政补贴等优惠措施上不断加码，也进一步削弱了江西的比较优势。

“青黄不接”现象引发了江西部分企业的“候鸟特性”，而两个“两头在外”则加剧了这一现象。调研中许多加工制造企业反映，由于近年企业成本高涨，而产业集群经济的作用尚未有效展现，江西的吸引力已大不如前。因逐成本与资源而居的企业，在江西比较优势衰减的时候，正在寻找新的“价值洼地”，企业的“候鸟特性”开始显现。倘若这一现象持续蔓延，不仅会丧失将这类企业转化为江西产业持续竞争力的机会，还可能导致制造业的产业空心化。

5. 产学研脱节且能力薄弱

调研发现，多数企业都有与高校、科研机构合作的强烈需求，但面临两个困境：一是缺乏企业与高校和科研机构的有效合作机制；二是科研单位成果与企业需求不匹配，这一问题已成为江西高新技术产业发展的“瓶颈”。如上高生物食品企业，发现从大米中提炼出蛋白粉与糖浆的市场需求，但是省内的高校与科研机构根本无法提供这一技术，只能转而与无锡的江南大学合作研发。樟树的生物制药产业也有类似的困境，为了适应“互联网+医药”的发展模式，不少企业打算组建“互联网+采购+生产+营销”一整套的生产经营体系，但却囿于人才队伍与技术的问题在省内无法展开，舍近求远寻求外援，还耽误不少时间和时机。

6. 政策供给与需求的结构性矛盾

虽然各级政府出台各类降成本优环境的政策，如“80条”、“90条”、“100条”等，但所调研的企业都认为，现有政策的作用有限，成本高企、融资难、融资贵、税费负担重等问题依然严峻，企业身处“内忧外患”之中。主要表现在：一是现有的金融政策偏向于大型企业，融资难仍是制约中小企业转型升级的“瓶颈”。财园信贷通等金融政策虽然对资金周转有较大的帮助，但融资额度较低、周期短，对于想引进大型机械设备、实现技术转型升级的支持作用有限。二是降成本措施力度不大。据大部分企业反映，各级政府出台的降成本措施对企业的作用似“隔靴搔痒”，企业成本压力依然很大。三是市场竞争机制还不够完善。企业仍然面临不公平的竞争环境、政府过多干预与不作为并存、不合理税费没有得以明显改善等问题。四是政策制定的“拿来主义”与执行力不强的问题明显。课题组对比了江、浙、粤等地关于产业转型升级的政策文件，发现江西的政策已经基本完善，但一些政策文件存在“拿来主义”现象，缺乏能将文件落到实处的人才。如为了加强金融与实体的结合，各级政府出台各类支持政策，但是文件到基层后，却缺乏能将文件落实的人才，故而执行力不强。

本章附表

2000~2016 年分地区制造业分产业区位熵 单位：%

年份	地区	农副食品加工业	食品制造业	饮料制造业	烟草制造业	纺织业	造纸及纸制品业	石油加工炼焦及核燃料加工业	化学原料及化学制品制造业	医药制造业	化学纤维制造业
2000	北京	41.97	142.42	116.29	16.53	23.67	30.74	169.07	64.94	91.11	7.32
2000	天津	56.17	102.25	75.72	6.91	44.25	56.37	95.34	106.56	115.50	20.35
2000	河北	87.30	174.54	128.98	39.26	114.35	127.28	93.03	116.31	157.31	49.47
2000	山西	46.62	51.54	84.48	35.30	49.44	22.85	146.83	146.06	129.83	32.72
2000	内蒙古	164.07	221.80	173.64	46.38	176.55	75.78	77.05	96.37	68.69	4.45
2000	辽宁	90.61	55.17	52.00	9.37	30.88	33.84	305.34	104.93	66.89	31.11
2000	吉林	80.77	131.03	88.72	46.06	24.16	56.83	39.98	219.66	179.91	107.05
2000	黑龙江	157.41	202.35	155.81	52.58	36.07	108.14	466.20	55.81	236.88	80.97
2000	上海	26.00	94.55	45.60	73.46	55.71	51.27	57.12	90.61	89.53	237.14
2000	江苏	73.84	54.20	56.19	24.95	181.46	89.75	42.57	137.23	67.31	176.16
2000	浙江	62.33	67.05	102.23	49.71	221.86	139.70	74.44	85.16	111.43	179.31
2000	安徽	128.73	74.62	223.86	174.93	121.14	64.21	97.10	100.70	66.20	66.15
2000	福建	118.55	134.39	95.42	127.51	83.01	186.18	73.68	67.15	48.40	162.81

续表

年份	地区	农副食品加工业	食品制造业	饮料制造业	烟草制造业	纺织业	造纸及纸制品业	石油加工炼焦及核燃料加工业	化学原料及化学制品制造业	医药制造业	化学纤维制造业
2000	江西	150.72	57.93	92.66	155.73	69.99	75.93	148.72	79.85	208.10	83.41
2000	山东	228.16	129.92	115.58	40.15	130.59	157.49	110.97	89.83	59.58	96.15
2000	河南	197.41	196.85	125.39	126.86	100.35	155.75	78.98	97.93	87.74	95.00
2000	湖北	133.81	70.97	115.69	172.46	122.89	86.04	95.80	86.53	135.29	42.90
2000	湖南	108.31	61.68	77.13	453.44	50.83	118.05	158.80	122.41	79.44	72.25
2000	广东	61.11	106.90	81.86	37.49	75.34	122.74	73.18	69.86	74.86	62.13
2000	广西	336.14	121.15	84.70	117.11	36.64	155.17	27.55	111.02	152.31	25.17
2000	海南	261.02	442.19	347.73	106.92	33.47	24.52	25.85	112.85	489.92	214.23
2000	重庆	40.43	55.97	77.26	171.61	38.62	38.84	4.67	105.94	158.11	87.16
2000	四川	122.37	65.46	382.95	151.72	53.16	102.31	4.10	103.82	163.48	58.49
2000	贵州	51.08	34.74	197.96	861.46	11.25	33.79	0.53	138.14	244.75	6.16
2000	云南	114.98	19.57	42.71	1939.46	9.78	90.09	2.14	119.35	110.10	25.74
2000	西藏	104.20	21.95	614.42	0.00	10.76	0.00	0.00	15.15	1102.17	31.84
2000	陕西	80.07	112.79	116.76	181.37	77.34	78.15	114.80	72.51	273.55	18.10
2000	甘肃	49.57	79.43	107.11	76.38	31.64	34.33	283.58	149.56	93.86	0.79
2000	青海	59.70	16.57	120.20	0.00	22.96	15.44	1.17	138.12	103.37	0.00
2000	宁夏	33.34	221.37	71.07	21.68	3.77	226.80	52.44	308.68	84.67	17.33
2000	新疆	148.82	125.73	127.05	25.81	191.10	54.29	526.65	48.34	41.38	19.23
2001	北京	38.83	112.94	101.74	17.96	23.88	31.61	150.08	58.93	89.40	7.07
2001	天津	63.74	101.42	77.35	8.21	38.10	56.39	46.57	159.11	112.78	19.94
2001	河北	88.87	206.60	127.35	46.98	111.31	131.02	81.73	108.19	178.01	61.99
2001	山西	37.27	58.21	83.75	32.76	38.22	19.83	165.64	138.61	111.46	38.12
2001	内蒙古	179.47	322.21	162.39	53.90	170.65	73.59	75.19	93.97	77.25	4.27
2001	辽宁	88.19	56.06	53.30	12.26	31.54	35.04	329.54	97.59	62.41	34.07
2001	吉林	84.28	128.80	92.79	56.34	21.03	48.50	51.34	144.89	192.61	119.46
2001	黑龙江	147.59	245.32	124.41	59.25	33.50	124.31	506.46	58.30	237.09	105.81
2001	上海	26.04	97.64	48.67	85.52	52.23	48.73	96.63	88.31	84.27	64.19

续表

年份	地区	农副食品加工业	食品制造业	饮料制造业	烟草制造业	纺织业	造纸及纸制品业	石油加工炼焦及核燃料加工业	化学原料及化学制品制造业	医药制造业	化学纤维制造业
2001	江苏	73.82	52.87	59.73	32.06	181.53	93.24	43.75	135.71	67.44	214.03
2001	浙江	58.00	59.14	102.03	51.32	238.41	143.73	62.79	87.08	110.19	236.38
2001	安徽	119.93	79.38	208.11	202.13	113.81	63.95	79.19	100.16	72.44	47.54
2001	福建	115.94	121.73	102.24	123.42	89.16	188.08	61.10	62.13	49.25	204.75
2001	江西	140.68	58.19	83.37	172.39	60.42	73.95	137.52	89.23	195.90	96.94
2001	山东	242.48	130.76	111.10	46.99	135.67	156.54	84.76	103.73	64.00	126.54
2001	河南	204.32	203.12	118.58	146.68	100.60	154.78	78.05	98.31	91.17	117.83
2001	湖北	124.19	64.37	126.12	152.24	107.93	88.02	86.64	88.87	132.26	50.65
2001	湖南	117.73	68.14	84.52	440.58	45.38	143.88	150.00	113.49	80.51	81.10
2001	广东	60.49	102.16	77.81	31.33	72.90	114.36	71.46	75.61	71.55	41.95
2001	广西	319.48	106.36	92.52	120.55	36.72	137.62	28.64	117.09	168.11	23.59
2001	海南	237.56	400.72	346.65	89.43	36.42	32.52	29.72	104.88	477.63	198.18
2001	重庆	41.48	53.23	84.85	141.42	34.54	40.73	4.45	101.57	155.34	111.63
2001	四川	128.04	61.91	427.27	136.38	51.39	102.71	5.54	107.32	156.97	57.74
2001	贵州	57.40	46.65	220.37	810.90	7.50	29.02	0.60	145.07	243.96	2.13
2001	云南	50.79	10.44	2196.42	878.01	3.93	37.45	1.33	58.40	52.29	0.00
2001	西藏	107.36	20.02	705.57	0.00	13.04	0.00	0.00	14.22	1209.54	95.61
2001	陕西	75.74	115.27	126.39	176.98	65.82	63.08	131.20	74.69	318.18	23.00
2001	甘肃	59.40	71.04	111.35	106.83	34.87	34.32	452.60	59.44	84.74	1.28
2001	青海	55.07	19.09	117.22	0.00	11.71	14.76	0.00	155.53	154.09	0.00
2001	宁夏	28.35	234.95	91.10	17.01	3.77	242.03	196.01	203.72	62.53	14.51
2001	新疆	146.66	103.03	117.11	20.48	139.20	44.54	667.06	44.59	31.43	21.42
2002	北京	38.81	109.75	118.46	19.48	21.28	37.58	178.75	62.57	111.43	3.12
2002	天津	58.16	92.15	77.53	12.46	35.49	50.22	98.90	115.58	110.89	19.86
2002	河北	92.04	209.05	118.89	50.68	101.20	124.47	88.92	105.76	179.22	60.64
2002	山西	38.04	72.71	77.35	36.69	32.21	18.77	225.60	144.95	110.40	19.89
2002	内蒙古	200.43	415.57	148.99	59.53	165.89	57.00	60.46	102.89	87.94	0.90

续表

年份	地区	农副食品加工业	食品制造业	饮料制造业	烟草制造业	纺织业	造纸及纸制品业	石油加工炼焦及核燃料加工业	化学原料及化学制品制造业	医药制造业	化学纤维制造业
2002	辽宁	91.60	56.76	60.13	20.39	30.76	33.56	350.33	91.35	58.17	30.85
2002	吉林	82.81	150.96	83.66	57.02	20.62	33.92	45.16	127.68	192.12	103.39
2002	黑龙江	170.06	291.77	185.79	63.76	28.67	135.62	491.29	61.63	242.72	106.77
2002	上海	24.15	101.78	48.10	94.31	48.33	47.98	103.95	89.37	81.67	63.26
2002	江苏	71.82	46.76	60.56	36.95	179.62	95.51	36.17	139.97	74.53	220.36
2002	浙江	52.01	53.14	99.93	61.58	247.61	139.65	59.94	88.51	105.28	250.42
2002	安徽	110.22	102.80	183.94	219.11	105.59	62.70	79.00	96.25	72.22	61.90
2002	福建	109.60	114.75	95.36	134.71	91.13	161.18	48.42	62.23	46.10	194.74
2002	江西	126.07	59.78	81.85	187.74	60.17	70.96	135.44	85.02	214.92	89.84
2002	山东	242.40	136.78	104.39	42.01	133.09	167.03	90.53	104.85	67.18	104.13
2002	河南	217.78	201.48	115.42	137.22	91.79	163.68	76.39	100.24	89.58	120.04
2002	湖北	108.53	64.60	127.83	129.63	99.26	89.29	88.71	88.57	147.18	46.38
2002	湖南	124.69	77.07	80.74	406.69	53.13	131.29	147.37	120.05	81.02	93.79
2002	广东	58.38	88.20	73.86	34.57	71.57	110.73	62.77	78.75	62.49	35.03
2002	广西	367.92	74.88	91.43	116.85	31.32	123.19	29.00	108.93	160.28	21.63
2002	海南	239.80	314.41	324.10	80.95	29.19	30.11	39.21	106.29	454.93	211.72
2002	重庆	44.80	62.29	85.27	132.83	31.56	37.31	4.64	98.95	147.24	91.29
2002	四川	131.34	72.81	431.82	128.15	46.97	99.01	8.31	109.69	161.71	57.53
2002	贵州	59.07	65.48	259.90	734.67	6.59	27.28	1.05	154.88	266.08	4.61
2002	云南	91.61	21.62	44.70	1875.49	6.40	78.46	3.07	132.50	124.03	27.71
2002	西藏	74.83	16.15	664.49	0.00	31.17	0.00	0.00	11.00	1098.73	0.00
2002	陕西	68.47	122.26	139.93	166.56	61.55	53.95	137.91	75.79	288.80	19.50
2002	甘肃	68.43	81.16	124.01	129.00	39.17	36.98	438.07	72.15	93.59	1.55
2002	青海	65.64	18.94	132.57	0.00	13.16	13.42	0.97	142.64	165.76	0.00
2002	宁夏	29.59	251.06	110.51	21.21	43.04	258.26	170.12	204.16	85.75	12.04
2002	新疆	149.23	158.92	140.42	32.27	130.01	50.39	685.83	57.25	28.03	16.00
2003	北京	46.63	108.58	118.93	21.42	24.95	35.90	110.60	96.45	121.34	2.44

续表

年份	地区	农副食品加工业	食品制造业	饮料制造业	烟草制造业	纺织业	造纸及纸制品业	石油加工炼焦及核燃料加工业	化学原料及化学制品制造业	医药制造业	化学纤维制造业
2003	天津	59.34	87.16	75.86	13.12	33.32	50.64	109.37	114.91	125.32	21.65
2003	河北	114.23	162.91	124.36	46.77	92.51	108.03	88.95	96.15	157.44	52.40
2003	山西	39.26	71.35	68.36	31.70	23.42	14.44	314.37	117.37	92.53	12.19
2003	内蒙古	196.12	559.65	118.87	57.33	149.31	47.62	65.93	86.01	87.73	3.11
2003	辽宁	93.46	47.38	56.97	25.52	31.33	31.51	358.44	86.11	58.12	22.85
2003	吉林	129.07	33.71	97.34	58.10	18.87	34.23	37.46	141.79	190.44	98.90
2003	黑龙江	186.00	318.43	216.66	44.22	29.08	107.55	501.48	60.62	248.37	104.69
2003	上海	23.02	92.58	45.06	90.82	45.19	44.81	104.50	77.39	75.68	50.46
2003	江苏	58.61	48.65	56.17	39.61	173.50	87.73	39.39	131.65	77.84	223.64
2003	浙江	48.77	57.03	103.41	62.06	252.67	138.52	58.05	84.07	110.90	343.16
2003	安徽	121.56	84.82	171.13	228.33	95.08	65.34	82.08	94.06	68.87	70.86
2003	福建	103.58	140.00	100.11	115.13	111.20	156.72	46.45	70.18	50.01	165.07
2003	江西	47.64	49.83	48.87	104.76	36.38	26.15	69.28	38.98	144.56	48.67
2003	山东	242.40	127.85	105.08	45.73	135.60	189.43	88.06	115.78	73.38	79.15
2003	河南	227.65	235.34	111.61	140.11	83.60	166.07	84.65	95.50	99.57	114.45
2003	湖北	105.81	93.28	136.33	142.27	108.22	97.03	93.87	100.21	148.10	44.01
2003	湖南	116.31	107.74	94.58	424.69	52.47	152.89	149.06	122.27	101.13	72.10
2003	广东	55.00	87.28	72.47	36.00	68.23	107.56	59.59	82.92	57.32	20.53
2003	广西	364.32	69.42	91.86	149.04	28.42	123.64	31.27	106.21	165.39	8.30
2003	海南	219.81	318.97	356.76	80.83	28.55	29.71	30.06	90.17	371.02	172.84
2003	重庆	46.86	59.35	80.97	134.60	32.47	39.04	3.58	96.00	129.05	0.54
2003	四川	150.35	98.14	457.16	121.84	49.38	92.87	20.06	115.79	159.22	67.39
2003	贵州	57.12	80.61	295.22	760.43	6.97	25.41	7.39	159.23	282.50	6.47
2003	云南	97.07	32.24	59.95	2034.70	5.20	75.35	6.64	138.03	116.28	24.44
2003	西藏	26.58	93.94	712.86	0.00	11.14	0.00	0.00	16.75	979.64	0.00
2003	陕西	86.17	105.77	140.89	191.96	58.20	57.78	185.86	76.60	295.04	1.80
2003	甘肃	86.51	65.49	115.14	181.06	22.85	30.36	466.70	69.46	96.41	1.60

续表

年份	地区	农副食品加工业	食品制造业	饮料制造业	烟草制造业	纺织业	造纸及纸制品业	石油加工炼焦及核燃料加工业	化学原料及化学制品制造业	医药制造业	化学纤维制造业
2003	青海	81.46	30.74	107.32	0.00	26.47	6.97	1.88	145.67	149.92	0.00
2003	宁夏	57.96	187.09	134.83	22.58	120.70	267.39	173.10	174.26	88.14	9.42
2003	新疆	139.79	216.93	140.07	41.07	114.42	55.35	725.67	74.49	25.85	16.27
2004	北京	49.01	138.10	127.18	19.64	19.78	36.27	106.02	106.17	127.31	4.27
2004	天津	52.51	75.66	74.26	12.02	23.76	46.13	97.13	104.48	122.20	9.02
2004	河北	120.38	151.13	119.18	42.62	81.53	94.77	99.14	88.99	128.78	43.32
2004	山西	37.55	79.11	90.92	30.65	19.41	13.10	400.69	118.03	95.02	13.71
2004	内蒙古	197.49	729.92	147.29	65.95	122.79	46.65	86.84	93.33	116.95	4.73
2004	辽宁	108.40	49.56	62.01	25.55	28.25	29.70	352.82	82.67	61.92	64.65
2004	吉林	157.67	46.76	130.19	70.61	18.17	38.14	31.50	187.22	221.25	96.79
2004	黑龙江	221.51	322.19	187.54	76.33	27.94	98.08	495.08	67.12	238.86	75.39
2004	上海	25.43	85.16	52.56	98.94	43.87	46.06	97.76	78.18	78.68	50.69
2004	江苏	50.89	42.04	53.27	44.38	171.94	81.20	33.23	130.26	79.27	184.45
2004	浙江	43.86	49.89	74.25	61.10	245.27	123.05	57.96	82.43	95.16	384.89
2004	安徽	113.48	112.65	169.00	232.35	82.62	68.75	83.31	100.36	71.31	63.16
2004	福建	108.73	146.19	89.63	90.15	105.20	142.98	35.88	69.14	46.50	92.79
2004	江西	108.55	101.60	106.17	183.90	70.11	68.29	134.99	79.48	276.78	105.56
2004	山东	244.85	135.38	114.59	41.53	136.79	192.92	94.49	117.69	88.39	64.77
2004	河南	221.94	221.28	145.49	143.05	87.73	170.30	85.55	96.54	126.24	114.04
2004	湖北	88.74	97.54	165.59	187.48	100.18	87.27	114.96	96.51	119.23	43.49
2004	湖南	124.52	161.17	82.50	503.44	53.65	161.01	149.55	124.57	120.99	63.84
2004	广东	50.68	74.93	67.76	38.99	60.35	111.96	58.02	74.19	52.36	18.52
2004	广西	352.57	68.61	119.80	181.18	30.38	127.26	29.32	104.59	181.80	1.95
2004	海南	260.56	271.61	401.29	107.05	53.57	43.55	28.42	128.73	447.06	172.48
2004	重庆	63.48	69.31	89.52	148.61	34.51	53.13	7.47	96.89	150.50	6.02
2004	四川	193.38	95.75	432.69	124.97	53.97	93.30	23.65	139.72	190.38	74.71
2004	贵州	53.85	110.08	409.18	701.78	6.42	24.62	19.91	165.79	333.42	9.99

续表

年份	地区	农副食品加工业	食品制造业	饮料制造业	烟草制造业	纺织业	造纸及纸制品业	石油加工炼焦及核燃料加工业	化学原料及化学制品制造业	医药制造业	化学纤维制造业
2004	云南	103.50	42.86	80.47	2136.39	6.08	95.22	17.63	157.33	129.87	20.71
2004	西藏	81.95	100.55	923.19	0.00	9.74	0.00	0.00	17.31	1418.14	0.00
2004	陕西	91.16	132.54	199.84	199.22	55.86	67.04	254.43	72.70	328.88	14.69
2004	甘肃	79.64	68.61	145.87	184.64	15.14	21.55	590.88	78.26	87.47	24.98
2004	青海	71.04	33.54	117.15	0.00	34.70	0.85	2.78	218.41	172.91	0.00
2004	宁夏	66.04	196.72	170.98	24.39	107.73	240.01	216.34	197.84	102.35	7.08
2004	新疆	149.27	249.50	145.70	52.39	109.58	56.66	756.60	77.67	18.57	41.06
2005	北京	43.01	123.41	113.19	19.91	18.37	33.34	166.08	48.72	103.73	9.00
2005	天津	43.57	80.16	75.25	8.90	23.04	42.87	110.84	73.98	116.91	9.10
2005	河北	109.45	144.84	86.63	44.97	79.28	91.04	98.36	84.32	119.41	40.27
2005	山西	34.66	61.26	81.96	29.85	16.15	15.45	359.00	106.55	79.47	7.60
2005	内蒙古	203.32	635.14	122.31	66.40	113.81	48.02	72.49	91.87	107.93	1.32
2005	辽宁	118.34	54.80	61.39	24.68	27.43	31.98	324.08	79.52	69.69	52.81
2005	吉林	184.81	48.36	144.42	89.36	13.83	34.20	36.00	195.65	234.18	105.41
2005	黑龙江	236.96	301.39	196.06	79.78	21.18	82.76	466.21	58.48	228.88	37.88
2005	上海	22.13	90.25	53.31	109.69	43.76	51.32	107.73	100.07	79.81	29.35
2005	江苏	45.96	35.37	52.34	41.40	164.99	78.69	35.61	132.86	75.58	208.32
2005	浙江	42.08	48.56	71.02	57.72	256.08	128.00	64.52	83.80	109.90	408.23
2005	安徽	119.07	125.06	165.71	240.17	74.08	65.50	75.58	101.37	68.66	47.11
2005	福建	116.38	146.67	105.81	102.48	124.14	158.00	34.32	67.61	50.03	166.78
2005	江西	102.79	88.68	94.79	169.80	71.95	93.60	110.34	77.49	243.58	109.68
2005	山东	228.00	146.30	109.44	35.87	142.97	182.11	89.04	128.85	102.53	45.99
2005	河南	226.23	224.12	153.02	135.31	85.37	169.99	74.63	94.12	116.32	87.15
2005	湖北	87.12	83.81	148.08	213.67	94.81	78.10	104.37	102.92	137.67	30.91
2005	湖南	128.87	163.78	92.14	479.69	56.55	169.41	127.99	120.07	120.02	56.11
2005	广东	48.61	74.10	71.63	41.91	60.91	109.64	55.48	70.19	46.87	21.26
2005	广西	318.39	68.46	127.47	189.23	31.25	122.69	29.50	109.96	169.57	1.08

续表

年份	地区	农副食品加工业	食品制造业	饮料制造业	烟草制造业	纺织业	造纸及纸制品业	石油加工炼焦及核燃料加工业	化学原料及化学制品制造业	医药制造业	化学纤维制造业
2005	海南	206.86	229.36	364.85	110.62	52.88	456.74	25.06	117.07	413.97	123.06
2005	重庆	71.74	58.22	92.08	150.57	33.66	44.76	8.18	89.89	157.48	5.19
2005	四川	193.99	112.92	474.13	110.58	55.55	89.14	27.28	134.87	172.50	71.06
2005	贵州	51.29	91.11	360.04	733.04	5.52	24.62	21.74	218.87	361.48	6.15
2005	云南	82.37	32.84	85.73	2017.52	6.16	72.23	29.41	148.71	113.75	32.89
2005	西藏	101.10	216.79	874.09	0.00	0.00	0.00	0.00	14.11	1132.13	0.00
2005	陕西	79.05	140.34	193.41	198.56	49.62	53.27	261.08	77.63	273.84	12.61
2005	甘肃	74.85	54.04	110.07	163.19	10.72	19.48	526.48	76.60	86.57	56.64
2005	青海	40.18	32.37	88.69	0.00	26.98	4.63	2.16	227.24	143.51	0.00
2005	宁夏	67.33	204.43	168.62	22.90	126.27	214.56	242.13	199.74	133.96	7.22
2005	新疆	131.32	152.24	122.38	59.62	93.99	55.97	773.71	69.16	17.58	57.65
2006	北京	39.28	115.05	109.04	21.51	15.57	34.90	130.54	46.09	121.30	7.32
2006	天津	40.72	66.49	65.31	12.58	16.30	36.05	105.55	68.97	159.52	2.81
2006	河北	116.82	152.81	84.89	47.25	82.95	91.27	105.14	88.25	26.89	27.48
2006	山西	35.69	48.61	96.39	30.32	14.65	16.50	348.99	111.06	83.94	6.72
2006	内蒙古	193.53	590.27	135.90	66.00	110.19	35.33	67.88	91.34	278.28	1.71
2006	辽宁	130.42	62.87	56.35	22.85	24.29	34.15	307.47	78.28	85.07	45.50
2006	吉林	205.92	83.61	170.60	93.70	15.17	37.13	34.00	188.81	165.23	94.18
2006	黑龙江	232.54	285.89	201.16	79.83	17.81	69.97	442.34	63.62	400.10	16.82
2006	上海	17.55	75.28	44.53	106.71	34.98	46.78	90.56	97.32	156.01	22.62
2006	江苏	44.99	31.62	49.63	45.65	164.15	78.15	34.95	132.37	66.33	213.83
2006	浙江	39.07	45.62	69.36	59.55	253.00	130.96	61.75	85.63	13.72	431.89
2006	安徽	116.04	151.88	161.04	223.40	66.85	64.12	67.23	93.93	87.82	43.04
2006	福建	116.09	144.86	110.32	107.18	129.62	157.77	37.30	63.82	117.23	188.67
2006	江西	86.29	85.05	83.52	118.91	62.07	85.63	84.15	67.24	821.43	70.97
2006	山东	224.56	152.45	105.47	35.02	152.14	181.07	97.51	137.73	42.67	29.80
2006	河南	220.20	235.35	162.97	127.45	89.32	184.29	74.42	88.65	88.61	84.43

续表

年份	地区	农副食品加工业	食品制造业	饮料制造业	烟草制造业	纺织业	造纸及纸制品业	石油加工炼焦及核燃料加工业	化学原料及化学制品制造业	医药制造业	化学纤维制造业
2006	湖北	101.22	84.40	184.33	230.09	101.01	79.48	101.32	103.44	98.00	30.70
2006	湖南	130.73	172.76	88.33	456.25	54.13	144.30	111.22	112.25	364.58	38.63
2006	广东	45.91	71.25	65.21	42.57	58.82	112.46	62.01	70.04	11.21	31.03
2006	广西	336.05	69.53	152.68	180.97	34.66	124.26	34.25	110.55	59.30	0.26
2006	海南	169.99	166.07	246.65	99.56	29.88	474.06	265.15	126.34	696.03	97.02
2006	重庆	63.29	47.45	93.38	141.53	34.49	43.17	8.92	80.05	377.20	4.77
2006	四川	188.49	109.86	494.27	118.06	61.54	85.50	31.32	123.91	78.63	67.26
2006	贵州	55.83	104.54	423.94	790.55	5.58	23.48	30.29	182.44	241.17	3.52
2006	云南	83.20	38.00	91.90	1934.98	5.63	59.24	28.94	139.27	9.88	29.61
2006	西藏	13.92	22.92	137.26	0.00	0.00	0.00	0.00	2.89	4500.85	0.00
2006	陕西	78.93	135.79	203.32	184.20	45.13	53.13	364.22	77.43	58.87	3.47
2006	甘肃	63.75	46.85	124.17	149.10	10.26	24.32	518.98	76.54	24.40	45.93
2006	青海	31.05	34.69	108.47	0.00	22.71	1.92	2.94	233.52	211.49	0.00
2006	宁夏	84.05	181.90	142.51	22.68	129.48	187.36	244.38	182.07	43.84	3.19
2006	新疆	132.29	154.98	114.63	67.75	89.38	53.15	794.33	76.36	0.00	78.49
2007	北京	43.36	94.65	99.68	26.60	15.43	41.96	137.57	48.43	129.77	3.95
2007	天津	42.00	63.78	71.56	13.56	15.91	31.12	111.19	69.84	110.38	3.24
2007	河北	106.01	145.10	84.63	50.18	76.12	85.43	106.58	86.82	113.63	25.85
2007	山西	34.81	59.30	92.93	32.20	9.62	11.65	382.22	109.36	72.43	9.28
2007	内蒙古	192.06	551.35	145.34	72.96	117.95	40.74	68.38	108.59	104.15	1.63
2007	辽宁	129.79	64.24	63.78	21.00	23.95	38.68	275.74	78.42	71.86	44.15
2007	吉林	196.89	99.01	180.24	91.04	13.95	40.07	29.77	158.28	252.16	113.26
2007	黑龙江	253.93	313.70	187.17	95.07	18.12	60.76	471.96	61.75	216.61	21.56
2007	上海	19.32	77.10	42.90	121.28	31.58	48.11	88.48	98.25	69.41	42.88
2007	江苏	45.06	27.82	46.22	43.69	156.78	81.45	34.39	131.46	68.77	213.64
2007	浙江	34.96	45.39	72.27	59.71	252.40	128.26	55.99	90.28	102.19	419.88
2007	安徽	131.01	126.09	153.51	216.70	66.35	63.15	61.63	94.39	72.78	40.20

续表

年份	地区	农副食品加工业	食品制造业	饮料制造业	烟草制造业	纺织业	造纸及纸制品业	石油加工炼焦及核燃料加工业	化学原料及化学制品制造业	医药制造业	化学纤维制造业
2007	福建	116.11	157.68	124.26	119.74	133.79	162.74	34.61	61.57	51.65	194.21
2007	江西	89.71	96.67	88.68	117.15	77.92	83.46	75.69	78.93	220.65	83.01
2007	山东	211.61	154.35	94.64	32.89	156.19	169.05	102.85	132.73	109.04	28.25
2007	河南	206.22	223.59	164.77	110.82	93.60	188.63	60.65	88.47	131.93	75.00
2007	湖北	110.16	90.24	184.07	237.93	100.66	74.01	90.05	105.13	144.08	32.92
2007	湖南	139.95	167.86	99.28	454.25	55.22	146.65	113.70	116.72	121.40	34.13
2007	广东	46.85	71.30	61.99	44.51	57.94	115.38	66.38	70.31	49.64	29.79
2007	广西	300.22	64.21	162.52	176.68	30.28	117.01	39.17	101.11	133.29	0.49
2007	海南	142.47	136.84	151.25	83.06	20.10	385.21	722.15	111.74	188.22	68.17
2007	重庆	67.70	56.50	85.61	143.22	35.41	43.64	10.71	78.17	139.00	5.88
2007	四川	188.38	111.87	459.44	71.01	62.26	85.46	36.06	113.63	185.65	61.76
2007	贵州	54.35	91.57	420.63	764.67	5.20	19.89	36.86	187.92	355.35	1.35
2007	云南	74.34	39.09	124.66	1878.92	4.96	55.89	51.69	127.34	117.53	24.34
2007	西藏	74.29	219.07	1477.90	0.00	16.94	0.00	0.00	24.25	1363.57	0.00
2007	陕西	79.28	132.04	211.73	188.22	35.48	50.17	334.46	70.98	205.45	3.31
2007	甘肃	60.86	46.30	112.36	147.61	8.33	17.39	529.27	70.28	67.28	36.81
2007	青海	22.92	35.15	91.55	0.00	15.28	0.79	4.36	251.80	144.14	0.00
2007	宁夏	66.22	194.60	131.92	27.92	132.55	167.78	213.59	186.43	115.50	0.87
2007	新疆	130.83	163.72	106.95	68.06	130.86	44.44	740.35	92.45	19.90	126.37
2008	北京	49.41	97.91	110.88	33.64	15.28	46.07	169.42	45.98	170.59	4.58
2008	天津	49.18	77.42	65.70	15.04	13.98	34.16	89.65	69.65	102.18	7.22
2008	河北	97.73	96.04	76.54	46.15	71.89	74.88	117.42	73.46	103.33	24.72
2008	山西	32.92	66.79	83.34	36.13	6.62	11.02	527.98	105.60	73.15	7.90
2008	内蒙古	187.35	516.31	147.69	67.53	109.84	40.34	88.00	116.69	97.66	0.19
2008	辽宁	137.17	70.63	69.38	18.68	24.20	40.48	249.25	68.04	68.63	42.28
2008	吉林	249.07	111.22	219.75	94.24	14.75	50.28	33.59	147.82	270.16	88.92
2008	黑龙江	278.73	339.03	190.61	99.70	14.85	60.54	424.62	66.82	215.96	22.21

续表

年份	地区	农副食品加工业	食品制造业	饮料制造业	烟草制造业	纺织业	造纸及纸制品业	石油加工炼焦及核燃料加工业	化学原料及化学制品制造业	医药制造业	化学纤维制造业
2008	上海	22.59	79.93	51.90	136.10	30.03	50.19	98.54	101.62	65.38	21.02
2008	江苏	43.62	26.64	44.35	41.61	154.96	83.17	31.74	131.68	75.29	215.11
2008	浙江	31.37	45.57	71.14	56.67	246.63	129.36	57.45	91.69	92.01	458.50
2008	安徽	136.92	115.28	136.73	186.57	64.16	72.06	53.54	94.54	79.77	43.44
2008	福建	104.75	145.78	126.01	103.78	120.24	149.28	29.91	51.61	44.45	193.17
2008	江西	92.34	107.79	92.51	100.15	82.99	75.04	70.46	95.92	215.06	48.75
2008	山东	193.17	149.80	81.44	47.05	161.07	150.15	104.30	134.10	111.14	25.95
2008	河南	178.27	217.47	165.97	98.05	96.91	179.76	64.82	87.20	129.23	61.96
2008	湖北	118.41	95.13	180.23	215.91	97.15	69.41	74.28	109.09	125.67	31.45
2008	湖南	144.94	151.99	111.30	407.80	56.01	147.80	91.44	118.57	133.47	28.95
2008	广东	46.38	71.79	58.09	42.36	60.62	124.86	62.27	68.30	47.01	28.86
2008	广西	289.85	74.84	170.39	176.69	30.47	119.44	30.96	93.98	116.74	1.09
2008	海南	155.22	193.04	103.92	106.57	7.98	401.38	800.65	120.19	239.44	61.92
2008	重庆	77.91	75.51	90.77	142.57	41.04	64.09	13.97	92.12	150.29	9.26
2008	四川	182.87	119.02	442.89	103.70	66.08	89.26	50.97	108.63	192.67	63.97
2008	贵州	50.03	118.25	529.29	802.69	4.49	30.79	60.22	202.25	332.82	0.33
2008	云南	79.60	51.96	116.33	2015.66	6.10	56.95	84.86	162.40	129.66	29.65
2008	西藏	108.51	150.18	1679.11	0.00	25.94	0.00	0.00	19.23	1202.15	0.00
2008	陕西	89.81	123.61	217.38	193.03	35.72	55.68	361.11	69.05	202.37	8.37
2008	甘肃	69.70	58.54	145.79	209.62	8.78	15.66	553.28	82.46	77.59	42.73
2008	青海	43.64	69.28	83.17	0.00	26.12	0.94	28.22	304.94	109.11	0.00
2008	宁夏	57.45	201.45	97.90	1.22	134.92	229.36	243.05	233.52	108.18	0.00
2008	新疆	123.33	172.95	108.58	69.82	74.11	32.16	731.64	111.33	15.62	164.94
2009	北京	44.42	93.12	108.14	34.07	13.90	39.81	163.19	35.65	170.48	3.76
2009	天津	48.02	103.24	53.85	15.78	10.78	41.05	88.42	62.86	107.31	6.71
2009	河北	90.49	95.34	69.95	47.55	76.48	80.71	126.79	70.71	91.85	25.59
2009	山西	44.00	62.75	85.57	44.57	7.73	9.64	495.02	103.95	79.11	2.07

续表

年份	地区	农副食品加工业	食品制造业	饮料制造业	烟草制造业	纺织业	造纸及纸制品业	石油加工炼焦及核燃料加工业	化学原料及化学制品制造业	医药制造业	化学纤维制造业
2009	内蒙古	178.90	396.27	140.02	55.70	97.70	49.32	85.38	111.49	91.90	0.00
2009	辽宁	139.72	75.14	69.92	16.65	25.14	45.87	226.28	71.22	61.32	31.88
2009	吉林	223.93	93.46	195.32	84.88	14.12	39.72	26.29	122.47	245.54	90.12
2009	黑龙江	58.83	74.39	36.07	22.90	2.53	11.38	92.06	11.59	41.53	3.92
2009	上海	18.03	83.09	45.25	162.11	27.74	49.13	94.41	95.07	77.66	20.02
2009	江苏	44.17	24.00	44.08	40.12	142.44	77.35	32.08	128.15	78.14	225.57
2009	浙江	31.40	50.35	72.47	64.30	274.23	137.09	60.30	98.37	94.62	499.59
2009	安徽	142.92	75.88	130.26	174.42	67.81	74.09	49.77	97.24	77.92	42.25
2009	福建	120.62	162.94	144.94	113.33	140.82	176.20	57.51	55.84	46.87	238.21
2009	江西	94.05	106.49	79.89	91.95	90.40	78.41	67.82	105.98	200.47	35.41
2009	山东	178.55	139.81	76.27	28.98	156.29	147.15	103.39	144.21	108.26	27.57
2009	河南	166.83	229.03	157.83	105.18	96.42	176.13	73.12	78.80	129.51	34.31
2009	湖北	130.19	93.30	174.41	204.51	101.81	74.60	72.63	106.21	111.47	17.85
2009	湖南	148.26	146.41	115.65	370.92	54.99	159.21	72.74	121.69	124.75	25.55
2009	广东	43.61	78.07	65.00	47.25	67.48	121.49	71.02	69.87	52.59	28.64
2009	广西	252.50	77.62	161.01	170.52	28.35	113.91	31.65	84.63	112.06	0.71
2009	海南	142.37	165.84	100.25	113.25	7.13	319.98	849.33	87.46	251.30	59.19
2009	重庆	66.53	61.40	88.29	132.89	44.94	77.10	13.82	80.52	134.66	10.97
2009	四川	170.64	108.90	422.03	137.00	66.16	101.72	41.02	104.84	164.87	59.00
2009	贵州	54.23	95.53	525.55	814.76	3.52	45.50	65.08	168.22	350.09	0.00
2009	云南	81.98	53.78	116.53	2014.24	4.48	62.89	79.31	139.77	139.42	34.89
2009	西藏	3.36	3.94	51.48	0.00	0.99	0.00	1966.93	0.52	28.81	0.00
2009	陕西	90.32	133.09	187.04	173.05	32.26	54.76	286.73	54.83	169.95	23.22
2009	甘肃	98.97	75.69	190.43	264.63	10.99	22.15	18.93	103.11	93.49	45.80
2009	青海	32.37	66.56	73.40	0.00	33.62	0.06	417.70	234.35	97.38	0.00
2009	宁夏	36.85	116.17	67.06	1.11	84.45	133.40	1039.20	105.05	62.72	0.00
2009	新疆	171.69	266.65	174.98	115.18	91.73	47.50	0.00	179.33	27.93	496.82

续表

年份	地区	农副食品加工业	食品制造业	饮料制造业	烟草制造业	纺织业	造纸及纸制品业	石油加工炼焦及核燃料加工业	化学原料及化学制品制造业	医药制造业	化学纤维制造业
2010	北京	44.97	94.25	100.79	35.18	13.99	36.03	156.76	41.53	176.35	3.06
2010	天津	45.93	123.29	49.30	19.00	12.08	51.58	135.58	79.69	105.00	5.63
2010	河北	90.98	87.88	69.93	46.37	79.23	77.57	121.47	72.35	92.86	26.02
2010	山西	48.63	62.28	85.89	39.55	9.38	9.73	439.21	93.38	78.97	1.74
2010	内蒙古	198.13	400.29	142.30	62.01	104.69	56.69	91.18	114.24	105.97	0.00
2010	辽宁	147.58	79.20	71.59	16.08	24.43	51.44	198.78	81.42	61.33	14.97
2010	吉林	234.99	93.88	158.68	84.66	12.93	42.75	24.01	115.51	259.93	85.64
2010	黑龙江	326.77	344.88	203.20	104.09	10.51	57.41	408.48	65.03	185.93	0.88
2010	上海	15.71	81.58	38.74	193.04	30.42	52.60	97.38	99.80	73.24	17.53
2010	江苏	43.37	24.38	44.57	39.87	140.58	72.05	34.40	128.64	81.26	228.31
2010	浙江	30.12	46.99	63.76	65.22	265.31	136.48	62.81	99.40	88.94	508.92
2010	安徽	144.85	80.70	128.02	150.09	66.92	68.87	43.80	92.51	81.43	43.79
2010	福建	124.76	170.86	144.01	101.97	137.23	178.95	76.62	56.85	44.15	231.08
2010	江西	92.24	103.31	68.71	77.50	91.33	78.85	60.24	124.32	192.88	35.63
2010	山东	172.04	132.96	78.26	47.77	161.77	144.40	111.84	139.52	110.96	25.54
2010	河南	168.64	223.66	157.96	101.62	97.94	165.53	68.83	77.98	134.07	51.03
2010	湖北	132.82	102.80	187.29	187.02	100.23	68.75	62.92	100.86	106.06	20.11
2010	湖南	145.79	138.79	119.18	328.39	53.26	159.48	63.04	117.15	116.16	22.44
2010	广东	42.15	80.49	57.71	44.79	75.09	129.07	76.72	69.47	55.43	30.89
2010	广西	232.00	80.21	156.34	146.18	30.29	117.40	63.51	82.15	104.02	0.13
2010	海南	127.47	164.78	87.34	109.96	5.65	376.43	766.70	85.62	266.16	47.86
2010	重庆	72.80	64.74	87.06	126.03	42.77	94.09	10.05	80.67	111.19	10.67
2010	四川	163.27	122.29	457.45	92.21	68.30	115.33	45.60	105.19	163.11	60.79
2010	贵州	55.42	115.96	577.57	831.51	4.15	54.36	53.50	163.27	358.16	0.00
2010	云南	79.66	67.60	120.27	2002.36	5.04	56.60	81.99	133.65	135.68	27.52
2010	西藏	93.46	138.98	1755.98	0.00	41.64	0.00	0.00	26.40	815.44	0.00
2010	陕西	89.16	136.24	167.44	157.65	33.37	48.77	329.69	54.02	148.46	16.76

续表

年份	地区	农副食品加工业	食品制造业	饮料制造业	烟草制造业	纺织业	造纸及纸制品业	石油加工炼焦及核燃料加工业	化学原料及化学制品制造业	医药制造业	化学纤维制造业
2010	甘肃	75.21	60.75	135.43	198.80	7.88	15.75	457.23	80.06	63.89	20.11
2010	青海	42.72	107.22	114.82	0.00	48.64	0.00	46.63	214.23	117.92	0.00
2010	宁夏	62.18	177.53	100.91	34.48	134.44	185.64	321.50	153.70	96.63	0.00
2010	新疆	109.54	156.81	114.23	65.30	68.17	30.16	686.97	106.60	15.58	310.04
2011	北京	46.77	101.14	106.67	40.66	16.90	35.47	157.08	39.18	194.61	1.73
2011	天津	47.68	196.96	52.39	19.39	10.80	49.55	139.06	77.72	90.12	5.70
2011	河北	86.70	93.97	65.54	43.73	85.09	84.32	122.93	66.44	81.24	23.54
2011	山西	52.45	61.85	96.68	39.43	9.20	10.24	392.02	87.08	65.21	0.65
2011	内蒙古	195.78	317.38	129.78	60.05	95.39	57.32	98.86	120.79	122.94	0.00
2011	辽宁	151.78	74.32	71.51	16.62	23.30	57.35	205.46	73.56	68.77	11.16
2011	吉林	241.09	94.37	151.83	83.30	12.72	48.71	23.09	114.50	281.72	62.76
2011	黑龙江	363.94	333.93	187.42	122.53	12.27	54.64	376.92	67.06	174.64	13.00
2011	上海	15.75	81.94	39.80	232.38	27.92	54.14	104.49	97.19	70.27	14.90
2011	江苏	40.06	23.80	44.24	40.88	128.46	68.52	35.26	133.03	83.51	234.29
2011	浙江	28.35	46.60	56.44	70.34	260.96	136.32	70.58	110.23	83.95	571.37
2011	安徽	141.42	82.80	115.32	126.66	71.59	72.14	36.24	84.91	78.59	40.35
2011	福建	116.06	169.06	149.13	103.32	172.13	189.19	60.85	56.34	40.78	241.48
2011	江西	84.87	85.79	62.28	71.83	90.13	78.93	51.54	116.21	174.83	39.72
2011	山东	158.12	120.07	70.27	33.17	170.87	146.86	120.52	137.79	111.59	23.99
2011	河南	158.48	208.33	143.42	94.65	109.33	160.73	61.90	78.50	136.42	38.59
2011	湖北	148.09	105.55	193.89	189.01	112.27	80.88	56.44	100.65	103.47	26.12
2011	湖南	143.52	140.48	105.53	283.16	52.69	148.92	58.72	109.80	102.83	20.95
2011	广东	45.13	81.57	63.36	46.83	75.45	124.96	78.22	72.04	54.62	25.93
2011	广西	218.23	81.66	156.57	134.33	34.97	128.37	118.29	72.78	98.49	0.00
2011	海南	108.70	119.63	67.18	120.13	4.41	269.30	769.53	86.71	250.40	75.52
2011	重庆	70.45	61.81	67.94	117.40	35.23	72.49	9.11	80.65	97.96	7.13
2011	四川	151.03	131.63	452.98	85.12	71.06	115.63	37.65	98.32	171.64	65.87

续表

年份	地区	农副食品加工业	食品制造业	饮料制造业	烟草制造业	纺织业	造纸及纸制品业	石油加工炼焦及核燃料加工业	化学原料及化学制品制造业	医药制造业	化学纤维制造业
2011	贵州	60.53	114.15	579.53	788.67	5.23	66.65	43.62	165.99	322.14	0.00
2011	云南	77.23	75.93	113.06	1977.35	5.11	53.29	77.75	141.82	131.00	21.67
2011	西藏	80.76	144.08	1863.57	0.00	61.45	0.00	0.00	15.64	694.61	0.00
2011	陕西	88.58	140.07	157.59	162.72	33.12	47.79	327.79	56.53	135.13	12.78
2011	甘肃	72.38	55.82	123.87	202.81	8.53	12.44	470.64	75.55	60.45	7.38
2011	青海	35.32	72.98	89.64	0.00	26.45	0.00	87.15	229.22	107.73	0.00
2011	宁夏	56.05	196.47	91.28	45.54	137.20	157.40	230.25	182.12	93.16	0.00
2011	新疆	96.34	130.48	100.97	70.56	59.68	22.92	676.07	122.84	14.19	255.27
2012	北京	48.30	111.24	115.25	41.21	8.19	35.86	166.06	37.30	218.88	1.92
2012	天津	63.77	249.61	43.67	23.31	10.57	60.34	123.34	72.83	94.94	8.56
2012	河北	82.54	98.62	63.98	46.90	99.59	92.28	131.94	68.50	78.76	26.96
2012	山西	55.53	69.98	111.04	46.40	10.16	13.82	349.63	97.37	68.32	0.53
2012	内蒙古	190.78	267.64	150.70	68.14	95.86	65.27	77.90	149.28	80.18	0.55
2012	辽宁	153.89	77.99	72.07	15.85	24.67	62.64	206.33	75.76	66.50	13.75
2012	吉林	242.07	100.14	150.51	68.74	15.52	46.45	22.43	103.48	272.30	38.55
2012	黑龙江	397.30	285.41	206.14	124.52	17.42	51.77	337.04	81.13	162.30	6.87
2012	上海	17.33	104.24	21.03	256.41	20.55	62.66	108.72	97.53	77.25	15.43
2012	江苏	44.29	27.67	45.12	38.65	129.59	68.98	36.24	136.01	92.14	254.54
2012	浙江	27.07	47.85	54.54	66.28	248.88	136.88	63.29	109.01	80.82	563.29
2012	安徽	137.91	83.47	124.44	118.57	74.68	67.16	28.34	78.05	80.47	33.17
2012	福建	102.24	153.69	131.04	85.40	134.96	170.54	60.05	48.48	31.61	249.43
2012	江西	91.16	89.69	67.39	71.86	79.29	73.17	55.82	104.21	178.94	38.35
2012	山东	147.68	106.27	73.33	40.63	176.67	146.12	120.01	141.25	117.77	23.82
2012	河南	144.16	184.34	136.58	95.73	106.90	131.81	60.27	73.70	117.50	23.92
2012	湖北	167.30	116.46	207.82	157.94	137.45	94.52	48.56	111.30	110.30	31.98
2012	湖南	132.64	132.82	112.13	285.02	51.53	142.95	68.19	112.95	103.80	11.70
2012	广东	41.56	82.86	59.00	55.41	60.64	118.15	80.55	63.56	53.13	16.94

续表

年份	地区	农副食品加工业	食品制造业	饮料制造业	烟草制造业	纺织业	造纸及纸制品业	石油加工炼焦及核燃料加工业	化学原料及化学制品制造业	医药制造业	化学纤维制造业
2012	广西	193.95	85.13	141.23	125.77	32.55	141.63	148.01	68.33	88.94	0.00
2012	海南	108.54	124.42	65.46	134.87	4.37	403.05	826.59	82.24	266.58	38.99
2012	重庆	71.83	54.80	66.78	121.10	35.95	92.08	10.09	71.66	99.49	2.40
2012	四川	133.30	131.31	460.61	93.70	72.20	103.12	39.44	98.11	157.21	71.25
2012	贵州	58.18	92.26	614.26	821.71	3.06	50.53	53.09	174.13	235.95	0.00
2012	云南	86.50	100.20	118.25	2024.72	6.40	60.12	73.76	137.73	135.93	23.55
2012	西藏	74.37	137.01	1531.75	0.00	44.60	0.00	0.00	16.30	864.04	0.00
2012	陕西	95.24	141.29	181.84	167.88	38.44	49.76	362.69	63.64	147.97	15.41
2012	甘肃	87.27	73.94	153.59	230.15	10.72	19.44	479.90	76.04	75.07	10.95
2012	青海	41.51	72.80	137.06	0.00	41.25	0.00	68.47	224.01	140.90	0.00
2012	宁夏	59.32	267.08	63.98	1.28	140.41	114.47	436.55	146.97	57.79	0.00
2012	新疆	97.97	134.87	107.88	74.75	67.11	27.15	705.32	127.16	17.79	199.84
2013	北京	46.51	102.68	102.21	39.97	7.15	36.11	142.16	33.85	218.71	2.11
2013	天津	55.97	255.18	39.74	22.81	10.31	63.17	139.63	69.03	91.32	9.76
2013	河北	81.35	104.75	69.64	47.14	104.64	91.85	111.80	71.89	77.71	25.88
2013	山西	64.70	70.69	102.91	51.63	12.90	16.57	343.39	94.04	80.47	0.30
2013	内蒙古	200.90	248.27	140.00	72.70	91.01	52.87	126.82	168.55	94.23	0.62
2013	辽宁	152.42	78.92	63.56	16.67	26.43	64.04	207.82	80.80	68.29	13.43
2013	吉林	238.06	94.27	142.01	66.67	16.68	41.23	24.38	97.50	297.32	41.96
2013	黑龙江	437.74	276.08	195.50	124.03	21.76	60.53	331.20	66.44	150.66	1.21
2013	上海	17.75	98.35	20.37	285.29	19.21	64.79	128.02	100.49	80.48	17.67
2013	江苏	44.66	27.58	43.55	38.71	125.70	70.50	38.75	136.73	93.37	271.27
2013	浙江	27.22	45.78	52.63	69.38	255.75	145.16	66.16	115.33	79.31	545.31
2013	安徽	132.85	84.72	110.28	115.32	72.75	62.68	32.35	80.13	79.15	32.08
2013	福建	103.66	152.87	135.25	83.15	149.20	180.69	47.80	49.95	31.51	288.98
2013	江西	93.07	88.78	66.78	70.85	83.14	80.61	53.64	97.16	166.14	34.88
2013	山东	144.27	97.93	65.47	44.86	174.31	136.84	128.77	143.41	117.83	24.24

续表

年份	地区	农副食品加工业	食品制造业	饮料制造业	烟草制造业	纺织业	造纸及纸制品业	石油加工炼焦及核燃料加工业	化学原料及化学制品制造业	医药制造业	化学纤维制造业
2013	河南	140.67	186.50	137.49	90.15	108.70	121.55	55.74	71.27	114.38	21.02
2013	湖北	165.85	118.22	213.46	147.01	135.13	88.90	53.66	109.91	103.84	27.67
2013	湖南	125.80	136.46	116.06	278.59	49.87	142.77	66.13	111.27	103.57	11.55
2013	广东	41.28	84.84	58.33	54.85	61.43	117.47	81.91	63.68	52.31	17.14
2013	广西	181.60	87.13	144.32	125.50	33.41	162.25	125.79	67.37	90.19	0.48
2013	海南	132.98	142.90	73.67	167.71	4.50	532.98	694.25	101.27	296.06	4.28
2013	重庆	69.05	57.76	65.58	113.36	32.81	97.32	7.96	61.87	96.36	4.47
2013	四川	126.19	129.89	465.58	88.13	70.41	105.76	41.38	88.87	145.97	70.42
2013	贵州	65.69	95.04	638.41	738.89	5.59	59.30	44.59	150.48	237.05	0.00
2013	云南	93.88	104.70	146.09	2002.56	6.16	56.24	81.82	123.40	138.62	25.60
2013	西藏	61.25	120.80	1369.14	0.00	31.84	105.11	0.00	41.80	758.60	0.00
2013	陕西	101.40	145.78	187.90	162.69	39.48	57.49	331.77	61.53	143.97	16.31
2013	甘肃	87.77	70.18	159.64	250.56	10.56	24.96	459.95	69.61	74.16	11.26
2013	青海	46.96	68.77	130.75	0.00	49.05	0.00	29.20	195.15	162.46	0.00
2013	宁夏	68.07	270.32	69.31	0.99	155.37	53.86	483.09	154.87	48.96	0.00
2013	新疆	100.48	165.01	107.05	70.62	54.01	36.24	687.06	132.12	18.06	207.99
2014	北京	44.42	104.37	89.07	40.33	4.32	35.02	154.74	31.25	207.84	2.46
2014	天津	55.31	272.52	45.03	23.39	10.95	69.52	117.36	72.09	83.91	9.48
2014	河北	84.20	112.43	72.36	48.11	108.39	89.30	112.97	73.41	74.46	27.43
2014	山西	68.66	82.64	91.36	58.96	13.84	14.89	334.01	97.65	89.18	0.00
2014	内蒙古	195.95	257.90	155.48	84.86	95.06	60.03	172.62	147.43	101.31	0.41
2014	辽宁	148.65	75.59	64.82	19.19	24.86	55.68	232.65	75.65	73.20	15.12
2014	吉林	233.20	90.40	141.12	79.69	18.90	46.01	25.10	91.47	312.41	36.45
2014	黑龙江	434.09	285.25	200.83	118.88	26.48	61.19	336.39	68.75	149.29	2.45
2014	上海	17.23	97.30	20.73	319.51	19.05	66.06	107.56	100.13	78.57	18.08
2014	江苏	46.70	30.36	42.90	40.42	126.06	74.83	40.19	138.31	93.56	251.18
2014	浙江	26.53	42.87	46.72	75.32	252.58	137.91	71.31	112.43	77.02	565.16

续表

年份	地区	农副食品加工业	食品制造业	饮料制造业	烟草制造业	纺织业	造纸及纸制品业	石油加工炼焦及核燃料加工业	化学原料及化学制品制造业	医药制造业	化学纤维制造业
2014	安徽	130.57	86.14	109.09	111.15	71.68	66.66	42.25	76.77	79.83	33.79
2014	福建	104.71	153.64	130.84	76.83	155.71	172.52	74.45	58.48	28.40	332.90
2014	江西	97.83	87.04	66.27	71.52	95.78	79.09	47.73	96.97	156.55	39.29
2014	山东	141.14	92.85	63.20	27.38	167.70	132.34	136.36	146.97	120.10	26.14
2014	河南	138.04	189.92	138.30	81.65	103.59	116.76	47.07	72.14	116.90	18.31
2014	湖北	172.96	118.56	224.78	156.39	141.59	91.12	55.42	115.44	102.49	28.12
2014	湖南	130.49	138.22	116.75	279.78	49.93	156.60	56.42	107.25	105.74	11.98
2014	广东	41.01	74.43	58.76	54.51	58.98	118.30	71.15	64.52	50.30	16.85
2014	广西	175.58	87.95	137.73	130.66	34.00	146.22	113.77	64.99	85.25	0.18
2014	海南	110.71	129.25	78.83	171.27	5.71	479.35	909.81	133.59	291.06	0.00
2014	重庆	68.38	54.44	57.11	101.43	27.50	100.44	8.94	56.09	91.66	4.48
2014	四川	126.24	130.95	432.66	89.78	68.04	103.14	60.09	86.55	144.39	76.44
2014	贵州	66.19	103.00	633.22	650.38	5.41	71.11	64.27	130.34	222.54	0.00
2014	云南	103.52	114.88	168.77	2063.80	7.33	52.04	69.19	118.43	134.78	26.38
2014	西藏	73.55	390.29	1450.67	0.00	34.17	78.28	0.00	23.47	651.30	0.00
2014	陕西	108.71	144.14	190.50	164.93	39.42	56.83	316.37	70.45	142.50	16.46
2014	甘肃	87.90	89.12	157.77	272.70	14.76	23.83	429.68	67.25	76.31	10.29
2014	青海	59.55	70.99	131.41	0.00	53.43	1.12	24.49	208.82	153.52	0.00
2014	宁夏	83.20	292.39	78.76	65.37	202.39	54.13	490.86	155.04	53.45	0.00
2014	新疆	111.89	167.43	109.40	75.88	56.53	40.39	694.01	127.48	19.76	206.98
2015	北京	43.01	103.00	83.19	41.66	2.64	34.85	138.01	29.60	214.15	0.56
2015	天津	59.51	251.24	36.91	22.05	12.08	65.81	156.44	65.30	77.03	10.66
2015	河北	82.88	117.06	69.96	45.84	105.00	88.35	126.90	80.75	75.25	31.28
2015	山西	72.22	82.27	99.38	75.49	14.62	16.70	349.06	94.13	101.70	—
2015	内蒙古	216.05	274.09	144.81	40.71	95.82	57.54	152.15	144.86	108.26	0.63
2015	辽宁	145.92	67.62	64.17	29.97	19.34	51.02	319.64	81.55	78.53	18.57
2015	吉林	240.53	101.70	149.82	75.72	20.03	51.00	26.07	88.37	332.31	38.01

续表

年份	地区	农副食品加工业	食品制造业	饮料制造业	烟草制造业	纺织业	造纸及纸制品业	石油加工炼焦及核燃料加工业	化学原料及化学制品制造业	医药制造业	化学纤维制造业
2015	黑龙江	457.66	332.52	200.33	121.37	27.01	56.17	318.47	69.62	130.96	3.03
2015	上海	16.98	91.22	20.56	346.95	18.58	57.45	111.44	100.10	80.77	14.13
2015	江苏	48.72	30.07	42.61	39.79	123.12	76.10	43.61	138.39	93.18	246.70
2015	浙江	25.98	41.03	43.04	82.01	248.23	149.34	65.99	103.49	75.84	560.07
2015	安徽	126.61	85.20	104.60	101.59	69.73	71.29	37.70	74.58	78.05	35.16
2015	福建	107.74	154.12	129.82	70.84	156.77	169.59	81.81	49.46	28.74	351.46
2015	江西	103.99	85.52	60.44	71.58	100.08	81.12	48.68	95.97	152.49	41.02
2015	山东	138.83	88.35	60.57	34.59	169.82	130.14	151.50	147.79	118.98	25.72
2015	河南	132.64	191.48	129.70	72.59	97.93	106.43	44.70	71.08	116.57	19.04
2015	湖北	172.03	129.06	230.09	152.72	135.10	92.33	52.23	118.28	99.88	24.60
2015	湖南	135.66	138.59	111.81	270.13	48.60	138.97	58.35	104.44	108.37	12.41
2015	广东	40.41	70.91	55.90	51.87	57.98	119.20	59.70	64.72	48.59	15.10
2015	广西	168.12	85.91	141.49	120.51	33.82	132.52	93.52	70.07	79.35	0.61
2015	海南	112.71	126.47	68.32	195.50	7.05	553.00	1014.14	138.04	340.89	—
2015	重庆	68.91	53.99	55.25	82.70	24.56	95.97	10.04	53.80	103.33	7.39
2015	四川	121.99	131.11	434.12	77.42	67.06	90.57	67.16	89.02	136.90	80.68
2015	贵州	68.95	100.85	662.81	546.87	6.07	81.87	79.46	125.12	191.72	0.36
2015	云南	119.22	121.23	186.63	2242.23	8.35	60.32	60.06	129.48	134.42	27.40
2015	西藏	65.36	308.11	1439.46	—	20.81	243.43	—	41.97	519.21	—
2015	陕西	112.22	151.98	205.66	153.05	45.23	65.57	287.31	84.52	142.48	14.80
2015	甘肃	112.97	66.54	153.74	312.84	12.63	26.67	452.75	60.11	87.14	4.29
2015	青海	78.53	84.46	149.15	—	54.81	0.99	10.12	195.07	139.52	—
2015	宁夏	81.16	283.85	91.63	71.01	225.72	60.45	588.42	171.54	60.43	—
2015	新疆	136.41	181.24	132.60	89.76	63.96	44.28	633.68	145.09	20.87	182.81
2016	北京	46.49	99.04	69.18	44.24	2.42	31.22	116.07	27.13	221.00	3.77
2016	天津	62.01	277.41	47.73	25.27	8.80	67.32	154.96	69.02	77.51	2.60
2016	河北	85.92	117.37	66.79	42.06	106.97	79.31	127.39	75.23	71.51	84.08

续表

年份	地区	农副食品加工业	食品制造业	饮料制造业	烟草制造业	纺织业	造纸及纸制品业	石油加工炼焦及核燃料加工业	化学原料及化学制品制造业	医药制造业	化学纤维制造业
2016	山西	77.64	82.63	95.91	74.19	13.94	18.26	412.30	77.41	98.84	0.00
2016	内蒙古	237.32	261.18	148.70	99.27	88.86	61.01	152.49	140.25	97.72	0.79
2016	辽宁	130.89	58.15	56.94	44.09	11.60	35.50	489.71	87.53	74.77	21.82
2016	吉林	233.96	107.83	153.92	72.33	24.49	53.53	23.06	87.78	340.56	44.55
2016	黑龙江	497.75	276.31	186.96	127.95	30.80	49.67	336.04	74.23	133.88	3.28
2016	上海	17.22	87.44	18.16	359.34	17.02	55.45	105.81	99.65	83.29	16.12
2016	江苏	52.90	33.75	41.97	41.28	122.61	75.91	41.60	140.69	93.15	243.87
2016	浙江	27.24	38.03	41.36	101.51	245.40	152.11	70.68	101.68	77.39	520.12
2016	安徽	129.46	84.76	98.19	89.96	68.88	75.95	29.82	73.17	78.79	32.22
2016	福建	116.07	152.31	124.23	69.86	166.29	179.35	65.43	49.55	27.25	346.46
2016	江西	109.30	84.82	58.34	67.50	97.80	82.17	52.79	96.11	143.63	36.94
2016	山东	143.33	85.84	58.34	23.98	163.05	125.99	175.45	150.74	121.44	27.90
2016	河南	140.55	192.35	124.74	66.01	96.22	103.80	48.41	69.90	114.85	19.87
2016	湖北	180.46	128.17	233.00	162.70	137.91	89.45	54.14	114.56	99.08	21.86
2016	湖南	140.22	138.40	108.58	267.26	48.00	132.84	53.09	99.33	110.52	11.84
2016	广东	42.83	68.23	50.93	51.21	56.81	119.33	55.46	61.66	47.04	14.22
2016	广西	167.94	88.53	137.22	112.03	31.86	122.07	91.66	68.09	77.45	0.62
2016	海南	143.87	137.18	75.87	239.33	9.37	601.68	1153.12	164.79	0.91	0.00
2016	重庆	75.05	51.13	55.88	68.70	22.84	92.84	9.21	50.42	101.08	10.44
2016	四川	125.84	129.26	436.76	61.23	68.41	93.96	67.49	93.42	131.55	81.53
2016	贵州	72.72	96.63	684.92	487.83	7.06	90.45	45.20	120.43	174.31	2.51
2016	云南	147.27	128.20	209.94	2276.62	9.41	68.35	56.04	119.09	139.34	23.76
2016	西藏	64.54	292.13	1372.19	0.00	26.06	228.87	0.00	19.22	416.39	0.00
2016	陕西	116.09	147.34	202.65	137.24	43.76	70.90	229.51	93.38	137.47	12.48
2016	甘肃	131.59	73.50	156.45	351.32	12.70	26.05	425.56	67.39	96.60	1.10
2016	青海	83.05	97.27	149.17	0.00	42.38	1.15	22.55	214.64	115.80	0.00
2016	宁夏	76.75	285.68	93.59	87.00	249.10	44.82	614.94	193.69	73.06	0.00
2016	新疆	145.58	166.89	124.22	80.34	103.59	54.44	591.82	146.25	23.93	237.88

第四章　中国制造业集群升级的绩效评价

一、引言

制造业被视为一个国家发展和经济增长的核心驱动力。在经济新常态的大背景下，以高投入、高能耗、高污染为代价的产业发展模式亟待调整。2017 年 10 月，习近平总书记在党的十九大报告中明确指出，我国要深化供给侧结构性改革，加快发展先进制造业，加快建设制造业强国，支持传统产业优化升级，促进我国产业迈向全球价值链中高端，培育若干世界级先进制造业集群。然而我国制造业集群大多处于初级发展阶段，具有低技术水平、低附加值、高污染、高资源消耗等特征；并且由于长期依靠土地、人力低成本优势的传统加工制造业为主，致使我国产业集群在国际经济环境的剧烈波动下的抗风险能力以及自主创新能力较弱（符瑛，2016）。

对制造业集群转型升级的未来发展方向，国家已经做出了战略规划与布置。根据“中国制造 2025”的发展规划目标，中国传统制造业集群的当务之急就是必须要制定适当的策略实现自身的转型升级，转变发展模式，突破全球价值链“低端锁定”状态，提升中国制造业集群在国际中的竞争优势，最终实现集群的可持续健康发展。《国家“十三五”发展规划纲要》也明确提出，“深入实施‘中国制造 2025’，以提高制造业创新能力和基础能力为重点”，“促进制造业朝高端、智能、绿色、服务方向发展，培育制造业竞争新优势”，“加快发展新型制造业，推进制造业集聚区改造提升，培育若干先进制造业中心”。为了加快我国制造业集群升级步伐，有必要对我国制造业集群升级的历史与现状作一准确性的描述。本章在综合前人研究及专家意见的基础上，构建了一套制造业集群转型升级的评价指标体系。以省为研究单元，基于全国 30 个省区市 2006～2016 年的面板数据，运用主成分分析法对我国制造业集群转型升级状况进行综合评价；通过对各省份 11 年间转型升级水平进行横向与纵向的动态比较，判断影响制造业集群转型升级的核心因子。一方面，量化评估制造业集群升级的发展现状，有利于清楚地认识我国东、中、西部各区域制造业集群转型升级的情况，总结相关发展经验，明确新目标；另一方面，根据综合得分指数和分析结果，能及时掌握各省区市制造业集群转型升级情况，为地方政府进一步推进制造业集群转型升级工作和制定相关政策提供科学依据，有利于增强我国制造业集群整体实力，缩小差距，促进各区域协调发展。

二、中国制造业集群转型升级评价指标体系的构建

（一）制造业集群转型升级评价研究概述

综观国内外文献，对于制造业转型升级评价的文献较为丰富，但有关制造业集群转型升级评价的研究不多。在制造业转型升级评价上，学者们从三维、四维扩展到了五维、六维，研究涉及宏观、中观和微观三个层面，包括对区域、行业、集群和企业层面，研究方法以层次分析法、主成

分分析法和熵值法为主。

1. 区域层面

区域层面的研究囊括省域、市域和县域，文献成果颇丰，早期新型制造业的内涵可概括为“以人为本，科技创新，环境友好，面向未来”（李廉水、杜占元，2005），于是在区域制造业转型升级评价指标体系的构建上，形成了三维、四维、五维、六维等评价指标：

三维：经济创造能力、科技竞争能力、资源环境保护能力三个维度（李廉水、周勇，2005），经济转型、产业升级和民生改善（李盛武，2012）。

四维：经济指标、科技指标、能源指标、环境指标和社会服务指标（李廉水等，2015）；经济发展水平、工业结构、就业结构和空间结构（陈佳贵等，2006）。

五维：区域经济发展、技术创新、产业结构水平、经济开放度、生态环境治理能力（祁明德，2015）；经济效益、科技创新能力、能源节约能力、环境保护能力和社会服务能力（张晓芹、王宇，2018）；经济发展与民生改善、技术创新、产业提升、国际化水平和节能减排（程惠芳等，2011）。

六维：经济增长、人力资本、自主创新、工业结构调整与升级、居民生活质量、资源与环境（Shanlin Yang et al.，2013）；经济效益、技术创新、质量品牌、结构优化、智能化率、绿色驱动六大类要素（王玉燕，2014）；工业发展、技术创新、产业结构、资源节约、信息化与工业化融合、对外开放（岳意定、谢伟峰，2014）。

2. 行业层面

有关制造业全行业转型升级评价研究，曹鹏（2009）基于新型制造业概念，构建了制造业新型化评价指标体系，应用主成分分析法对制造业 28 个细分行业的经济创造、科技创新、环境资源保护能力进行了研究，并综合评价了各个产业新型化水平。黄昶生、张旭宇（2015）则从经济效益、制造技术、管理模式、发展模式 4 个核心指标和 24 个子指标对山东 31 个细分制造业行业进行全面评价。杨立勋、高瑜（2016）增加了考量指标，从工业发展、抑制产能过剩、资产结构、技术创新等7个方面构建工业转型升级发展水平的综合评价体系，采用熵权TOPSIS法确定指标权重，利用2004～2014年面板数据系统地测度了西北五省制造业转型升级、发展水平以及动态变化趋势。Zhao等（2017）则采用创新型人力投入、创新型财务投入、创新型主体投入、创新技术产出和创新扩散5个一级指标以及23个子指标构建了制造业创新能力评价指标体系。从细分产业文献来看，何宁、夏有富（2018）构建了包括技术创新、资产结构、人才结构、产出结构、绿色发展、两化融合发展6项准则层指标及20项方案层子指标的中国装备制造业升级评价指标体系，并借助层次分析法等方法得出指标权重。赵晓晨（2011）则从经营方式和经营主体两个指标各自的变化评价了加工贸易转型效果，从产品结构、增值率、国内配套率三个指标各自的变化评价了加工贸易升级效果。刘川、宋晓明（2014）设计了由产业升级产出能力、产业升级投入能力和升级环境支撑能力3个重要评价维度的三力评价模型，以此测度了我国中东部地区高技术产业升级能力。李烨等（2016）从微观视角，选取了贵州典型的大型煤炭企业盘江集团2008年、2010年和2012年的数据，构建了含有政府引导作用、技术进步、经营体制创新、国家投资、市场需求、企业与外部交流的开放程度等因素的负熵模型来测度煤炭行业的转型升级效果。

3. *集群层面*

相对而言，学术界对于制造业集群发展水平的评价模型及指标体系的研究还较少，其中王静华（2011）构建了企业的技术创新能力、知识的流动能力、创新环境以及创新的经济绩效四个评价指标来测度集群的创新能力。浙江省经信委（2012）在发布的《关于浙江省块状经济向现代产业集群转型升级示范区建设考评办法（试行）》文件中确定了规模效益、自主创新、结构调整、资源节约四个一级考核指标，用以综合考核评价产业集群示范区的建设工作和成效。关娜（2018）以西安曲江新区产业集群为例，从实力因素、经济因素、科技因素、稳定因素、管理因素、基础设施、政府因素、品牌因素、集群开放等，产业集群竞争力研究的指标评价体系。卢星星等（2017）从规模效率、开放创新、服务能力、绿色发展、平台建设五方面构建工业园区转型升级评价指标体系，并基于2011～2016年江西89个工业园区的面板数据，利用主成分分析法对其转型升级的成效进行了动态综合评价。龚三乐（2011）基于全球价值链视角，以东莞市IT产业集群为例，建立了核心能力提升、价值链地位提升以及社会效益提升三方面的集群企业升级绩效评价的指标体系。周晓晔等（2014）对物流产业集群绩效进行了界定，并建立了区域物流产业集群绩效评价体系，包含物流产业集聚度、环境支持能力、创新能力、竞争合作能力、产出能力和经济促进能力6个二级指标。

4. *企业层面*

企业转型升级已成为新常态下企业创新发展的热门词汇，随着对企业转型升级研究的深入，越来越多的学者开始关注企业微观层面指标对转型升级的直接影响。赵昌文、许召元（2013）提出影响企业转型升级成效的主要因素包括对研发的投入、商标和品牌的建设、人力资源的培养、先进管理技术的应用和管理能力的提升等方面。唐辉亮、姚玉婷（2016）以企业成长理论、核心竞争力理论、创新理论和价值链理论为依据建立企业转型升级评价指标体系，从企业财务发展能力、企业创新能力、市场竞争能力、企业国际化发展能力、企业战略合作、企业社会责任和企业文化7个一级指标43个二级指标，以沪市500家制造业上市公司数据为例运用主成分分析法对企业的转型升级绩效能力进行综合评价。俞超、李向东（2015）则采用了政府推动、创新投入、创新生产、创新管理、创新产出、经营能力和盈利能力7个指标来评价企业转型升级的情况。此外，吴鹏跃（2015）从转型和升级两个方面构建企业规模、产品、创新、市场、内部管理及产业6大要素的小微企业转型升级评价指标，并通过德尔菲法及层次分析法计算各指标权重。

（二）指标选择和指标体系的构建

通过梳理相关文献发现，多数学者以制造业转型升级内涵为基础构建评价指标体系，指标的选取随着学者们观察角度的不同也有所差异，因此本书在借鉴前人的研究成果上，结合数据的可获得性和制造业集群转型升级的特征与内涵，在遵循系统性、客观性、时效性、可操作性、指导性五大原则下，从转型升级的目标、转型升级的路径和转型升级的方向三方面来构建中国制造业集群转型升级评价指标体系，以此反映我国制造业集群转型升级的发展水平。其中，指标体系的构建主要借鉴制造业集群转型升级的相关研究成果，分别从将指标体系确定为经济效益、自主创新、绿色发展在内的 3 项一级指标以及工业增加值增长率、工业利润率等在内的 9 项二级指标（见表 4 －1）。其中，经济效益指标体现了制造业集群对经济的贡献度，用来衡量集群创造经济价值的能力，一般来说，一定的经济基础是维持集群后续发展的重要前提，这样才能保障源源不断地注入科技创新、绿色创新元素，为社会、经济提供可持续发展的动力。自主创新指标代表着制造业集群的研发创新能力，创新能力是作为促进产业集群演化升级的决定性因素，可以说产业集群的发展水平与创新能力强弱具有直接的关系，只有创新才能在新常态下有效地促进产业集群升级（王琛等，2016）。此外，日本和韩国等国实施“追赶战略”的经验表明，制造业的转型升级和国际竞争力的提升都需要依靠自身的自主创新来实现（樊慧玲，2018）。绿色发展指标意味着集群的转型升级方向，产业绿色化、低碳化成为制造业结构转型升级的新方向和必然选择，集群作为制造业的重要载体，进行绿色改造，稳步推动绿色发展是未来集群发展的大趋势。并且本研究指标的选择也尽可能减少了绝对量指标，使用相对量指标（如比重类指标）、变动量指标（如变化幅度类指标）等来更加客观地评价制造业集群的发展状况。具体指标选择说明如下。

1. 经济效益指标

设置了 3 个二级指标，分别是工业增加值增长率、工业利润率和全员劳动生产率，主要用来表示制造业集群的经济创造能力。其中，工业增加值增长率和工业利润率越高，集群的整体附加值越高、盈利水平越高，投入产出的效果也越佳（岳意定、谢伟峰，2014）。另外，全员劳动生产率

表 4 – 1　我国制造业集群转型升级评价指标体系

一级指标	二级指标	指标符号	单位	指标方向
经济效益（转型升级目标）	工业增加值增长率	X_1	%	+
	工业利润率	X_2	%	+
	工业全员劳动生产率	X_3	万元/人	+
自主创新（转型升级路径）	工业 R&D 投入经费	X_4	万元	+
	工业 R&D 人员	X_5	万人	+
	工业新产品销售产值	X_6	万元	+
绿色发展（转型升级方向）	一般工业固废综合利用率	X_7	%	+
	单位 GDP 能耗	X_8	吨标准煤/万元	–
	工业污染治理投资完成额	X_9	万元	+

是考核企业经济活动的重要指标，代表着制造业集群效率，利用工业增加值除以全部从业人员平均人数来衡量。

2. 自主创新指标

通过借鉴侯峻等（2007）、曹鹏等（2009）、王玉燕（2014）等的研究，我们选择了工业 R&D 投入经费、工业 R&D 人员和工业新产品销售产值 3 个指标。R&D 投入经费和工业 R&D 人员是用来反映制造业企业研发活动的总支出和支出强度，作为投入型指标。工业新产品销售产值则从产出角度来表示研发投入的转化成果情况，作为产出型指标，以此来衡量制造业集群的创新能力。

3. 绿色发展指标

该指标考虑了单位 GDP 能耗、一般工业固废综合利用率和工业污染治理完成投资额作为二级指标。其中，单位 GDP 能耗指标为能源消耗指标，反映集群对能源的节约能力，而一般工业固废综合利用率证明集群对固废的处理能力和综合利用能力，工业污染治理完成投资额指标也从侧面证明了集群对环境保护和绿色治理的重视程度（李树生、张亮，2013；张继良、赵崇生，2015；邢苗、张建刚，2017）。

三、数据说明和方法介绍

（一）数据来源与描述性统计分析

本章的研究对象为全国30个省市（因西藏多项数据缺乏连贯性，除西藏地区）。因部分数据统计口径做了调整，为保持数据连贯可比，研究起点定为2006年。数据来源于2006~2016年度的《中国工业统计年鉴》、《中国统计年鉴》、《中国科技年鉴》、《中国环境统计年鉴》、《中国能源统计年鉴》、《中国区域经济统计年鉴》及全国各地区的统计年鉴。本书样本总数为330，表4-2展示了各指标的描述性统计分析。

表4-2　我国制造业集群转型升级评价指标的描述性统计（样本数=330）

指标符号	指标名称	均值	标准差	最小值	最大值
X_1	工业增加值增长率（%）	11.70	7.73	-38.77	29.92
X_2	工业利润率（%）	7.02	3.06	-1.06	22.44
X_3	工业全员劳动生产率（万元/人）	78.95	33.19	26.13	212.33
X_4	工业R&D投入经费（万元）	1876809	2795676	6524	16734591.29
X_5	工业R&D人员（万人）	8.08	11.22	0.03	60.70
X_6	工业新产品销售产值（万元）	31658044.08	46691322.97	71995.63	286232492.74
X_7	一般工业固废综合利用率（%）	68.02	18.91	27.9	99.81
X_8	单位GDP能耗（吨标准煤/万元）	1.03	0.45	0.26	2.87

续表

指标符号	指标名称	均值	标准差	最小值	最大值
X_9	工业污染治理投资完成额（万元）	187092.60	174154.80	3516.54	1239367.00

（二）评价方法

本书采用主成分分析方法，在参考张尧庭、张璋（1990），宋叙言、沈江（2015），迟国泰（2016）等有关主成分分析方法的运用，不难发现主成分分析（PCA）的实质是利用降维的思想观察指标的线性组合，把多指标转化为少数几个综合指标（主成分），在尽可能保留原有数据所含信息的前提下，将相互关联的具体影响因素提炼成少数几个相互独立且包含以上影响因素大部分信息的综合因素，实现对统计数据的简化。其中每个主成分都能够反映原始变量的大部分信息，且信息不重复，得到更加科学有效的结果数据信息。

1. 主成分分析的基本模型

假设用 p 个变量来描述研究对象，分别用 X_1，X_2，…，X_p 来表示，这 p 个变量构成的 p 维随机向量为 $X=(X_1, X_2, \cdots, X_p)^t$，原变量通过降维处理，得到 i 个新变量 Z_1，Z_2，Z_3，…，$Z_i(i \leqslant p)$，其分析模型为：

$$Z_i = \beta_{i1}X_1 + \beta_{i2}X_2 + \beta_{i3}X_3 + \cdots + \beta_{ip}X_p,\ i=1, 2, \cdots, k \quad (4-1)$$

式中，X_i 为第 i 个指标（$i=1, 2, \cdots, p$），Z_j 为第 j 个主成分（$j=1, 2, \cdots, k$），β_{ip} 为对应的第 i 个特征值的特征向量的第 p 个分量，k 为主成分个数。

2. 主成分分析的具体步骤

（1）第一步：数据预处理，对原始数据进行同向化和均值化处理，得到均值化矩阵 M。

1）指标同向化：正向指标不变，逆向指标转为倒数形式。

$$X'_{ij} = 1/X_{ij}$$

2）数据均值化：使其均值变为零。

$NX_{ij} = X'_{ij} / \overline{X}_i$

其中，$\overline{X}_i = (1/n) \sum X'_{ij}$

（2）第二步：求 M 中 p 个变量之间的相关系数矩阵 $R_{p\times p} = (r_{ij})_{p\times p}$。$r_{ij}$（$i, j=1, 2, \cdots, p$）为原始变量 X_i 与 X_j 的相关系数，$X_{ij} = X_{ji}$。

$$R_{ij} = \frac{\sum_{k=1}^{n}(x_{ki} - \overline{x}_i)(x_{kj} - \overline{x}_j)}{\sqrt{\sum_{k=1}^{n}(x_{ki} - \overline{x}_i)^2(x_{kj} - \overline{x}_j)^2}}$$

$$R = \begin{bmatrix} r_{11} & r_{12} & \cdots & r_{1p} \\ r_{21} & r_{22} & \cdots & r_{2p} \\ \cdots & \cdots & \ddots & \cdots \\ r_{p1} & r_{p2} & \cdots & r_{pp} \end{bmatrix}$$

（3）第三步：根据协方差矩阵 R 求出特征值，将特征向量按特征值由大到小排列，确定主成分个数。

1）解特征方程 $|\lambda E - R| = 0$，求出特征值 λ_i（$i=1, 2, \cdots, p$），由于 R 属于正定矩阵，其特征值 λ_i 均为正数，将其按大小顺序排列，即 $\lambda_1 \geqslant \lambda_2 \geqslant \cdots \geqslant \lambda_i \geqslant 0$。特征值是各主成分的方差，它的大小反映了各个主成分的影响力；

2）根据特征值大于 1 的原则，确定主成分个数 k（$k<p$）。

（4）第四步：计算各主成分的贡献率及累计贡献率。

主成分 Z_i 的贡献率为：

$$q_i = \frac{\lambda_i}{\sum_{k=1}^{p}\lambda_k}, \quad i=1, 2, \cdots, p$$

前 i 个主成分的累计贡献率为：

$$Q = \frac{\sum_{k=1}^{i}\lambda_k}{\sum_{k=1}^{p}\lambda_k}, \quad i=1, 2, \cdots, p$$

（5）第五步：计算主成分得分和总得分。计算各主成分得分 F_i（$i=1, 2, \cdots, k$），再对 k 个主成分进行加权求和，权数为每个主成分的方差贡献率，最后获得综合得分。

四、中国制造业集群转型升级绩效测度与评价

（一）数据处理

1. 指标正向化

参考钞小静、惠康（2009）的评价过程，由于各基础指标之间具有不可公度性，使我们无法对其直接进行计算，需要进行一定的变换与处理。指标属性可以分为正向指标、负向指标和适度指标三种，其中正向指标的指标值与指数值呈正相关，负向指标则相反，与指标值呈负相关。因此对数据处理的第一步是改变负向指标值的性质，使指标体系内包含的所有指标变为同趋势化，而对逆指标本章均采取倒数形式。评价指标体系中只有单位 GDP 能耗这一指标为逆指标，将其进行倒数处理使其正向化。

2. 指标无量纲化

各类基础指标分别具有不同的量纲和量级，无法直接进行综合，而且倘若直接采用未做处理的原始指标进行测度，容易使主成分过分偏重具有解释较大方差或者数量级的指标，而造成结果失真。因而数据处理的第二步，是需要对原始指标进行无量纲化处理。常见的数据无量纲化处理方法主要有极值化、标准化、均值化以及标准差化 4 种方法。本书使用 Stata14.0 软件对中国制造业集群转型升级发展综合评价指标进行主成分分析，该软件可直接通过软件计算获取相关系数矩阵，无须预先对指标向量进行标准化处理，会自动识别指标并将各类指标进行无量纲化，这一操作

不仅简化了本书的数据处理步骤，还使评价结果更加科学（卢星星等，2017）。

（二）主成分提取

1. 主成分分析适宜性检验

本章实验采用 Kaiser - Meyer - Olkin（KMO）统计量和 SMC 指标进行主成分分析适宜性检验。KMO 统计量是用于测度变量之间相关性强弱的重要参考，KMO 统计量一般取值在 0 ~ 1，KMO 统计量大小代表变量之间共线性强度，即 KMO 值越接近 1，意味着变量间的相关性越强，原有变量适合做因子分析。一般认为 KMO 统计量在 0.7 以上即可接受。本实验 KMO 统计量为 0.7723，表明该主成分模型可接受。SMC 指标代表复回归方程可决系数，取值高则表示变量之间线性关系越强，共性越大，越适合采用主成分分析方法。KMO 统计量和 SMC 统计量如表 4 -3 所示。

表 4 -3 KMO 统计量和 SMC 统计量

指标名称	Variable	KMO	SMC
工业增加值增长率（%）	X_1	0.6191	0.2839
工业利润率（%）	X_2	0.7023	0.0719
工业全员劳动生产率（万元/人）	X_3	0.5372	0.4910
工业 R&D 投入经费（万元）	X_4	0.7463	0.9658
工业 R&D 人员（万人）	X_5	0.7757	0.9524
工业新产品销售产值（万元）	X_6	0.8975	0.9057
一般工业固废综合利用率（%）	X_7	0.8241	0.4581
单位 GDP 能耗（吨标准煤/万元）	X_8	0.7629	0.6035
工业污染治理投资完成额（万元）	X_9	0.8291	0.4848
Overall		0.7723	

2. 分解总方差

分解总方差主要是计算相关矩阵的特征值、方差贡献率并提取主成分

（公因子）。从总方差分解表看，确定有3个主成分，其方差贡献率分别为47.90%、15.30%和11.91%，方差累计贡献率达75.11%，其所代表的信息量已能比较充分地解释并提供原始数据所能表达的信息（见表4－4）。

表4－4　分解总方差

主成分	特征值	方差贡献率	累计贡献率
Comp 1	4.3109	0.4790	0.4790
Comp 2	1.3771	0.1530	0.6320
Comp 3	1.0722	0.1191	0.7511
Comp 4	0.8939	0.0993	0.8504
Comp 5	0.5435	0.0604	0.9108
Comp 6	0.4582	0.0509	0.9617
Comp 7	0.2552	0.0284	0.9901
Comp 8	0.0672	0.0075	0.9976
Comp 9	0.0219	0.0024	1.0000

3. 确定主成分

在对指标进行了适宜性检验后，结合总方差分解、初始特征值碎石图等，由特征值大于1从而确定3个公因子较为合适。根据表4－4特征值的碎石图（见图4－1）。如图4－1所示，特征值从公因子4开始趋于平缓，因此确定3个公因子较为合适。

根据表4－5可知，主成分1在工业R&D投入经费（X_4）、工业R&D人员（X_5）、工业新产品销售产值（X_6）上具有较高载荷，归为主成分1中，用来解释集群的自主创新情况。主成分2在工业增加值增长率（X_1）、工业利润率（X_2）、工业全员劳动生产率（X_3）上具有较高载荷，归为主成分2中，主要用来反映制造业集群的总体经济效益。主成分3在一般工业固体废弃物综合利用率（X_7）、单位GDP能耗（X_8）和工业污染治理投资完成额（X_9）上具有较高载荷，归为主成分3中，表示集群的绿色发展情况。综上所述，通过因子载荷旋转，把9个可以描述制造业集群转型升级的统计指标归纳为三类，从而建立一套评价指标体系。

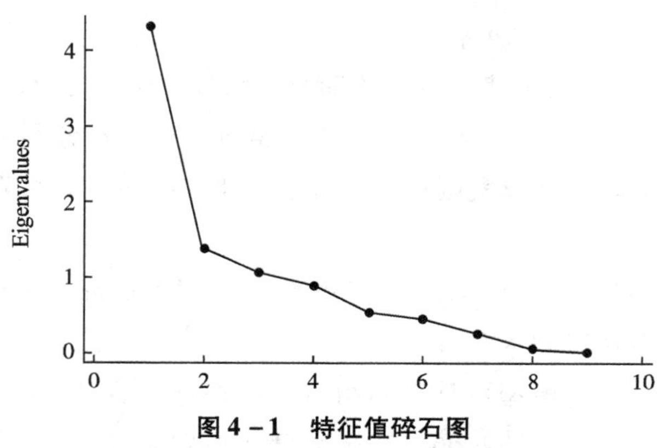

图 4-1　特征值碎石图

表 4-5　旋转前主成分载荷矩阵

Variable	*Comp* 1	*Comp* 2	*Comp* 3
X_1	-0.1478	0.6459	0.2318
X_2	-0.1035	0.4921	0.2899
X_3	0.2179	-0.5935	0.2574
X_4	0.4566	0.1446	-0.1064
X_5	0.4437	0.1905	-0.1269
X_6	0.4466	0.1653	-0.041
X_7	0.3176	0.1294	0.3896
X_8	0.3443	-0.1585	0.4959
X_9	0.3094	0.1417	-0.4593

（三）得分与综合评价

1. 得分情况

主成分的综合得分计算原理是以每个主成分所对应的特征值占所提取各项主成分特征值之和的比重作为权重，进行加权求和，得出各省区市制造业集群转型升级情况综合得分。计算公式为：

$$F = F_1 + F_2 + F_3,\ F_i = q_i/Q \times Comp1(i = 1,\ 2,\ 3) \tag{4-2}$$

$$F = q_1/(q_1 + q_2 + q_3) \times Comp1 + q_2/(q_1 + q_2 + q_3) \times Comp2 + q_3/(q_1 + q_2 + q_3) \times Comp3 \tag{4-3}$$

式中，F 为各省区市制造业集群转型升级发展综合得分；F_1、F_2 和 F_3 分别为主成分 1、主成分 2 和主成分 3 的得分；$q_1 \sim q_3$ 分别为 3 个主成分各自的方差贡献率。所以我国各省区市制造业集群转型升级发展综合得分的具体表达式为：

$$F = 0.4790/0.7511 \times Comp1 + 0.1530/0.7511 \times Comp2 + 0.1191/0.7511 \times Comp3 \tag{4-4}$$

根据主成分综合模型可计算总得分，并根据综合得分指数进行排名，表4-6 和表4-7 分别是2006~2016 年我国各省区市制造业集群转型升级发展综合得分及排名情况，有关各省区市 2006~2016 年的各主成分详细得分和综合得分详见本章附表。

表 4-6　2006~2016 年我国各省区市制造业集群转型升级发展综合得分

省份＼年份	2016	2015	2014	2013	2012	2011	2010	2009	2008	2007	2006
北京	1.67	1.33	1.33	1.16	0.76	0.41	0.18	0.18	-0.08	0.15	-0.12
天津	1.48	1.63	1.40	1.21	1.02	0.89	0.61	0.39	0.35	0.14	0.10
河北	0.02	0.16	0.07	-0.38	-0.71	-0.76	-0.84	-0.63	-0.88	-0.83	-0.82
山西	-1.08	-1.17	-0.85	-0.63	-0.74	-0.84	-0.74	-1.04	-1.01	-0.94	-1.13
内蒙古	-0.81	-0.76	-0.38	-0.51	-1.01	-0.64	-0.86	-0.96	-1.03	-0.89	-1.14
辽宁	-1.11	-0.77	-0.24	-0.20	-0.55	-0.65	-0.59	-0.65	-0.82	-0.94	-0.77
吉林	-0.34	-0.46	-0.20	-0.18	-0.39	-0.55	-0.52	-0.60	-0.85	-0.67	-0.95
黑龙江	-0.96	-0.81	-0.66	-0.61	-0.61	-0.56	-0.42	-0.55	-0.43	-0.46	-0.35
上海	2.25	1.68	1.65	1.25	1.14	1.10	0.89	0.59	0.36	0.43	0.23
江苏	6.05	5.33	4.75	4.25	3.45	2.77	1.73	1.77	1.41	1.23	0.76
浙江	4.10	3.68	3.30	2.88	2.10	1.68	0.77	0.87	0.65	0.55	0.40
安徽	1.34	0.90	0.75	0.77	0.40	0.20	0.00	-0.07	-0.35	-0.43	-0.57
福建	1.00	1.05	1.16	1.04	0.81	0.29	0.28	0.12	-0.20	-0.27	-0.30

续表

省份＼年份	2016	2015	2014	2013	2012	2011	2010	2009	2008	2007	2006
江西	-0.32	-0.18	-0.27	-0.28	-0.49	-0.53	-0.75	-0.94	-1.04	-0.81	-1.15
山东	4.24	3.72	3.80	3.12	2.62	2.12	1.39	1.37	1.15	0.89	0.69
河南	1.15	0.80	0.85	0.57	0.10	0.05	-0.11	-0.21	-0.30	-0.25	-0.38
湖北	0.86	0.63	0.70	0.49	0.19	0.12	0.12	-0.09	-0.38	-0.43	-0.62
湖南	0.86	0.64	0.39	0.30	0.02	-0.08	-0.01	1.05	-0.34	-0.54	-0.65
广东	-0.51	-0.54	-0.60	-0.66	-0.55	-0.75	-0.16	-0.38	-0.35	-0.37	-0.46
广西	0.62	0.52	0.38	0.02	-0.06	0.01	-0.07	-0.23	-0.27	-0.40	-0.59
海南	-0.40	-0.51	-0.45	-0.60	-0.67	-0.67	-0.68	-0.68	-0.66	-0.81	-0.83
重庆	-0.77	-0.84	-0.81	-0.88	-0.87	-1.14	-1.27	-1.46	-1.58	-1.64	-1.60
四川	-0.86	-0.82	-0.88	-0.79	-0.91	-1.02	-1.05	-1.18	-1.22	-1.28	-1.29
贵州	0.08	-0.17	-0.06	-0.03	-0.22	-0.27	-0.37	-0.69	-0.89	-0.96	-1.11
云南	-1.17	-1.42	-1.11	-1.05	-1.07	-1.25	-1.25	-1.54	-1.65	-1.43	-1.65
陕西	-1.42	-1.56	-1.31	-1.37	-1.25	-1.06	-1.39	-1.63	-1.42	-1.47	-1.53
甘肃	5.59	4.91	4.44	3.94	3.43	2.85	2.47	1.79	1.44	1.24	0.89
青海	-0.29	-0.31	-0.39	-0.32	-0.46	-0.59	-0.48	-0.63	-0.79	-0.51	-0.84
宁夏	-1.21	-1.24	-0.85	-0.98	-1.17	-1.23	-1.31	-1.20	-1.29	-1.24	-1.51
新疆	-1.32	-1.21	-1.00	-1.16	-1.19	-1.07	-1.13	-1.26	-1.14	-1.13	-1.04

表4-7 2006~2016年我国各省区市制造业集群转型升级发展综合得分排名

省份＼年份	2016	2015	2014	2013	2012	2011	2010	2009	2008	2007	2006
北京	6	7	7	7	8	7	8	8	7	6	7
天津	7	6	6	6	6	6	6	7	6	7	6
河北	15	14	14	19	22	23	23	18	20	20	17
山西	25	26	26	23	23	24	21	24	22	23	23
内蒙古	22	21	19	20	26	19	24	23	23	21	24
辽宁	26	22	17	16	19	20	19	19	18	22	16
吉林	18	18	16	15	15	16	18	16	19	17	20

续表

省份＼年份	2016	2015	2014	2013	2012	2011	2010	2009	2008	2007	2006
黑龙江	24	23	23	22	20	17	16	15	15	14	9
上海	5	5	5	5	5	5	4	6	5	5	5
江苏	1	1	1	1	1	2	2	2	2	2	2
浙江	4	4	4	4	4	4	5	5	4	4	4
安徽	8	9	10	9	9	9	10	10	12	12	12
福建	10	8	8	8	7	8	7	9	8	9	8
江西	17	16	18	17	17	15	22	22	24	18	25
山东	3	3	3	3	3	3	3	3	3	3	3
河南	9	10	9	10	11	11	13	12	10	8	10
湖北	11	12	11	11	10	10	9	11	14	13	14
湖南	12	11	12	12	12	13	11	4	11	16	15
广东	2	2	2	2	2	1	1	1	1	1	1
广西	16	17	20	18	16	18	17	17	17	15	19
海南	20	20	22	24	18	22	14	14	13	10	11
重庆	13	13	13	13	13	12	12	13	9	11	13
四川	19	19	21	21	21	21	20	20	16	19	18
贵州	21	25	24	26	24	28	28	28	29	30	29
云南	23	24	27	25	25	25	25	25	26	27	26
陕西	14	15	15	14	14	14	15	21	21	24	22
甘肃	27	29	29	28	27	30	27	29	30	28	30
青海	30	30	30	30	30	26	30	30	28	29	28
宁夏	28	28	25	27	28	29	29	26	27	26	27
新疆	29	27	28	29	29	27	26	27	25	25	21

2. 综合评价

通过评价模型计算出2006～2011年各省区市的综合得分和综合排名进行比较分析，可总结出以下几个特征：

（1）全国各省区市的制造业集群转型升级发展综合水平总体提升。由

图4－2可观察到我国30个省区市的制造业集群转型升级发展平均综合得分整体处于稳步增长的状态，从2006年的－1.1826变成2016年的1.2090，增长近202.23%。从图4－3比较2006年与2016年各省区市综合得分来看，经过11年的变动，大多数省区市都在不同程度的增长，例如河北从2006～2016年实现102.91%的涨幅，江西从2006～2016年实现72.24%的涨幅，云南从2006～2016年实现33.51%的涨幅。这些都充分体现了全国制造业集群转型升级发展水平总体提升，且态势较为显著。

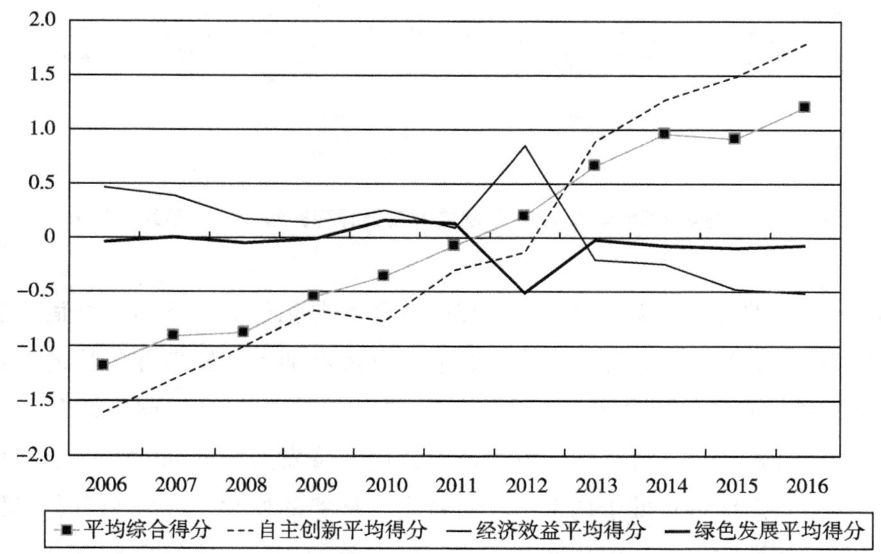

图4－2　我国制造业集群转型升级发展水平各主成分得分情况

（2）后期经济效益与绿色发展的增速呈现出相反的趋势变化。在早期，制造业集群的经济效益成分与绿色发展成分相对稳定，发展趋势相似，皆处于稳步增长的状态。然而自2011年始，两者呈现出相反的趋势变化。在2012年，绿色发展成分得分甚至出现了高增长势头，在1年的时间里上涨了0.49，而经济效益成分得分则大幅度降低，到2013年降低了1.05。随着中共十九大的召开明确并强调了要把生态文明建设摆在突出

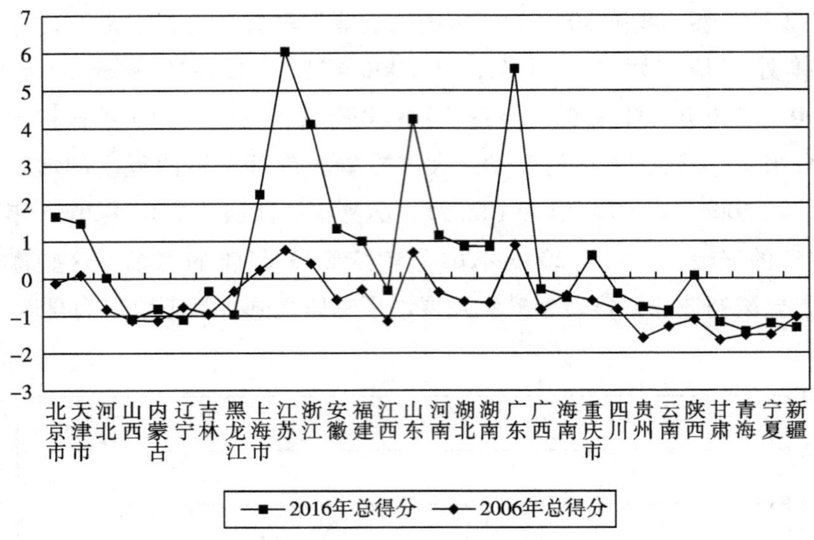

图 4-3 各省 2006 年和 2016 年制造业集群转型升级发展水平综合得分

地位，大力推进生态文明建设，扭转生态环境恶化趋势，不但要全面促进资源节约，而且要加大环保力度。这使地方政府加大了制造业集群的污染治理力度，促进集群内企业向集约化发展，并扶植产业集群向绿色化发展。而经济效益得分变化也从侧面表示我国经济发展进入新常态，经济增速放缓，经济结构正处于调整中。面对当前形势的变化，我国制造业集群应当坚持从实际出发，优化产业结构，规避产能过剩，实行创新驱动，大步迈向智能制造和绿色制造。

（3）自主创新对促进全国各省制造业集群起着决定性的作用。由图 4-2 可知主成分 1 自主创新的增长幅度最明显，对全国的制造业集群转型升级发展平均水平影响较大，从 2006 年的 -1.6090 到 2016 年的 1.7935，增长近 211.47%。由图 4-3 可得，综合得分增长最快的北京、天津、浙江、上海、江苏、山东等在很大程度上都是因为主成分 1 自主创新因子的增长迅速。这也表明自主创新对于各省区市制造业集群发展起着至关重要的作用，且近些年来我国一直致力于发展制造业技术升级，各省区市制造业集群业更加重视并取得了积极的作用，稳步实现“中国制造”向“中国创造”的改变。从2006～2016年的排名来看，江西、贵州名次均提升8位。这也正是因为江西和贵州省委、省政府均高度重视《中国制造2025》的贯彻落实，相互学习，注重创新驱动，智能制造，推行绿色发展。并且根据聚类分析的结果可将我国30个省区市的制造业集群分为A、B、C、D四类，由表4－8可知，类别的划分在很大程度上是以自主创新为主要的分类标准。自主创新能力越强的制造业集群，其转型升级的成效越好。这也表明自主创新在整个制造业集群转型升级过程中占据了决定性的位置。

表4－8　2006年、2012年、2016年全国制造业集群分类情况

年份＼类别	A类	B类	C类	D类
2006	上海、江苏 浙江、山东 广东	北京、天津 辽宁、吉林 福建、河南 四川	河北、山西 黑龙江、安徽 江西、湖北 湖南、广西 重庆、陕西	内蒙古、海南 贵州、云南 甘肃、青海 宁夏、新疆
2012	江苏、浙江 山东、广东	北京、天津 上海、安徽 福建、湖北 湖南	河北、辽宁 吉林、河南 重庆、四川	山西、内蒙古 黑龙江、江西 广西、海南 贵州、云南 陕西、甘肃 青海、宁夏、新疆
2016	江苏、浙江 山东、广东	天津、上海 安徽、湖北 湖南	北京、河北 辽宁、吉林 福建、江西 河南、重庆 四川	山西、内蒙古 黑龙江、广西 海南、贵州 云南、陕西 甘肃、青海 宁夏、新疆

（4）我国东部、中部、西部三大区域制造业集群发展不均衡，地区差异显著。结合图4－4，从综合得分和得分增长率来看，我国东部地区制造业集群转型升级发展水平普遍高于中部、西部地区。从排名来看，2016年制造业集群转型升级发展水平综合得分排在前十名的有江苏、广东、山东、浙江、上海、北京、天津、安徽、河南、福建，其中有8个省市属于我国东部地区。排名后十名为四川、海南、贵州、内蒙古、云南、黑龙江、山西、辽宁、甘肃和宁夏，其中有5个省区属于我国西部地区，3个省属于中部地区。由于我国东部沿海地区在地理区位、公共服务、资源禀赋、科技创新、人才供给等软硬件方面都占有相对的优势，山东、江苏、上海、浙江、福建、广东等制造业集群转型升级指数一直保持高速增长，在制造业集群转型升级上具有明显经济和创新优势，这一特征从2006年一直保持。反观中西部地区制造业集群，近年来差距逐渐扩大，集群转型升级步伐滞后，局势不太乐观。我国东部、中部、西部三大区域制造业集群转型升级水平呈现梯度递减态势，中部、西部地区制造业集群转型升级水平远远低于东部地区，中西部应加大制造业集群转型升级力度。

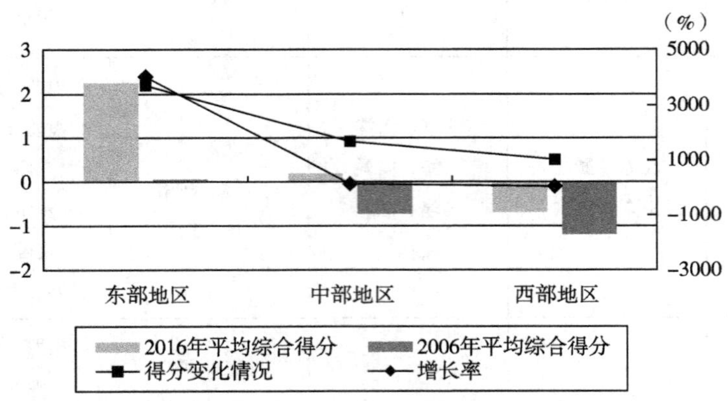

图4－4　2006年、2016年东部、中部、西部地区制造业集群转型升级得分及变化情况

（5）东北地区和西部地区制造业集群面临着巨大的转型升级难点。从

2006～2016年的得分变化情况来看，辽宁和黑龙江未增反减，分别降为－1.11和－0.96。甚至在排名上，辽宁和黑龙江名次大幅下降，分别从2006年的第16位、第9位降为2016年的第26位、第24位。黑龙江和辽宁位于我国东北部，东北地区是新中国的工业摇篮和重要的工业基地，但随着“新东北”现象产生的问题进一步显露，长期被体制问题所困扰，市场化程度不高，国有企业比重大且活力不足，民营经济发展不充分。因此东北的体制转型迫在眉睫，而政府转型对区域结构性改革具有重要的指导意义，切实转变政府职能，营造规范有序的市场秩序和公平合理的竞争环境，对东北振兴意义重大。再加上两者皆属于资源型省份，资源型地区往往都是以资源开发而兴，以资源枯竭而衰。偏资源型、传统型、重化工型的产业结构和产品结构难以适应市场变化，资源枯竭、产业衰退、结构单一地区（城市）转型面临较多困难。

五、结论与讨论

本章使用全国30个省区市的2006～2016年的制造业集群数据，通过主成分分析方法测算其转型升级绩效。发现：一是尽管全国制造业集群转型升级平均水平总体显著提升，然而由于各省区市在区位和资源方面的差异化，我国东部、中部、西部区域间制造业集群转型升级成效仍差距较大。其中，东部沿海地区制造业集群转型升级环境适宜，集群企业整体自主创新能力强，转型升级指数呈高速增长，而中西部制造业集群转型升级水平和创新能力较弱。二是东北地区制造业集群面临着巨大的转型升级难点，当下积极转换政府职能和经济体制，优化产业结构势在必行。三是通过观察和对比2006～2016年各省区市制造业集群的综合得分和排名的变化，我们发现自主创新能力是影响整个集群转型升级水平的核心因素，且近年来集群普遍提升了对绿色发展的关注度，这也是未来集群转型的必然趋势之一。

工业数字化、网络化、智能化、低碳化是未来制造业集群转型升级的主要方向。自主创新在制造业集群转型升级中具有至关重要的作用。企业作为创新的主体，其内部的创新投入、创新环境是催生创新的根本发酵力量。因此，企业应加大研发投入、优化科研组织、促进成果转化，重视企业自身的性质、企业的战略定位、创新发展能力的培育。对于资源型城市，更要加强集群科技创新，提升集群转型内生驱动，构筑集群全产业链模式，寻求更佳的方式促进自身集群转型升级。此外，我国经济发展进入新常态，绿色发展仍是未来制造业集群发展和不断努力的方向，可以构建高效循环的绿色生产体系，引导集群打造绿色价值链，通过绿色设计、绿色采购、绿色制造、绿色营销等价值活动，实现经济价值和绿色价值的协同创造。各地政府都应从实际出发，转变政府职能，优化区域产业结构，提高自主创新能力，充分利用和发挥地方集群的比较优势，积极完善适用于本区域制造业集群的体制机制，以缩小地方差距，促进我国东部、中部、西部区域协同发展。

本章附表

2016 年我国各省区市制造业集群转型升级发展总得分排名和各成分得分

省份	综合排名	综合得分	F1	F2	F3
江苏	1	6.05	5.86	0.34	-0.16
广东	2	5.59	5.24	0.38	-0.03
山东	3	4.24	4.51	0.11	-0.39
浙江	4	4.10	3.90	0.28	-0.08
上海	5	2.25	2.30	-0.19	0.14
北京	6	1.67	1.59	-0.49	0.56
天津	7	1.48	1.76	-0.63	0.34

续表

省份	综合排名	综合得分	F1	F2	F3
安徽	8	1.34	1.42	-0.11	0.02
河南	9	1.15	1.27	0.01	-0.13
福建	10	1.00	1.03	-0.14	0.11
湖北	11	0.86	1.07	-0.17	-0.04
湖南	12	0.86	1.02	-0.22	0.06
重庆	13	0.62	0.52	-0.16	0.25
陕西	14	0.08	0.23	-0.25	0.10
河北	15	0.02	0.39	-0.25	-0.12
广西	16	-0.29	-0.11	-0.28	0.10
江西	17	-0.32	-0.06	-0.31	0.05
吉林	18	-0.34	0.17	-0.59	0.08
四川	19	-0.40	0.06	-0.37	-0.08
海南	20	-0.51	-0.10	-0.62	0.21
贵州	21	-0.77	-0.74	-0.09	0.07
内蒙古	22	-0.81	-0.07	-0.55	-0.20
云南	23	-0.86	-0.34	-0.41	-0.11
黑龙江	24	-0.96	-0.26	-0.48	-0.23
山西	25	-1.08	-0.39	-0.30	-0.40
辽宁	26	-1.11	0.34	-0.98	-0.46
甘肃	27	-1.17	-0.53	-0.44	-0.21
宁夏	28	-1.21	-0.73	-0.27	-0.20
新疆	29	-1.32	-0.79	-0.34	-0.19
青海	30	-1.42	-0.76	-0.48	-0.17

2015 年我国各省区市制造业集群转型升级发展总得分排名和各成分得分

省份	综合排名	综合得分	F1	F2	F3
江苏	1	5.33	5.16	0.28	-0.11
广东	2	4.91	4.63	0.33	-0.06
山东	3	3.72	3.88	0.09	-0.25

续表

省份	综合排名	综合得分	F1	F2	F3
浙江	4	3.68	3.59	0.20	-0.11
上海	5	1.68	1.78	-0.31	0.21
天津	6	1.63	1.71	-0.37	0.29
北京	7	1.33	1.42	-0.55	0.46
福建	8	1.05	1.18	-0.11	-0.02
安徽	9	0.90	1.04	-0.20	0.07
河南	10	0.80	0.91	-0.07	-0.04
湖南	11	0.64	0.86	-0.19	-0.03
湖北	12	0.63	0.76	-0.18	0.04
重庆	13	0.52	0.45	-0.15	0.22
河北	14	0.16	0.61	-0.19	-0.27
陕西	15	-0.17	0.15	-0.30	-0.02
江西	16	-0.18	-0.02	-0.24	0.08
广西	17	-0.31	-0.10	-0.24	0.03
吉林	18	-0.46	0.06	-0.55	0.04
四川	19	-0.51	0.00	-0.40	-0.11
海南	20	-0.54	-0.20	-0.54	0.20
内蒙古	21	-0.76	-0.20	-0.36	-0.20
辽宁	22	-0.77	-0.03	-0.49	-0.26
黑龙江	23	-0.81	-0.30	-0.35	-0.16
云南	24	-0.82	-0.39	-0.31	-0.13
贵州	25	-0.84	-0.74	-0.10	0.00
山西	26	-1.17	-0.26	-0.45	-0.46
新疆	27	-1.21	-0.75	-0.28	-0.18
宁夏	28	-1.24	-0.79	-0.27	-0.18
甘肃	29	-1.42	-0.42	-0.70	-0.31
青海	30	-1.56	-0.90	-0.45	-0.20

2014 年我国各省区市制造业集群转型升级发展总得分排名和各成分得分

省份	综合排名	综合得分	F1	F2	F3
江苏	1	4.75	4.58	0.24	-0.07
广东	2	4.44	4.17	0.35	-0.09
山东	3	3.80	4.05	0.15	-0.40
浙江	4	3.30	3.24	0.19	-0.13
上海	5	1.65	1.67	-0.24	0.22
天津	6	1.40	1.40	-0.28	0.28
北京	7	1.33	1.35	-0.47	0.45
福建	8	1.16	1.09	0.03	0.04
河南	9	0.85	0.90	0.04	-0.09
安徽	10	0.75	0.77	-0.09	0.08
湖北	11	0.70	0.75	-0.07	0.02
湖南	12	0.39	0.50	-0.12	0.00
重庆	13	0.38	0.23	-0.06	0.21
河北	14	0.07	0.61	-0.13	-0.41
陕西	15	-0.06	-0.06	-0.05	0.05
吉林	16	-0.20	0.06	-0.37	0.11
辽宁	17	-0.24	0.26	-0.28	-0.22
江西	18	-0.27	-0.16	-0.20	0.09
内蒙古	19	-0.38	0.16	-0.29	-0.25
广西	20	-0.39	-0.25	-0.18	0.04
四川	21	-0.45	-0.11	-0.21	-0.13
海南	22	-0.60	-0.38	-0.40	0.17
黑龙江	23	-0.66	-0.33	-0.28	-0.05
贵州	24	-0.81	-0.89	0.09	-0.01
宁夏	25	-0.85	-0.52	-0.16	-0.17
山西	26	-0.85	-0.32	-0.20	-0.33
云南	27	-0.88	-0.49	-0.25	-0.14
新疆	28	-1.00	-0.88	-0.03	-0.10
甘肃	29	-1.11	-0.65	-0.27	-0.19
青海	30	-1.31	-0.95	-0.25	-0.11

2013 年我国各省区市制造业集群转型升级发展总得分排名和各成分得分

省份	综合排名	综合得分	F1	F2	F3
江苏	1	4. 25	4. 10	0. 25	-0. 10
广东	2	3. 94	3. 76	0. 26	-0. 09
山东	3	3. 12	3. 16	0. 13	-0. 17
浙江	4	2. 88	2. 85	0. 13	-0. 10
上海	5	1. 25	1. 30	-0. 27	0. 22
天津	6	1. 21	1. 10	-0. 21	0. 32
北京	7	1. 16	1. 08	-0. 35	0. 44
福建	8	1. 04	0. 91	0. 07	0. 06
安徽	9	0. 77	0. 72	0. 03	0. 02
河南	10	0. 57	0. 73	-0. 08	-0. 08
湖北	11	0. 49	0. 63	-0. 15	0. 01
湖南	12	0. 30	0. 35	-0. 05	0. 00
重庆	13	0. 02	0. 32	-0. 37	0. 07
陕西	14	-0. 03	-0. 18	0. 07	0. 08
吉林	15	-0. 18	-0. 04	-0. 29	0. 15
辽宁	16	-0. 20	0. 13	-0. 21	-0. 12
江西	17	-0. 28	-0. 26	-0. 10	0. 08
广西	18	-0. 32	-0. 19	-0. 17	0. 04
河北	19	-0. 38	0. 00	-0. 12	-0. 25
内蒙古	20	-0. 51	-0. 19	-0. 21	-0. 11
四川	21	-0. 60	-0. 44	-0. 05	-0. 11
黑龙江	22	-0. 61	-0. 39	-0. 20	-0. 03
山西	23	-0. 63	-0. 24	-0. 05	-0. 34
海南	24	-0. 66	-0. 18	-0. 61	0. 12
云南	25	-0. 79	-0. 62	-0. 10	-0. 07
贵州	26	-0. 88	-1. 11	0. 22	0. 01
宁夏	27	-0. 98	-0. 79	-0. 09	-0. 09
甘肃	28	-1. 05	-0. 63	-0. 27	-0. 16
新疆	29	-1. 16	-0. 99	-0. 11	-0. 06
青海	30	-1. 37	-1. 06	-0. 24	-0. 07

2012 年我国各省区市制造业集群转型升级发展总得分排名和各成分得分

省份	综合排名	综合得分	F1	F2	F3
江苏	1	3.45	3.26	0.23	-0.05
广东	2	3.43	3.27	0.25	-0.09
山东	3	2.62	2.60	0.13	-0.11
浙江	4	2.10	2.01	0.08	0.01
上海	5	1.14	1.28	-0.30	0.15
天津	6	1.02	0.77	-0.09	0.34
福建	7	0.81	0.61	0.08	0.12
北京	8	0.76	0.69	-0.29	0.35
安徽	9	0.40	0.21	0.06	0.13
湖北	10	0.19	0.15	0.00	0.04
河南	11	0.10	0.06	0.01	0.03
湖南	12	0.02	0.03	0.00	-0.01
重庆	13	-0.06	0.01	-0.17	0.10
陕西	14	-0.22	-0.50	0.14	0.15
吉林	15	-0.39	-0.34	-0.17	0.12
广西	16	-0.46	-0.45	-0.08	0.07
江西	17	-0.49	-0.47	-0.12	0.11
海南	18	-0.55	-0.41	-0.33	0.19
辽宁	19	-0.55	-0.26	-0.19	-0.11
黑龙江	20	-0.61	-0.58	-0.12	0.09
四川	21	-0.67	-0.65	0.02	-0.05
河北	22	-0.71	-0.45	-0.10	-0.15
山西	23	-0.74	-0.54	-0.02	-0.18
贵州	24	-0.87	-1.17	0.24	0.06
云南	25	-0.91	-0.89	0.04	-0.06
内蒙古	26	-1.01	-0.87	-0.13	0.00
甘肃	27	-1.07	-0.77	-0.14	-0.17
宁夏	28	-1.17	-0.97	-0.09	-0.11
新疆	29	-1.19	-1.22	-0.01	0.04
青海	30	-1.25	-1.25	-0.02	0.02

2011 年我国各省区市制造业集群转型升级发展总得分排名和各成分得分

省份	综合排名	综合得分	F1	F2	F3
广东	1	2. 85	2. 56	0. 28	0. 02
江苏	2	2. 77	2. 58	0. 17	0. 02
山东	3	2. 12	2. 13	0. 08	-0. 09
浙江	4	1. 68	1. 48	0. 12	0. 08
上海	5	1. 10	1. 07	-0. 18	0. 21
天津	6	0. 89	0. 57	-0. 02	0. 34
北京	7	0. 41	0. 45	-0. 32	0. 28
福建	8	0. 29	0. 06	0. 10	0. 12
安徽	9	0. 20	-0. 09	0. 13	0. 16
湖北	10	0. 12	-0. 10	0. 11	0. 11
河南	11	0. 05	-0. 03	0. 05	0. 03
重庆	12	0. 01	-0. 28	0. 13	0. 17
湖南	13	-0. 08	-0. 31	0. 15	0. 08
陕西	14	-0. 27	-0. 73	0. 26	0. 21
江西	15	-0. 53	-0. 57	-0. 04	0. 08
吉林	16	-0. 55	-0. 61	-0. 04	0. 10
黑龙江	17	-0. 56	-0. 70	0. 02	0. 13
广西	18	-0. 59	-0. 70	0. 03	0. 08
内蒙古	19	-0. 64	-0. 80	0. 07	0. 09
辽宁	20	-0. 65	-0. 49	-0. 07	-0. 09
四川	21	-0. 67	-0. 76	0. 13	-0. 04
海南	22	-0. 75	-0. 75	-0. 21	0. 20
河北	23	-0. 76	-0. 62	-0. 02	-0. 12
山西	24	-0. 84	-0. 96	0. 22	-0. 10
云南	25	-1. 02	-0. 94	-0. 05	-0. 04
青海	26	-1. 06	-1. 45	0. 23	0. 16
新疆	27	-1. 07	-1. 22	0. 05	0. 10
贵州	28	-1. 14	-1. 22	0. 13	-0. 05
宁夏	29	-1. 23	-1. 28	0. 09	-0. 04
甘肃	30	-1. 25	-0. 92	-0. 18	-0. 15

2010 年我国各省区市制造业集群转型升级发展总得分排名和各成分得分

省份	综合排名	综合得分	F1	F2	F3
广东	1	2.47	2.07	0.37	0.02
江苏	2	1.73	1.54	0.11	0.08
山东	3	1.39	1.41	0.05	-0.08
上海	4	0.89	0.60	0.05	0.25
浙江	5	0.77	0.55	0.12	0.10
天津	6	0.61	0.33	0.00	0.28
福建	7	0.28	-0.16	0.25	0.19
北京	8	0.18	0.03	-0.13	0.29
湖北	9	0.12	-0.23	0.29	0.07
安徽	10	0.00	-0.41	0.23	0.19
湖南	11	-0.01	-0.43	0.29	0.13
重庆	12	-0.07	-0.40	0.20	0.14
河南	13	-0.11	-0.31	0.11	0.09
海南	14	-0.16	-0.53	0.00	0.37
陕西	15	-0.37	-0.76	0.28	0.10
黑龙江	16	-0.42	-0.71	0.10	0.19
广西	17	-0.48	-0.80	0.19	0.13
吉林	18	-0.52	-0.71	0.09	0.10
辽宁	19	-0.59	-0.61	0.07	-0.05
四川	20	-0.68	-0.95	0.25	0.03
山西	21	-0.74	-0.96	0.30	-0.08
江西	22	-0.75	-0.81	0.02	0.04
河北	23	-0.84	-0.72	-0.05	-0.07
内蒙古	24	-0.86	-1.09	0.12	0.11
云南	25	-1.05	-1.14	0.08	0.01
新疆	26	-1.13	-1.38	0.12	0.13
甘肃	27	-1.25	-1.12	0.03	-0.17
贵州	28	-1.27	-1.35	0.15	-0.07
宁夏	29	-1.31	-1.30	0.06	-0.07
青海	30	-1.39	-1.63	0.19	0.05

2009年我国各省区市制造业集群转型升级发展总得分排名和各成分得分

省份	综合排名	综合得分	F1	F2	F3
广东	1	1.79	1.57	0.21	0.01
江苏	2	1.77	1.55	0.19	0.03
山东	3	1.37	1.25	0.21	-0.10
湖南	4	1.05	0.78	0.29	-0.02
浙江	5	0.87	0.80	0.05	0.02
上海	6	0.59	0.65	-0.18	0.12
天津	7	0.39	0.25	-0.02	0.16
北京	8	0.18	0.07	-0.12	0.22
福建	9	0.12	-0.17	0.17	0.12
安徽	10	-0.07	-0.47	0.28	0.12
湖北	11	-0.09	-0.40	0.31	0.00
河南	12	-0.21	-0.36	0.12	0.03
重庆	13	-0.23	-0.44	0.13	0.08
海南	14	-0.38	-0.52	-0.14	0.27
黑龙江	15	-0.55	-0.68	0.04	0.09
吉林	16	-0.60	-0.68	0.07	0.01
广西	17	-0.63	-0.70	0.08	-0.01
河北	18	-0.63	-0.63	0.04	-0.05
辽宁	19	-0.65	-0.55	0.05	-0.15
四川	20	-0.68	-0.81	0.16	-0.04
陕西	21	-0.69	-0.79	0.09	0.00
江西	22	-0.94	-0.97	0.05	-0.02
内蒙古	23	-0.96	-1.10	0.14	0.01
山西	24	-1.04	-0.62	-0.09	-0.33
云南	25	-1.18	-1.10	0.00	-0.08
宁夏	26	-1.20	-1.13	0.02	-0.10
新疆	27	-1.26	-1.18	-0.04	-0.04
贵州	28	-1.46	-1.31	0.03	-0.19
甘肃	29	-1.54	-1.25	-0.05	-0.25
青海	30	-1.63	-1.53	0.00	-0.10

2008 年我国各省区市制造业集群转型升级发展总得分排名和各成分得分

省份	综合排名	综合得分	F1	F2	F3
广东	1	1.44	1.29	0.24	-0.09
江苏	2	1.41	1.25	0.19	-0.02
山东	3	1.15	1.18	0.22	-0.24
浙江	4	0.65	0.59	0.06	0.01
上海	5	0.36	0.46	-0.16	0.06
天津	6	0.35	0.02	0.14	0.18
北京	7	-0.08	0.20	-0.35	0.07
福建	8	-0.20	-0.36	0.13	0.03
重庆	9	-0.27	-0.60	0.26	0.08
河南	10	-0.30	-0.42	0.12	0.00
湖南	11	-0.34	-0.57	0.21	0.01
安徽	12	-0.35	-0.50	0.12	0.03
海南	13	-0.35	-0.39	-0.17	0.20
湖北	14	-0.38	-0.53	0.15	0.00
黑龙江	15	-0.43	-0.87	0.16	0.28
四川	16	-0.66	-0.71	0.15	-0.10
广西	17	-0.79	-0.77	0.06	-0.07
辽宁	18	-0.82	-0.69	0.06	-0.20
吉林	19	-0.85	-0.88	0.07	-0.04
河北	20	-0.88	-0.64	-0.09	-0.15
陕西	21	-0.89	-1.28	0.27	0.12
山西	22	-1.01	-0.64	-0.03	-0.34
内蒙古	23	-1.03	-1.24	0.24	-0.04
江西	24	-1.04	-1.00	0.02	-0.05
新疆	25	-1.14	-1.41	0.13	0.14
云南	26	-1.22	-1.16	0.05	-0.10
宁夏	27	-1.29	-1.25	0.14	-0.18
青海	28	-1.42	-2.01	0.43	0.16
贵州	29	-1.58	-1.38	0.02	-0.22
甘肃	30	-1.65	-1.21	-0.14	-0.31

2007 年我国各省区市制造业集群转型升级发展总得分排名和各成分得分

省份	综合排名	综合得分	F1	F2	F3
广东	1	1.24	0.98	0.33	-0.07
江苏	2	1.23	1.08	0.23	-0.09
山东	3	0.89	0.81	0.25	-0.16
浙江	4	0.55	0.30	0.21	0.03
上海	5	0.43	0.35	-0.01	0.10
北京	6	0.15	-0.02	-0.03	0.20
天津	7	0.14	-0.10	0.07	0.17
河南	8	-0.25	-0.54	0.29	0.00
福建	9	-0.27	-0.58	0.24	0.08
海南	10	-0.37	-0.56	-0.03	0.22
重庆	11	-0.40	-0.74	0.28	0.06
安徽	12	-0.43	-0.65	0.21	0.01
湖北	13	-0.43	-0.63	0.22	-0.02
黑龙江	14	-0.46	-0.93	0.20	0.27
广西	15	-0.51	-0.86	0.31	0.04
湖南	16	-0.54	-0.77	0.24	-0.01
吉林	17	-0.67	-1.06	0.30	0.08
江西	18	-0.81	-0.85	0.13	-0.09
四川	19	-0.81	-0.93	0.24	-0.11
河北	20	-0.83	-0.80	0.08	-0.12
内蒙古	21	-0.89	-1.38	0.43	0.06
辽宁	22	-0.94	-0.81	0.10	-0.23
山西	23	-0.94	-0.95	0.28	-0.28
陕西	24	-0.96	-1.28	0.26	0.06
新疆	25	-1.13	-1.49	0.16	0.20
宁夏	26	-1.24	-1.45	0.31	-0.09
云南	27	-1.28	-1.33	0.11	-0.05
甘肃	28	-1.43	-1.37	0.12	-0.18
青海	29	-1.47	-2.04	0.43	0.15
贵州	30	-1.64	-1.53	0.07	-0.18

2006 年我国各省区市制造业集群转型升级发展总得分排名和各成分得分

省份	综合排名	综合得分	F1	F2	F3
广东	1	0.89	0.61	0.29	-0.01
江苏	2	0.76	0.46	0.28	0.02
山东	3	0.69	0.37	0.43	-0.11
浙江	4	0.40	0.16	0.23	0.01
上海	5	0.23	0.06	0.03	0.14
天津	6	0.10	-0.23	0.16	0.18
北京	7	-0.12	-0.18	-0.03	0.10
福建	8	-0.30	-0.52	0.23	-0.01
黑龙江	9	-0.35	-1.21	0.45	0.41
河南	10	-0.38	-0.73	0.37	-0.01
海南	11	-0.46	-0.91	0.26	0.19
安徽	12	-0.57	-0.78	0.20	0.00
重庆	13	-0.59	-0.84	0.21	0.04
湖北	14	-0.62	-0.81	0.24	-0.05
湖南	15	-0.65	-0.80	0.23	-0.08
辽宁	16	-0.77	-0.57	0.19	-0.39
河北	17	-0.82	-0.97	0.24	-0.10
四川	18	-0.83	-1.02	0.31	-0.13
广西	19	-0.84	-1.10	0.26	0.00
吉林	20	-0.95	-1.04	0.13	-0.05
新疆	21	-1.04	-1.66	0.34	0.28
陕西	22	-1.11	-1.41	0.27	0.03
山西	23	-1.13	-1.11	0.28	-0.30
内蒙古	24	-1.14	-1.47	0.41	-0.08
江西	25	-1.15	-1.25	0.19	-0.09
云南	26	-1.29	-1.42	0.18	-0.05
宁夏	27	-1.51	-1.47	0.17	-0.21
青海	28	-1.53	-2.04	0.39	0.13
贵州	29	-1.60	-1.56	0.18	-0.22
甘肃	30	-1.65	-1.50	0.11	-0.27

第五章　产能过剩与制造业集群升级

一、引言

自告别短缺经济后，我国经历了数次较为严重的产能过剩。当然，产能问题不是中国独有。自20世纪80年代以来，美国[①]、日本[②]都经历了数次较为严重的产能过剩，期间大部分行业的产能利用率降至75%以下。但由于每个国家所面对的产业结构与经济环境不同，其产能过剩的特征也有所不同。美国的产能过剩更多地与经济周期密切相关，当经济周期进入复苏阶段，加上其发达的市场经济体系可以通过产业升级、淘汰落后产业等方法解决产能过剩的问题。而日本的产能过剩则同时存在周期性产能过剩与非周期性产能过剩两个特征，其更多的是通过事前预防和事后干预的产业政策加以调整（付保宗、郭海涛，2011）。欧美等发达国家正是因为在一次次产能过剩危机中成功地实现了产业的升级，才获得了更加合理的

① 1972～2015年，美国整体产业的产能利用率平均为80%（工业产能利用率为78.5%）。产能利用率最高时间为1988～1989年，达85.3%；在2008年金融危机后，美国的产能利用率在2009年降至近40年最低，为66.7%。数据来源于美联储官方网站。

② 桥本寿朗等（2001）、津上俊哉（2016）等对日本的产能过剩问题均有较为详细的陈述。

产业结构与持续的经济增长。中国不仅具有美国与日本产能过剩的普遍特征，而且在体制转轨与经济转型过程中形成自身的特征（李江涛，2006；范林凯等，2015），即存在结构性产能过剩和体制性产能过剩的特征（周劲、付保宗，2011；韩国高，2011；国务院发展研究中心《进一步化解产能过剩的政策研究》课题组，2015），因此中国的产能过剩问题更加复杂。

由于此次产能过剩问题受到社会各界前所未有的关注，学者们对产能过剩的程度、特征、原因及对策均做了深入研究。然而大部分学者聚焦于产能过剩自身问题的研究，对产能过剩引发的问题关注较少，尤其是产能过剩与产业结构升级之间的关系，致使将“产能过剩倒逼产业结构升级”当作一个理所当然的事情。但是产能过剩并不一定能倒逼产业结构升级，这一倒逼机制的运行是存在前提条件的。正如学者们所分析的，不同于欧美国家的产能过剩，中国产能过剩问题存在结构性产能过剩和体制性产能过剩的特征。由于存在中国式的产能过剩的特征，产能过剩对产业结构升级的倒逼机制是否依旧能发挥作用，或是倒逼作用被削弱与阻滞？本章正是基于对这一问题的思考，通过建立一个简单的产能过剩倒逼产业结构升级的理论分析框架，分析中国产能过剩的倒逼机制特征，并通过我国2001～2016年省际面板的数据，采用GMM估计与空间计量方法（SAR与SDM）证明本章的理论假设。

本章可能的理论贡献包括：第一，构建了一个产能过剩倒逼产业结构升级的理论分析框架，剖析机制的运动过程。第二，实证分析我国产能过剩对产业结构的倒逼作用及其特征，发现中国产能过剩对产业结构升级的倒逼作用被削弱与阻滞，只有在产能过剩超越某一临界值后，产能过剩倒逼产业结构升级的作用开始呈现。这一结论对“为什么我国产能过剩普遍存在时间长且严重的特征”给出了一个合理的解释。第三，发现中国产能过剩的倒逼机制存在“二元结构”，相比于非国有经济，即使在产能过剩严重的情形，国有经济的产业过剩并不能有效倒逼产业结构升级。第四，考量了产能过剩与产业结构升级的空间关系。

二、相关文献综述

对产能过剩的研究最早可以追溯到20世纪30年代，Chamberlin（1933）在《垄断竞争理论》一书中首次提出了产能过剩。但对于产能过剩的概念却有着不同的解释，Chamberlin（1947）认为产能过剩是不完全竞争造成经济组织的无效率。Ross（1959）认为产能过剩是生产者能够生产的产出大于实际生产的产出的一种持续状态。Kamien 和 Schwartz（1972）认为产能过剩是垄断竞争或不完全竞争行业的企业生产设备利用率低于使用平均成本最小时的情况。虽然不同学者对产能过剩有不同的理解（李江涛，2006），但学者们更加关心的是造成产能过剩的原因。

在西方经济学界，窖藏行为被认为是产能过剩的一个主要原因。由于未来市场需求存在不确定性和经济周期的波动，同时在短期内厂商不能立即更改所有投入要素的数量，因此存在要素窖藏的行为。Fay 和 Medoff（1985）使用了美国微观企业的数据进行研究发现，美国的制造业确实存在要素窖藏的行为，尤其是劳动要素的窖藏现象尤为明显。由于窖藏现象的存在，产能闲置被认为是企业经营过程中的一种正常现象，也被认为是市场经济的一种自然现象。孙巍等（2008，2009）也论证了我国工业经济存在着要素窖藏的现象。另一些学者则认为产能过剩是企业应对竞争的一种策略：产能过剩是先进入企业为了阻止可能的潜在进入者而刻意的行为，以达到降低后者对未来获利的预期（Dixit，1980）。

由于中国是一个由计划经济体制向市场经济体制转轨的国家，存在不同于欧美等发达国家的产能过剩特征，自然无法照搬西方的分析思路。国务院发展研究中心《进一步化解产能过剩的政策研究》课题组（2015），基于企事业单位的实地调研，认为我国此次产能过剩是经济周期因素与体制原因等多种因素的叠加结果，具有鲜明的中国特色。周密、刘秉镰（2017）认为这一轮中国式产能过剩的本质不能简单归结为制度性过剩，而是从传统的退出价格式过剩向商品和住房二元市场叠加的饱和需求式过剩转变。产能过剩引发“三难”问题：一是总需求刺激作用羸弱；二是若不刺激总需求，企业倒闭破产、工人失业等连锁性问题接踵而至；三是市场调节也可能导致我国企业盲目投资和社会不公平问题。

从文献数量而言，产能过剩的测度与成因是学者们研究的主要关注点。在成因的分析上基本可以分为两类：一是从微观企业视角分析产能过剩的原因。Kornai（1986）在分析中国国有企业投资时，提出了软预算约束理论，由于企业缺乏硬性约束，导致投资及产能扩大，造成产能过剩。林毅夫等（2010）使用了潮涌现象说明企业在不完全信息条件下，对某些产业形成未来发展的共识，导致资源的大量涌入形成产能过剩问题，进而是市场价格大跌、大量企业开工不足甚至亏损破产。韩国高等（2011）利用中国制造业 28 个产业的数据分析产能过剩的原因，认为固定投资是产能过剩的最主要原因。何蕾（2015）测算了 1980 ~ 2013 年中国 36 个产业的产能利用率情况，其结论与韩国高等（2011）基本一致。二是从宏观视角分析产能过剩的原因。如政府干预与体制不健全。在体制转轨过程中，体制不健全导致的过度投资、重复建设（江飞涛等，2012；范林凯等，2015）。韩国高等（2011）认为由于经济增长方式不合理、投资的潮涌行为、地方政府对微观经济主体的过度干预等原因造成的我国产能过剩。又如地方政府的补贴与要素市场扭曲。由于中国的地方政府存在晋升激励，为了追求经济绩效，向企业提供相对较多的土地和融资优惠，引起了过度投资的行为（耿强等，2011；干春晖，2015）。特别是要素市场的扭曲不能形成正确价格信号而导致了产能过剩（程俊杰、刘志彪，2015）。耿强等（2011）认为地方政府的政策性补贴，扭曲了要素市场价格，压低投资成本，形成产能过剩，进而引发经济波动。干春晖等（2015）从地方官员任期的视角探讨企业产能过剩的成因，认为在任期内，地方官员在晋升锦标赛的激励下，向企业提供相对较多的土地和融资优惠，形成投资冲动，导致产能过剩。刘航、孙早（2014）则认为城镇化脱离产业规律而过快推进，迫使地方政府从财政、贷款、土地等方面加大对企业的干预，最终导致产能过剩。本章比对了刘志彪、王建优（2000）总结的七个产能过剩原因，发现与学者的观点基本一致，说明我国数次产能过剩问题仍是“一脉相承”的。

化解产能过剩的政策建议。范林凯等（2015）认为要从根本上化解产能过剩，需加快产能过剩行业的市场化改革进程。徐朝阳、周念利（2015）说明治理产能分散和过剩问题，根本办法是建立和维护公平竞争的市场环境，让市场内生的产能集中机制更好地发挥作用，而不是“以扭曲去对付扭曲”。程俊杰、刘志彪（2015）认为在产能过剩环境下，政府应放弃对要素价格以及配置的不当干预，加快构建统一市场，重点是完善要素市场，以使经济增长在长期能够更好地维持在合理区间。干春晖（2015）主要从官员的考核及其体系、异地交流等方面给出了化解产能过剩的具体建议。

综上所述，国内外学者对我国产能过剩的研究主要集中于产能过剩的测度、特征、成因与政策建议。诸类研究对于如何认识与解决我国产能过剩问题具有非常重大的意义。但是，可以发现这些研究就集中于产能过剩这一问题上，而产能过剩对产业结构的影响却不被关注，因此也就遗漏了“产能过剩倒逼产业结构升级”这一问题的研究。但这一问题在网络、报纸上频频出现，似乎大家已经把它当成一个默认的事实。本章正是基于对这一热点问题的思考，尝试建立一个简单的产能过剩倒逼产业结构升级的理论机制，分析中国产能过剩倒逼机制的作用与特征，以期为我国产能过剩与产业结构升级提供一个新的分解视角与框架。

三、产能过剩倒逼产业结构升级的理论逻辑与问题提出

在理想的完全竞争市场中，通过价格的波动以实现资源在各部门的最优配置。从短期来看，在完全信息与零交易成本条件下，即使出现一个外来冲击，使社会产能偏离社会的总需求，引起产能过剩，但是完善的市场机制具有自我疗伤功能，通过调节可变要素投入，以使总供给与总需求相等。从长期来看，由于技术进步、消费升级等原因，在出现产能过剩之后，企业可以调整全部生产要素以决定进入或退出某一产业，产业结构在企业的进出中实现了优化升级。虽然欧美经济体并不是理想的完全竞争市场，但由于市场机制完善、政府较少直接干预经济、企业存在严格的预算约束，当出现产能过剩时，企业能根据价格信号及时调整企业的生产规模，甚至进入或退出某一产业，因此各个产业在国民经济中的比重得以调整优化。其整体运动过程如图 5 - 1 所示。在阶段Ⅰ，由于某一外来冲击，可能来源于市场，也可能来源于非市场（如产业政策下的潮涌现象），企业预期可获得更多利润，扩大产能是企业的一种理性行为。然而，由于存在合成谬误，企业扩大产能导致整个市场产能过剩，意味着此时企业销量下降并引起库存超出正常水平、利润率下滑，企业面临着生存并如何获得长期核心竞争力的压力。因此第Ⅰ阶段的个体理性是一种有限理性行为，造成了集体行为非理性化的产物——产能过剩。在第Ⅲ阶段，企业意识到市场的产能过剩，在面临着“生存还是毁灭”的问题时，对阶段Ⅰ的有限理性进行修正。企业在短期内可以通过调节可变要素的投入，在长期有四种不同的转型升级路径（Humphrey & Schmitz，2002），即引入新技术、新工艺，降低企业生产成本，提高生产效率的流程升级；提升产品质量及扩大产品应用领域的产品升级；向价值链两端包括研发、设计、品牌、营销

等延伸的功能升级；进入一个新产业的价值链升级。升级成功的企业则获得了新一轮竞争的入场券，而升级失败则意味着被市场所淘汰，企业在竞争中实现着优胜劣汰。由于企业的转型升级，促使产业结构向合理化与高级化升级，在第Ⅳ阶段表现出企业集体行动的合意结果。[①] 企业集体行动逻辑下的产能过剩倒逼各个企业转型升级，进而促进产业的整体优化升级。因此，产业结构升级是对企业集体行动逻辑下的不合理产物的一种事后补偿机制、纠偏行为，产业结构升级与产能过剩之间可能存在螺旋式上升的发展规律。当然，这并不意味着只有在产能过剩时企业才需要产能升级，而只是在产能过剩的背景下，企业转型升级的动力更加强大。[②]

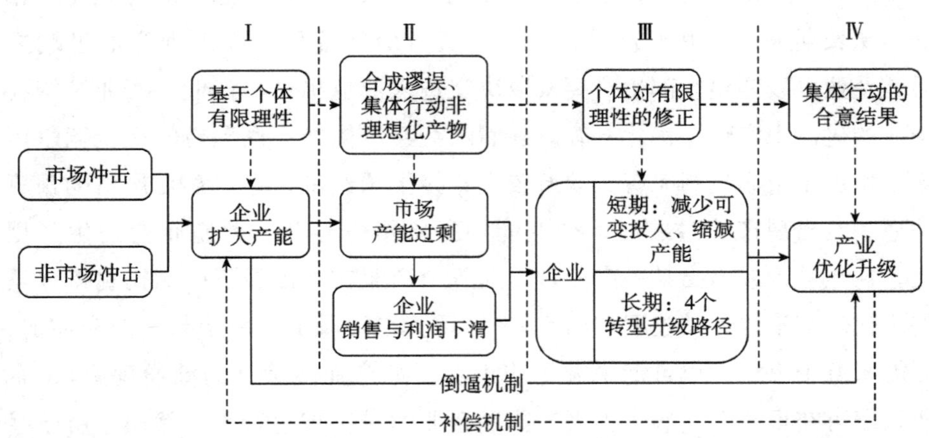

图 5 – 1　产能过剩对产业结构升级的倒逼机制

然而，正如图 5 – 1 所示，产能过剩倒逼产业结构优化升级的机制需具备以下充分条件：一是完善的市场机制，包括价格机制、成熟的要素市

① 产能过剩对于部分国有企业而言，并不一定需要减产或降价去库存，也许是争取更多贷款或补贴的一种手段与机会。

② 将时间轴拉长，如延长至 2030 年，可以预测我国产业结构处于不断升级进程中，而产能过剩会随着经济周期或其他非市场经济因素而上下波动，其走势或许可参照欧美发达国家的历史。那么可能意味着产能过剩与产业结构升级之间将不会再有一个倒逼机制。但本书认为，产能过剩与产业结构升级之间存在螺旋式上升的路径，不同程度的产能过剩对产业结构升级的作用不同。

场等；二是企业硬性预算约束；三是基于收益最大化下的企业拥有自由进入或退出市场的权力；四是不存在政府直接干预企业行为。[①] 但是现有文献在分析我国产能过剩问题时，普遍认为：①中国市场体制不完善的问题仍然比较严重，要素价格与要素配置的扭曲程度较大（耿强等，2011；程俊杰、刘志彪，2015；国务院发展研究中心《进一步化解产能过剩的政策研究》课题组，2015；程俊杰，2015；韩国高、胡文明，2017）；②地方政府与官员基于自身利益，给予企业各类补贴试图降低企业的生产成本，或是其他直接干预企业的行为（沈坤荣等，2012；王文甫等，2014；干春晖等，2015；余东华、吕逸楠，2015）；③国有企业预算软约束化问题仍有较大改善空间（Kornai，1986；郑江淮，2001；盛明泉等，2012）；④企业在进入与退出市场中存在诸如进入壁垒（罗党论、刘晓龙，2009；于良春、余东华，2009；余东华、邱璞，2016）、市场分割（黄赜琳、王敬云，2006；陆铭、陈钊，2009；刘瑞明，2012；宋渊洋、黄礼伟，2014）等问题。因此，在倒逼机制的充分条件不满足时，我国产能过剩与产业结构升级之间的关系可能会出现如图 5－2 所示的情形。

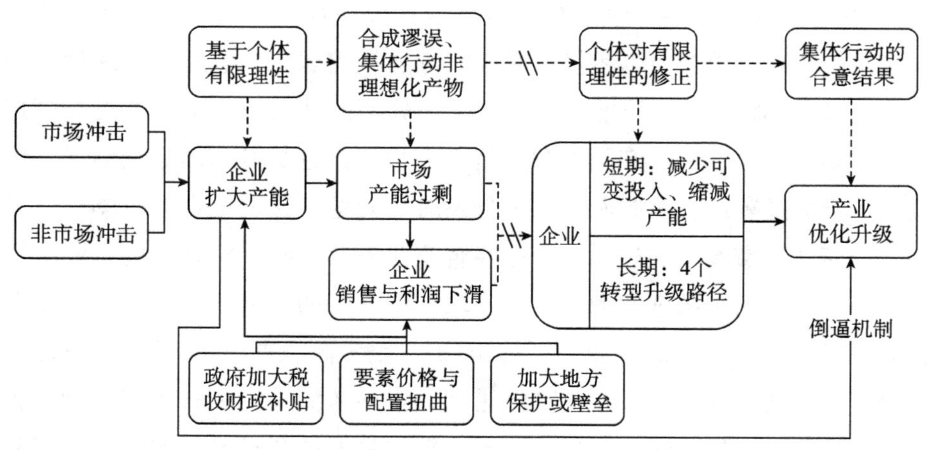

图 5－2　不满足充分条件下的倒逼机制

① 政府直接干预企业可能有利于加快某些企业的转型升级。但从不完全信息的角度来看，政府拥有的信息相对有限且存在政府失灵，政府直接干预企业起正向作用的概率较小。

当出现合成谬误时，产能过剩引发企业销售与利润下滑，有些企业可以通过非市场手段如财政税收补贴、获取更多廉价要素、寻求更加直接的市场保护等，以减轻甚至规避产能过剩对其造成的负面影响。因此，个体对有限理性的修正与企业转型升级行为将不再是唯一的选择，传导机制将减弱（图中用双斜杠表示），即削弱了产能过剩对产业优化升级倒逼机制。而且非市场手段可能进一步刺激了企业扩大产能的动机，加剧了整体的产能过剩问题。企业的不同选择行为也可能进一步加剧了我国的“二元经济”。因为企业转型升级行为的收益具有极大的不确定性，而对于诸如寻求政府补贴、要素扭曲等行为或许对于有些企业风险更小，导致了企业行为分化：一部分企业寻求非市场手段的保护；另一部分企业则在产能过剩的倒逼机制下加快转型升级的速度。但是据刘瑞明（2011）、吴延兵（2012）等学者的研究发现，前一部分的企业会挤占后一部分企业的生存空间，如挤占融资规模，进而产生拖累效应。这种拖累效应最终降低了企业整体的转型升级概率与能力，整个社会的产业优化升级结果大打折扣。

进一步分析图 5－1 中第Ⅲ阶段企业的反应情况。由于存在倒逼机制不满足、企业寻求非市场手段应对产能过剩等问题，企业对有限理性行为的修正可能不发生，也可能发生。首先区分不同冲击力度下企业对有限理性的认知与反应情况。产能过剩既是一个过程，也是过程的累加结果，因此市场产能过剩的程度有着轻重之分及时滞问题。在轻度产能过剩时，有些企业感知了市场产能过剩，而有些企业并未感知到。感知到的企业可能会修正对Ⅰ阶段有限理性的认识，采取转型升级的举措，或是采取非市场化的手段。而未感知的企业则可能继续扩大产能，进一步加剧产能过剩。采取非市场化手段与未感知到产能过剩，均导致倒逼机制失灵或延缓、抵消倒逼机制的作用。这一现象在我国比较常见：产能过剩初现时，大部分企业并没有采取减产或转型升级的行为，产能过剩问题不断累加，进而形成更为严重的产能过剩问题。

因此，本章提出第一个理论假设：在倒逼机制的前提条件不满足时，产能过剩对产业结构的倒逼作用被延缓与削弱。

当产能过剩问题进一步加剧时，企业的销量与利润进一步下滑，企业转型升级的压力也得到加强。一方面原先实施转型升级的企业加快步伐。另一方面依靠非市场手段应对产能过剩的企业可能被市场所淘汰。主要原因可以归纳为：第一，地方政府的补贴能力、力度随产能过剩加剧而减弱；第二，在严重产能过剩时市场化改革的呼声增强，市场机制得以不断完善，市场分割、区域壁垒等问题也会随之转好；第三，软预算约束企业逐渐向硬性约束转变甚至走向淘汰。因此，在倒逼机制前提不满足时，产能过剩对产业结构升级的倒逼作用只可能是被削弱或被延迟，但最终还是会表现出来。这也正是我们应认识到，中国产能过剩倒逼产业结构升级的机制与其他国家的不同。

因此，本章提出第二个理论假设：产能过剩倒逼产业结构升级机制虽然被延缓与削弱，但在超过某临界点前后，产能过剩对产业结构升级的倒逼机制开始体现。

顺着第二个理论假设的思路，产能过剩能倒逼我国产业结构升级，是否就意味着产能过剩越大越能促进产业结构升级？那么整个社会的产能过剩达到100%时，也就是产能利用率为0时，产业结构升级的速度就越快？这一结论显然是错误的。产能过剩是资源错配与浪费、产业结构不合理的表象，产能过剩越大说明整个经济运行效率低下、价格信号失调，最严重结果是经济的大萧条与倒退，产业结构升级也被阻滞。因此，产能过剩的倒逼机制也是在某一合理空间范围内的。

四、中国产能过剩与产业结构升级的特征性事实

20世纪90年代以来，我国的产能过剩问题反复发生，成为久治不愈

的“顽疾”，有些学者甚至认为产能过剩是中国经济发展过程中的一种常态。也有些学者在分析中国产能过剩的表现与特征时，提出中国式产能过剩概念（周密、刘秉镰，2017）。中国政府在产能过剩中陷入“调也不是，不调也不是”的困境，甚至有时“越调越乱”（徐朝阳、周念利，2015）。我国产能过剩问题难治在于我国产能过剩兼具结构性与体制性的特征。结构性产能过剩指的是在同一个产业中，产能主要集中于低附加值的部分，而高附加值产品普遍存在产能不足的状况，即在同一产业中供给过剩与供给不足同时存在，或说存在供给侧结构性矛盾。体制性产能过剩指的是由于体制的问题，如市场机制不健全、政府过度干预引起的一些产业过热的现象。产能过剩可能成为影响我国经济持续发展、宏观经济稳定性的一个重要风险，因此在供给侧改革中将去产能作为首当其冲的一个举措。要了解产能过剩与产业结构升级的关系，首先需要测算产能利用率，以把握我国产能过剩程度。

关于产能过剩或产能利用率的测量，国内学者主要使用六种方法（钟春平、潘黎，2014），包括峰值法、生产函数法、成本函数法、协整分析法、数据包络分析法与向量自回归法。这六种测量方法有着各自的优劣，尚无公认最优的测算方法。不同学者与机构测算出来的结果也有较大差别，如范阳阳（2013）测算我国2011年制造业的产能利用率为78%，而OECD与IMF测算的数据为85.6%与80%，三者差距显著。如果产能利用率达到85.6%，说明产能利用率较高。如果利用率为78%，说明产能过剩问题已经较为严峻。[①] 本章使用沈坤荣等（2012）的测算方法，即采用生产能力利用率法来测度中国主要工业行业的产能利用率。[②] 进一步，将产能过剩水平定义为（1－产能利用率）。由于产能利用率是介于0～1之间的数值，故产能过剩水平数值也是介于0～1。当产能过剩值趋向于0

① 一般认为产能利用率在79%～82%为合意的水平，低于79%说明产能开始过剩，高于82%则说明产能利用率较高。

② 为了省略文章篇幅，本章不列出具体的测算模型与方法，读者可参阅沈坤荣等（2012）的文章。

时，说明产能得到充分利用；当产能过剩值越趋向于1时，说明产能利用率越低。

与产能利用率的研究现状相似，产业结构升级的测算方法也不尽相同。本章使用以下公式测量我国产业结构升级的水平：

$$\sum_{i=1}^{3} q_i = 1 \times q_1 + 2 \times q_2 + 3 \times q_3 \qquad (5-1)$$

如图5－3所示，2001～2016年，我国产能过剩总体水平波动性较大。在2008年之前，产能利用率整体高于合意水平，说明产能利用率高，产能过剩问题不明显；在2008～2009年，产能过剩问题凸显，达到28.24%；在2010年之后，产能过剩水平总体在合意水平附近波动。图5－4绘出了2001～2016年全国各省区市产能过剩与产业结构升级的散点图。从图5－4中的拟合值可以看出，我国产能过剩与产业结构升级之间存在负向关系，产能过剩越高则产业结构升级越慢，产能过剩并不促进产业结构升级。但是产能过剩的二次项曲线则表示，随着产能过剩超越了一个临界值后，产业结构升级速度得到提高。

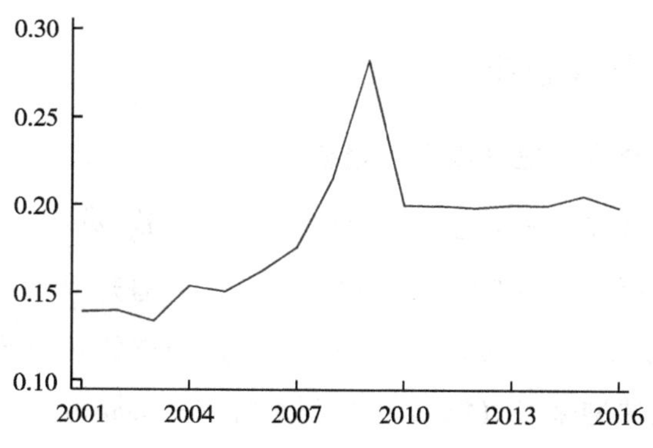

图5－3　全国产能过剩水平

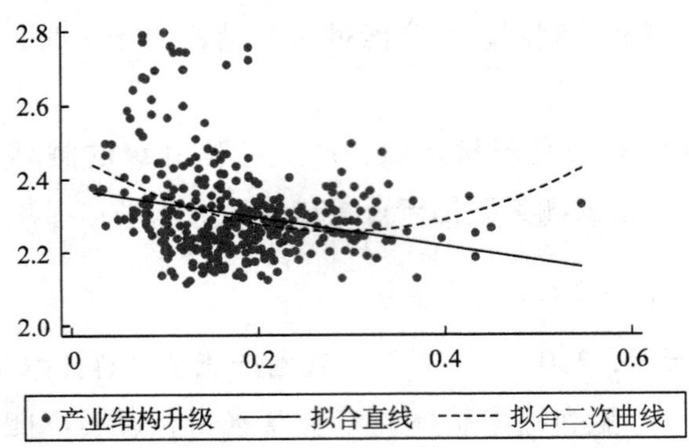

图 5－4　产能过剩水平与产业结构升级

五、计量模型与实证结果

（一）计量模型设定

根据上文的分析，建立以下计量模型：

$$grade_{it} = \beta_0 + \beta_1 overpro_{it} + \beta_2 overpro_{it}^2 + \sum_j \beta_j control_{it} + \varepsilon_{it} \quad (5-2)$$

式中，i 为省份；t 为时间；$grade_{it}$为产业结构升级水平，使用的是式（5－1）的计算方式；$overpro_{it}$、$overpro_{it}^2$、分别为产能过剩率的一次项与二次项，采用的是沈坤荣等（2012）的测量方式；$control_{it}$为控制变量，包括经济开放水平、外商投资比重、人力资本存量、市场化程度等指标；ε_{it}为随机扰动项。

在式（5－2）中，产业结构升级受到社会、经济、政治等各方面的影响，无法列出所有可能的控制变量，但这些遗漏的变量很可能与产能过剩率之间存在较高的相关性，即 $cov(x_i, \varepsilon_i) \neq 0$；另外，在本章的理论假设中，产能过剩对产业结构形成倒逼的作用，而产业结构升级会减轻产能过剩程度，可能存在双向因果关系。因此，内生性问题是不能回避的。为了解决内生性问题，本章构建了一个动态面板模型，使用系统 GMM 方法估计以下计量模型：

$$grade_{it} = \beta_0 + \beta_1 grade_{it-1} + \beta_2 overpro_{it} + \beta_3 overpro_{it}^2 + \sum_j \beta_j control_{it} + \varepsilon_{it} \tag{5-3}$$

式中，加入了被解释变量的滞后项 $grade_{it-1}$，其他变量与式（5－2）一致。

（二）解释变量设定

1. 产能过剩率（overpro）

产能过剩与产业结构升级存在时滞问题。一方面，产能过剩与产业结构升级之间存在传导机制，正如图 5－1 与图 5－2 所示，那么传导机制的作用时间为多少？何帆（2016）发现自 2001 年以来，中国经济出现大概三年为期的一个波动。张斌（2016）认为在 2001～2016 年，中国经历四个周期，周期长度为 11～18 个季度，平均长度为 14 个季度。因此两者的看法基本一致，大约为 3 年，这也与基钦周期（又称为存货周期，2～4 年）基本吻合。另一方面，产业结构升级也需要时间的沉淀。因此，本章将产能过剩与产业结构升级之间的倒逼机制的时滞确定为 3 年。

2. 产能过剩率平方项（overpro2）

用于反映产能过剩达到一个临界值后对产业结构升级的影响。

3. 外商直接投资（FDI）

FDI 是国外企业对我国的直接投资，在带来资本的同时，也可能产生知识与技术的溢出效应，因此 FDI 对产业结构升级的作用为正。然而，也有学者的研究发现 FDI 对产业结构的影响不显著或是产业结构自身存在演进的规律，FDI 对产业结构影响不大（江小涓，2002；姚君，2005）。刘益诚（2012）则认为存在 FDI 结构锁定、生产体系封闭等问题。葛顺奇、罗伟（2015）的微观实证表明，跨国公司进入我国，对制造业结构具有不显著直接影响。因此，FDI 与产业结构升级之间的关系仍然有不同的论述。本章使用各省区市 FDI（按当年平均汇率换算成人民币）与 GDP 的比例，以刻画 FDI 对产业结构升级的影响。

4. 人力资本（hr）

由于人力资本的回报率呈现出上升的态势，能克服边际报酬递减的趋势（Lucas，1998，2004），因此可将人力资本纳入内生经济增长的分析框架内。国内学者对人力资本与产业结构升级的关系已经有了深入的研究，普遍认为人力资本积累是我国经济增长与产业结构升级的重要力量（蔡昉，2010；张国强等，2011；刘智勇等，2018）。本章使用大学专科以上人口占总人口的比重作为人力资本的替代指标。

5. 政府的干预程度（fis）

过度的政府干预妨碍市场机制的作用，也是完善社会主义市场经济体制的一大障碍。由于在晋升锦标赛与财政激励下，地方政府有着极大的动力干预产业与经济增长。诸企业双重垄断行为。本章采用财政支出与 GDP 占比反映政府对经济的干预程度。

6. 产能过剩时政府干预（fis * overpro）

在出现产能过剩时，地方政府可能会采取一些非市场手段，使部分企业规避产能过剩造成的负面影响。但也可能对其他企业产生挤出效应，进而拖累了产业结构升级的进程。因此，本章使用产能过剩率与政府财政支出的交互项来刻画产能过剩时政府干预的作用。

7. 固定资本投资（lndperk）

资本投入是经济增长与产业结构升级的现实基础。本书使用单豪杰（2008）的方法估算 2001 ~2016 年全国各省区市的资本存量，并计算人均资本增量的对数值作为固定资本投资对产业结构升级影响的替代变量。

（三）计量方法与数据来源

本章首先尝试使用混合回归（pool - ols）估计模型（2）以作为系统

GMM 估计结果的对比组。其次采用系统 GMM 方法估计动态面板模型(3)，并按照“以差分变量的滞后项作为水平方程的工具变量，以水平变量的滞后项作为差分方程的工具变量”的方法确定工具变量。计量软件为 stata14.0。

本章使用的数据为 2001 ~2016 年中国 29 个省际面板数据（西藏海南和港澳台除外）。所有数据来源于《中国统计年鉴》、《中国能源统计年鉴》、《新中国 60 年统计资料汇编》、《中国工业经济统计年鉴》及地方历年统计年鉴。对于部分缺失的数值，使用平滑法进行补充。

（四）计量结果及分析

从表 5 - 1 中的整体计量结果来看，无论是混合 OLS 或系统 GMM 估计，产能过剩水平与产业结构升级之间存在负向关系，即产能过剩并没有倒逼产业结构的升级。但是随着产能过剩的加剧，倒逼机制开始起作用，即产能过剩平方项（overpro2）的符号为正。这一结果可以在一定程度上说明我国产能过剩长期存在的原因。由于产能过剩出现，并没有如图5 - 1 所呈现出的倒逼产业结构升级的结果，产业结构升级缓慢也进一步加重了产能过剩的问题，即持续存在。但是当产能过剩到达某一临界值，倒逼机制的充分条件开始被满足，产能过剩的倒逼机制得以激活，产业结构升级得以实现，产业结构升级则有效减缓甚至化解产能过剩问题。因此，我国的产能过剩倒逼产业结构升级的机制与完全竞争市场理论中的运动过程有所不同，与其他国家的倒逼机制相比，存在迟缓与削弱的特征，因此我国的产能过剩存续时间较多，也更为严重。

为了减轻美国次贷危机对我国经济的影响，中央政府出台 4 万亿元的刺激政策，致使我国目前仍处于“三期叠加”时期。对此，本章加入虚拟变量与产能过剩水平的交互项（overpro * d），以刻画产能过剩对产业结构升级的倒逼机制的差异。其中，2001 ~2007 年设定为 0，2008 ~2016 年设定为 1。其结果如模型（7）所示。由于 2008 年之后产能过剩问题更加严峻，产能过剩的倒逼机制得以体现，故交互项的系数为正。

表 5－1　产能过剩与产业结构升级倒逼机制检验

variables	Pool－OLS			SYS－GMM			
	(1)	(2)	(3)	(4)	(5)	(6)	(7)
overpro	－0.393***	－0.245***	－0.778***	－0.039***	－0.028***	－0.201***	－0.315***
	(0.081)	(0.051)	(0.149)	(0.007	(0.010)	(0.070)	(0.0643)
overpro2			1.350***			0.599***	0.452**
			(0.377)			(0.193)	(0.196)
L. grade				0.755***	0.726***	0.817***	0.810***
				(0.020)	(0.021)	(0.029)	(0.031)
lndperk		0.002	0.003	0.024***	0.007***	0.007***	0.00343**
		(0.005)	(0.005)	(0.002)	(0.002)	(0.001)	(0.002)
fdiper		0.141	0.028		－0.252***	－0.143***	－0.173***
		(0.203)	(0.202)		(0.069)	(0.048)	(0.043)
fis		0.001	0.079		－0.112***	0.121	0.0406
		(0.042)	(0.121)		(0.012)	(0.080)	(0.083)
hr		0.016***	0.016***		0.005***	0.003***	0.003***
		(0.001)	(0.001)		(0.000)	(0.000)	(0.000)
fis * overpro			－0.313			－0.560*	－0.172
			(0.027)			(0.318)	(0.355)
overpro * d							0.0579***
							(0.0125)
constant	2.373***	2.180***	2.234***	0.616***	0.637***	0.427***	0.457***
	(0.016)	(0.020)	(0.024)	(0.050)	(0.050)	(0.064)	(0.063)
观测值	377	348	348	348	348	348	348
R^2	0.059	0.768	0.778				
AR（2）				0.698	0.656	0.296	0.171
Hansen				0.101	0.482	0.868	0.858

注：***、**、*分别表示在1%、5%、10%显著性水平上显著。

观察OLS回归结果，发现除了人力资本之外，其他变量的显著性水平都比较差，这或许与模型存在内生性、双向因果等有关系。因此使用矩估计是一个较为理想的处理方法。在系统 GMM 估计中，大部分的结果与预期一致。物资资本、人力资本对产业结构升级的作用在所有模型中均显著，说明增加这两类资本对于产业结构升级具有重要意义。被解释变量滞后项在 1% 水平内显著，说明上一期的产业结构对下一期的产业结构升级具有显著的影响。但是，外商直接投资的符号为负，这与许多学者的研究不符。政府干预作为与产能过剩的交互项系数一直为负，说明在产能过剩时，政府干预行为的确抑制了产业结构的升级。

本章进一步考察了分所有制的产能过剩对产业结构升级的倒逼机制。分所有制的产能过剩测算方法与全国各省区市的方法相同，并且也使用系统 GMM 估计。在表 5 - 2 中，opgov、opgov2、opgovd 分别表示国有经济产能过剩、产能过剩平方项、产能过剩与 2008 年虚拟变量的交互项；opper、opper2、opperd 分别表示民营经济的产能过剩、产能过剩平方项、产能过剩与 2008 年虚拟变量的交互项；opfor、opfor2、opford 分别表示外资经济产能过剩、产能过剩平方项、产能过剩与 2008 年虚拟变量的交互项；控制变量的英文缩写与之前相同。

观察表 5 - 2 的计量结果。无论国有抑或是非国经济，产能过剩的倒逼机制都存在减缓与抑制的情形，其产能过剩一次项为负。但是，我们发现民营经济与外资经济在产能过剩加剧时倒逼了产业结构升级。而国有经济在面临产能过剩时，并不能促进产业结构升级，其二次项不显著。这一实证结果也进一步证明了相对于民营与外资经济，国有经济在面临产能过剩时，可能通过其他非市场手段减缓或规避产能过剩的压力，故转型升级的动力更加薄弱，最终对社会整体产业结构升级的影响不明显。因此产能过剩倒逼产业结构升级存在二元结构。正是由于二元结构的存在，导致我国产能过剩未能有效倒逼产业结构升级甚至可能拖累了非国有经济转型升级的步伐，即国有经济转型升级缓慢对非国有经济及全国经济转型升级产生拖累效应。其他变量的结果与表 5 - 1 基本相似，在此不再赘述。

表 5 - 2 分所有制产能过剩与产业结构升级的倒逼机制

Variables	(1)	(2)	(3)	(4)	(5)	(6)
L. grade	0.768 *** (0.019)	0.786 *** (0.025)	0.791 *** (0.028)	0.818 *** (0.027)	0.778 *** (0.031)	0.815 *** (0.029)
opgov	-0.094 ** (0.045)	-0.137 ** (0.061)				
opgov2	0.071 (0.087)	0.120 (0.116)				
opper			-0.143 *** (0.035)	-0.314 *** (0.051)		
opper2			0.214 *** (0.059)	0.344 *** (0.099)		
opfor					-0.095 *** (0.032)	-0.215 *** (0.038)
opfor2					0.084 (0.055)	0.142 * (0.08)
fdi	-0.081 (0.049)	-0.099 ** (0.050)	-0.140 ** (0.059)	-0.195 *** (0.043)	-0.104 ** (0.053)	-0.118 ** (0.058)
fis	-0.011 (0.010)	-0.016 (0.014)	-0.011 (0.013)	-0.009 (0.013)	-0.002 (0.013)	0.003 (0.013)
hr	0.0038 *** (0.000)	0.003 *** (0.000)	0.003 *** (0.000)	0.003 *** (0.000)	0.004 *** (0.000)	0.003 *** (0.000)
lndperk	0.004 *** (0.001)	0.004 ** (0.002)	0.006 *** (0.001)	0.004 ** (0.002)	0.005 *** (0.001)	0.001 (0.002)
opgovd		0.020 *** (0.007)				
opperd				0.075 *** (0.009)		
opford						0.074 *** (0.013)

续表

Variables	(1)	(2)	(3)	(4)	(5)	(6)
Constant	0.529*** (0.045)	0.497*** (0.054)	0.488*** (0.064)	0.447*** (0.060)	0.503*** (0.071)	0.430*** (0.064)
观测值	348	348	348	348	348	348
AR（2）	0.860	0.641	0.361	0.102	0.851	0.502
Hansen	0.570	0.481	0.496	0.456	0.494	0.457

注：***、**、*分别表示在1%、5%、10%显著性水平上显著。

六、进一步讨论

由于中国幅员辽阔，各地区经济发展水平差异大，为产业在空间上的转移提供了前提条件。在产能过剩时，经济发达地区的一些产业可以通过向落后地区转移，享受低廉要素成本与财税优惠，降低产品的生产成本，为获得利润提供了可能条件。而这一转移对落后地区有两大收益：一是产业转移正是落后地区官员所期望的结果；二是因产能过剩而转移的产业，对于转入地而言也可能带来了新的技术与管理经验（正向溢出效应），甚至可能是当地的高新产业，因此有利于当地的产业结构升级。另外，地方政府的晋升锦标赛可能加剧地区之间的产能过剩水平，阻碍产业结构升级步伐。国内学者普遍认为中国产能过剩持续存在的一个重要原因为地方政府之间存在晋升锦标赛，即在以GDP为中心的考核体系下，地方政府官员为了获得晋升，在招商引资与产业投资上有着强大的动力，通过扭曲要素配置与价格、提供财税补贴等行为扩大本地区产能，全国加总的产能增幅高于需求增幅，进而形成产能过剩。因此地方政府面临着“囚徒困境”，在GDP考核中，其他地区都在通过各种手段增加产能（GDP增长的重要内容），本地区的最优策略也是快速增加产能。可见，地方在产能过剩之间存在空间相关性。但是可以看出，产能过剩在空间上对产业结构升级的影响存在正、负两种作用。为了考察目前中国产能过剩的哪一类空间作用处于主导地位，对此，本节引入空间计量模型考察产能过剩与产业结构升级的关系，其作用有二：一是对本章模型（2）与模型（3）的稳健性检验；二是进一步认识产能过剩与产业结构升级之间在空间上的作用关系。

由于空间计量模型将空间依赖性问题纳入分析的视角（Anselin，1988），在经济学界受到极大的欢迎。空间依赖性指的是一个地区的样本值依赖于其他地区的样本值，即样本值之间在空间上缺乏独立性，其空间相关的程度和模式与地区之间的绝对和相对位置相关。在空间计量模型的设定上，通过建立空间自回归模型（Spatial Auto - Regressive Model，SAR）与空间杜宾模型（Spatial Durbin Model，SDM）检验产能过剩在地区之间的相互依赖性。SAR 模型主要用于研究相邻地区的行为直接对整个系统内其他地区的行为产生影响的情况，其空间依赖性在因变量的滞后项上体现数学表达式为：

$$grade_{it} = \beta_0 + \rho W grade_{it} + X_{it}\beta + \mu_i + \gamma_t + \varepsilon_{it} \tag{5-4}$$

式中，W 为空间权重矩阵，解释变量中 W_{IT} 包括被解释变量的一期滞后项、产能过剩水平及其他控制变量；β 为待估计参数；μ_i 与 γ_t 分别为个体效应和时间效应；ε_{it} 为随机误差项。根据省域之间是否相邻来建立空间权重矩阵 W_{ij}，若省与省之间存在地域相邻为 1，其他则为 0：

$$W_{ij}\begin{cases}1 & 省与省相邻\\ 0 & 其他\end{cases} \tag{5-5}$$

式中，$i=1, 2, \cdots, N$；$j=1, 2, \cdots, N$。空间权重矩阵 W_{ij} 所有对角线元素都为 0。

由于 SAR 模型仅考虑到被解释变量的空间依赖性，而没有考虑本章所关心的产能过剩之间的空间相关性。因此以 SAR 模型作为参考模型，重点考察 SDM 模型。SDM 模型不仅考虑了因变量的空间相关性，还考虑了自变量的空间相关性。其基本形式为：

$$grade_{it} = \beta_0 + \rho W grade_{it} + X_{it}\beta + WX\gamma + \varepsilon_{it} \tag{5-6}$$

其中，$\varepsilon_{it} \sim N(0, \sigma^2 I_n)$ 其他变量与式（5 - 3）一致。

正如模型（2）所示，由于产能过剩与产业结构升级存在双向因果关系、遗漏变量等问题，因此内生性问题是不可避免的。故在估计方法上，使用了 Arellano - Bond 线性动态面板估计（Arellano - Bond Linear Dynamic Panel Regression）。① 在控制变量上，仅引入资本因素。计量结果如表 5 - 3 所示。

表 5 - 3 空间计量检验结果

Variables	SAR	SDM
overpro	-0.043*** (0.009)	-0.075* (0.042)
overpro2	0.058*** (0.022)	0.199*** (0.069)
L. grade	0.809*** (0.024)	0.776*** (0.264)
lndperk	0.015*** (0.002)	0.021*** (0.002)
$W * \beta_{grade}$	0.012** (0.005)	
$W * \beta_{overpro}$		0.019** (0.009)
$W * \beta_{overpro2}$		-0.081*** (0.015)
$W * \beta_{lndperk}$		-0.000 (0.003)
constant	0.354*** (0.059)	0.559*** (0.062)
Moran's I	0.449** (0.000)	0.492*** (0.000)

① 该计量方法由 Shehata 等（2012）提出，该计量方法考虑了模型的内生性问题，同时给出了模型选择诊断检验、空间自回归检验、空间异方差检验等。遗憾的是该计量方法并未报告 AR（2）及工具变量有效性等结果。这也是本章现阶段无法解决的一个问题。

续表

Variables	SAR	SDM
Sargan 过度检验	1.000	1.000
观测值	435	435
Adj - R^2 （Buse）	0.988	0.986

注：***、**、*分别表示在1%、5%、10%显著性水平显著。

表5-3说明模型整体显著性水平、变量的系数符号与预期、与表5-2的结果基本是一致的，也说明本章的计量模型是稳健的。从全局Moran指数来看，无论是SAR模型还是SDM模型，其P值均在1%水平显著，因此使用空间计量模型是恰当的（也通过了LM、LR检验）。具体而言：第一，在SAR模型中，产业结构升级存在空间正相关，即一个地区的产业结构升级对相邻地区的产业结构存在正向的溢出效应，与理论预期相一致。第二，与模型（2）和模型（3）的回归结果一样，产能过剩在初期并没有倒逼产业结构升级，而是起了抑制作用；随着产能过剩水平的提升，产能过剩倒逼产业结构升级的机制发挥作用（overpro2系数为正），因此进一步验证了本章的两个理论假设。第三，产能过剩的空间系数符号（W * βoverpro）为正，说明地区之间产能过剩存在空间的正向影响，即一个地区的产能过剩会引起另一个地区的产业结构升级。说明在产能过剩与产业结构升级的空间关系中，正向作用占据主导地位。更产能过剩二次项的空间系数符号（W * βoverpro2）为负，说明当产能过剩进一步加剧时，一个地区产能过剩并不促进其他地区的产业结构升级。

七、结论与启示

基于对时下经济热点“产能过剩倒逼我国产业结构升级”的思考，本章建立一个倒逼机制的理论框架，分析在理想状态或欧美发达国家背景下，当产能过剩发生时，微观经济个体如何对自身有限理性的修正，最终达到集体行动的合意结果，促进产业结构的优化升级。因此，产能过剩对产业结构升级存在倒逼机制，产业结构升级也是对产能过剩的一种事后补偿、纠错。然而，由于我国目前仍然无法满足倒逼机制的充分条件，产能过剩并未能有效地促进产业结构升级，只有在产能过剩超越某一临界值之后，产能过剩的倒逼机制逐渐满足，其对产业结构升级的作用才开始显现。这一结论可以回答两个问题：一是产能过剩能够倒逼我国产业结构升级，但作用出现的时间被推迟，只有在某个临界值之后才会体现；二是由于产能过剩对产业结构升级的倒逼作用被推迟，产业结构升级的速度也就放缓，导致产能过剩问题持续存在且加剧，这就解释了为什么我国产能过剩问题经常发生且存续时间长的问题。更进一步地分所有制分析了产能过剩对产业结构升级的倒逼作用，发现与非国有经济不同，当国有经济存在产能过剩时，其对产业结构升级的作用均不显著。因此存在产能过剩倒逼产业结构的二元经济结构，进而拖累了非国有经济的转型升级速度，也对整个产业结构升级产生拖累效应。其政策意义在于：第一，通过进一步厘清政府与市场关系、完善要素市场、加强市场主体建设等举措，有利于疏通产能过剩倒逼产业结构升级的作用机制，进而减轻产能过剩的程度，实现高质量的经济增长；第二，加强国有经济改革，既有利于产能过剩倒逼机制的实现，也有利于加快非国有经济产业结构升级的步伐与减轻整体产业结构升级的拖累效应。

本章同时还引入空间计量模型（SAR 与 SDM），观察了产能过剩与产业结构升级在空间上的关系，发现：第一，地区在产业结构升级上具有正向的空间依赖性，即一个地区的产业结构升级对相邻地区的产业结构升级具有带动作用。其政策意义在于为了实现我国产业结构升级，可重点通过某些地区的产业结构升级带动其他地区的升级，由点到面，盘活全局。第二，产能过剩与产业结构升级存在两类空间作用：一是由于晋升锦标赛下而导致的投资冲动与产能过剩，阻碍产业结构升级；二是产能过剩下的产业空间转移促进地区的产业结构升级。分析结果表明产能过剩在空间上存在正向的溢出效应，其政策意义在于在产能过剩时通过产业在我国空间上的转移有利于地区之间的产业结构升级。

第六章　政府行为与制造业集群升级

一、引言

制造业作为实体经济发展的主体，是经济转型升级的核心领域（金碚，2011）。世界主要工业产品中，中国有超过2/5的工业产品产量名列世界第一，稳居制造业大国地位。然而，我国离制造业强国还相去甚远，尤其是在外需萎缩、生产要素相对优势消失、资源环境约束增强的现实情况下，制造业转型升级的需求也更为现实而迫切，制造业转型升级势在必行。对此，中央政府提出加快发展先进制造业，优化产业结构，大力推进制造业供给侧结构性改革。在《中国制造2025》中提出分“三步走”实现制造业强国的战略目标，党的十九大报告中也再次提出“推进制造业供给侧结构性改革，加快我国制造业强国建设步伐”。

关于如何推进制造业转型升级的问题，国内不少学者从政府层面出发，指出中国的经济转型离不开政府自身的转型（周黎安，2015）。总体来说，主要有以下几种：一是制度角度。大多数学者认为制度性因素是影响我国制造业转型升级最为重要的因素之一，他们认为由于制度质量的差异，企业所处的发展环境也各有不同，企业的全要素生产率、创新研发动力等也会受到影响（曹驰、黄汉民，2017；黄群慧、贺俊，2015）。二是市场化竞争角度。金碚（2014）提出，我国制造业转型升级成功的关键在于创建一个公平透明的市场竞争环境，进一步地，他认为积极地推动制造业以外的其他领域改革，尤其是要素市场的改革是创建公开透明市场的重要举措。三是公共服务角度。不少学者从政府公共服务的角度对制造业转型升级进行了研究，他们认为在产业升级过程中，政府应当制定好合理的产业规划，明确产业发展的具体方向与目标；建立好中介服务组织，打造良好的产业升级发展的服务环境；加大创新投入，优化企业营商环境；加强产学研合作，提升企业技术水平等（岳芳敏，2009；潘忠贤，2011）。

近年来，政府在制造业转型升级中的影响作用受到学者们的普遍关注，尤其是政府转型。"政府转型"一词也逐步出现在制造业转型升级的研究中。政府转型对于推进制造业转型升级具有不可忽视的重要作用，陈万灵、卢万青（2017）提出，只有通过加快实现政府转型，不断完善制造业发展升级所需的外部环境，优化制造业发展升级所需的内在要素，才能帮助实现制造业转型升级，实现制造业强国目标。孙建娥、沈伯平（2017）也指出，政府转型是我国迈向卓越的关键所在，其重点在于正确处理政府、市场和社会的关系，实现政府与市场的有效结合。

从理论上看，现有的对制造业转型升级中政府的研究很多，研究视角也较为多样，有从政府官员、政府治理角度深入的研究，也有从税收、产业政策、金融深化角度的研究，还有不少研究从政府财政收支角度着手分析政府行为对制造业转型升级的影响。通过整理相关文献，我们发现已有研究中直接有关政府转型与制造业转型升级的研究还不多，且以规范性研究为主，缺少实证性研究。故而，本章拟在已有研究的基础上，对制造业转型升级与政府转型之间的作用关系进行实证分析。具体而言，通过构建政府转型评价指标体系，运用主成分分析方法对全国 29 个省区市（除海南、西藏和港澳台）2002～2016 年的政府转型现状进行评价，并在此基础上，探讨政府转型对制造业转型升级的影响。

二、理论分析与研究假说

（一）政府转型内涵

改革开放40年以来，我国不仅经历了经济转轨、社会转型，还伴随着政府转型。有关政府转型，Shleifer（1997）指出，政府转型分为两个过程，首先是经济发展去政治化，其次则是提供公共服务，维持市场交易秩序，履行市场经济职能。国内学术界普遍认为我国已实现从政治主导型政府向经济建设型政府的转变（赵立波等，2005），经济建设型政府是改革开放以来我国经济能够实现快速增长的重要原因，而如今，在新经济背景下，经济建设型政府所沿袭的经济管理方式已不再适应经济发展新常态的需求，政府代替市场进行资源配置的背后出现了结构性不协调、不均衡，政府失灵等问题，政府干预所带来的积极效应远不及其所带来的负向影响，第二次政府转型亟待进行。我国经济发展方式需要进行系统、深刻的变革，没有政府的转型是难以实现的，学者们普遍认为由经济建设型政府转向公共服务型政府是我国政府转型的下一步方向（迟福林，2013）。

1. 政府转型定义

近年来，政府转型为政界和学界所广泛讨论，并被认为是我国改革进入攻坚期的重要核心战略目标。在2003年举行的“建设公共服务型政府—中国转型时期政府改革国际研讨会”上，对我国政府转型的目标、转型的任务和转型的方向等做了集中的探讨。

在行政学界，政府转型被理解为政府管理模式的变化，政府转型即是政府对自身进行革新，并适应于社会转型的过程。经济学领域则认为，政府转型不仅限于政府自身管理模式的转变，更多地可以看作是政府以职能转变为核心，通过对政府管理理念、管理制度、体制和方法等进行改变转换的过程（马秀贞，2012；赵天航，2017）。当前政府转型就是建立公共服务型政府的过程，但政府转型又不等同于公共服务型政府。事实上，建立公共服务型政府可看作政府转型的目标，而所谓公共服务型政府，是指以为社会和公众提供并承担服务责任为己任的政府，以公众和社会意志为指导运行和发展的政府。还有学者认为政府转型是政府的静态模型与动态范式的转换（刘厚金，2008）。

2. *政府转型的方向与内容*

首先，在政府转型方向的把控上，无论是倡导建立服务型政府、责任型政府，还是法治型政府、学习型政府等，都要以公共、服务为基本准则，建立公共服务型政府，为社会、公众和企业提供公共服务；并坚持以市场为导向，让市场在资源配置中发挥决定性作用，为经济、社会发展适应新常态提供导向。

其次，在政府转型的内容上，主要可分为以下三个方面的转变：一是经济体制改革。党的十八大报告中指出“经济体制改革的核心问题是处理好政府与市场的关系”，当前政府目标应是变经济目标为社会目标，归根结底也是处理好政府与市场的关系。在我国从中等收入国家向高等收入国家迈进的过程中，越来越强调市场的主体作用，市场调节在资源配置中的作用越来越重要。部分学者从政府与市场的角度出发，提出减少政府对企业或其他市场主体的干预，建立平等竞争的市场环境是政府转型工作的重心所在（周志忍，2006；李琦，2010；唐铁汉，2010；竺乾威，2015；卢永真、王佳佳，2015；等等）。二是行政体制改革，变控制型政府为服务型政府。有学者从政府管理体制改革上入手，对政府转型进行了论述，分别从提高政府办事效率、深化政府机构改革、建立相关的职能部门、加快培育社会中介组织等方面提出了政府转型的具体内容（李猛，2011；李文秀，2012；王志刚，2014）。唐兴霖（2008）将政府管理转型分为结构转型、制度转型、战略和策略转型。三是财税体制改革，变投资型政府为公共型政府。学者们认为建立合理的财政体制也是政府转型举措中不可或缺的部分，合理有效的财政体制是提高资源配置效率的重要保障（徐浩、冯涛、张蕾，2015）；除此之外，税率制度改革也是关乎企业与社会发展的重要影响因素（陈思霞、卢盛峰，2016）。

在这一系列的政府转型内容与举措中，我们需要清楚的是，无论是经济体制改革，行政体制改革或是财政体制改革，并非是完全拒绝政府干预，而是要让政府能够发挥更好的作用。正如斯蒂格利茨所说："问题的关键不在于政府干预是否应该存在于经济活动中，而在于政府到底应该干些什么。"

（二）政府转型与制造业转型升级之间的机理分析

我国制造业转型升级具有历史必然性，但转型成功与否还依赖政府转型的效果。长期以来，我国制造业发展主要依靠低成本竞争优势和高要素投入，粗放型增长模式在带来经济高速增长的同时也积累了大量的弊端。在经济发展进入新常态的大背景下，原有增长模式难以为继，经济增长三驾马车之间结构失衡，结构性矛盾凸显，制造业产业大而不强，企业自主创新能力不足且缺乏核心竞争力等问题层出不穷。此外，新一轮的中美贸易摩擦对我国制造业转型升级也提出了新的要求。因此，在经济新常态下，对我国政府转型提出了新的要求，倒逼着我国政府进行转型（石杰琳、秦国民，2014）。

政府转型是促进制造业转型升级的根本路径所在。我国政府转型主要从两个维度出发：一是从政府主导经济向市场主导经济转变；二是从经济建设型政府向公共服务型政府转变。政府转型通过制定相关的政策和制度助力制造业转型升级，若是政府出台的政策或是制度不符合经济发展的需求，那么此时政府转型所带来的只能是负面消极影响，由此可知，政府转型与政府角色的转变是实现制造业转型升级的重要前提条件。已有研究主要从政府与市场的关系、政府公共服务和产业支持三个角度对政府转型促进制造业转型升级的内在机理进行分析。

1. 政府与市场的关系

政府对市场的干预程度与制造业转型升级密切相关。金碚（2014）认为，我国制造业转型升级的关键是创造公平竞争的市场环境，而创造公平透明市场环境的关键在于政府能否积极推进制造业以外的其他领域的改革，尤其是要素市场的改革。黄群慧、贺俊（2016）指出，制度学派所提出的完善市场经济体制、深化国企改革等也是我国进入发达工业国家所必须具备的条件。国企垄断问题也是构成我国政府与市场关系的重要部分，吴延兵（2012），张天华、张少华（2016）等认为国有企业垄断妨碍了整个社会经济的增长与发展，抑制了我国经济体制的转型与发展升级。财政收支政策是另一个影响政府与市场关系的重要因素，郭庆旺等（2003）发现政府财政支出中，生产性支出与经济增长呈正相关；此外，与物质资本投资相比，人力资本投资更有助于经济增长，科技投入支出所带来的经济增长更高。游秋琳、张霄、肖兆飞（2016）也提出，最大化地发挥政府财政政策在促进制造业转型升级中的积极作用，是我国当前供给侧改革所需重点关注的主要内容之一。沈坤荣（1999，2000）、姚洋（2000）、张军（2002）、郭庆旺（2003）、吕冰洋（2014，2016）等知名学者都基于财政的视角对我国政府与市场的关系，或中国经济的增长进行了分析。

2. 政府公共服务

提供优质有效的公共服务也是政府促进制造业转型升级的重要推手。郭庆旺、贾俊雪（2006）分别分析了公共物质资本投入和公共人力资本投入与经济增长之间的关系，发现政府公共物质资本投入对经济增长的影响显著为正，而公共人力资本投入对经济增长的影响较小，尤其是在短时间内不利于我国经济的增长。周黎安（2008）针对地方政府在经济发展水平不同地区的做法指出，地方政府在公共服务上表现的系统差异是造成区域间经济发展水平存在差异的重要原因，在政府公共服务水平更高的地区，政府是市场经济发展的“协助之手”，而在公共服务落后的地区，政府更像是经济发展的“攫取之手”。此外，还有不少学者提出政府在基础设施、平台培育、人才保障等上提供的服务对制造业转型升级具有较大的推动作用，并建立了相应的政府公共服务能力评估指标体系（李想、汪雷，2009）。

3. 产业支持

政府对制造业产业的支持体现在多个方面，首先在税收方面，Cullen和Gordon（2002）研究发现，税收政策的变动对企业家的R&D行为影响显著。其次在金融市场化方面，孙晶、李涵硕（2012）认为由于服务、信息的溢出效应，金融集聚对企业转型升级具有积极的推动作用。而刘海飞、贺晓宇（2017）则认为地方政府对金融资源的干预尤其是融资渠道的干预，削弱了金融集聚对企业创新的促进作用。政府政策也是制造业转型升级过程中政府行为中不可忽视的重要影响因素之一，黎文靖、李耀淘（2014）以虚拟变量衡量产业政策，发现产业政策能够增加民营公司投资。余明桂等（2016）则发现产业政策能够通过信贷、税收、政府补贴和市场竞争机制促进重点鼓励行业中企业的技术创新，尤其是民营企业的技术创新。谭周令（2017）也有类似的发现，其中，产业政策对于非国有企业的促进作用更强。

此外，不少学者研究了政府官员治理效率和治理质量对我国经济发展的影响（Li，1998）。宋凌云、王贤彬、徐现祥（2012）的检验发现，地方官员引领产业转型的作用还受地方市场机制完善程度的限制，市场越发达的地区这种引领作用越显著。

（三）研究假说

通过对前文有关文献及政府转型与制造业转型升级内在作用机理的总结与归纳分析，本章提出以下三个假设。

假设1：政府转型正向促进制造业转型升级。

谢利文（2012）通过分析我国民营经济的发展发现，由于政府职能缺位、错位、越位问题的存在，大大地制约了我国民营经济的发展；虽然如此，但政府转型却是改善民营经济发展现状的关键，地方政府管理越符合经济规律，该地的民营经济发展越好。当制造业发展面临产业政策供给滞后、城市集聚效应不足、行业进入壁垒等问题时，与政府职能实施不到位有直接或间接的关系。我们认为如果地方政府能够提供制造业发展所需的公共产品，能够正确处理好政府与市场的关系，能够提供与制造业发展相适应的政策，都将有利于制造业集群的转型升级。故提出假设一：政府转型与制造业转型升级之间是正向促进的关系。

假设2：政府转型对制造业转型升级的影响存在区域差别。

相对于中部、西部地区来说，东部地区经济更为发达、市场化程度更高政府所提供的公共服务也更为全面周到，为企业在研发、创新等提供了更多的外在激励与良好环境。而且，东部地方政府在转型的意愿、力度等均较强。而中部、西部地区在这些方面则相对较弱。故而提出假设二：政府转型对制造业转型升级的影响存在区域差别，其中以东部地区政府转型最为有效。东部地区政府转型促进制造业转型升级的效果更为显著，其次是中部地区，最后是西部地区政府转型对制造业转型升级影响作用最差。

假设3：政府转型对制造业转型升级的促进作用存在滞后。

政府转型的内容丰富，有些转型行为需要通过其他中介传导至制造业。政府转型中的大部分内容都是一个长期性的行为，在具体实施过程中，转型效果并不是即刻就能体现出来的，需要经过一段较长的时期，如新的政策从出台到具体落实就存在一个时间段，再到政策起效果又需要一段试验期。故而我们提出假设三：政府转型对制造业转型升级的促进作用存在滞后。

三、政府转型升级评价

在经济新常态下，研究政府转型对促进制造业转型升级具有重要的指导意义。为了刻画我国政府转型的态势，本章使用2002～2016年全国29个省区市的数据，构建了政府转型升级的评价指标体系，基于主成分分析方法对政府转型成效进行横向与纵向维度的动态综合评价。

（一）政府转型指标体系设计

综观已有文献，关注政府转型对制造业转型升级促进作用的实证文献并不多，但是有关政府行为与制造业转型升级研究的实证文献相对丰富，下面主要从政府与市场的关系、政府公共服务和政府产业支持三个方面对政府行为评估指标设计进行分析。

1. 政府与市场的关系

政府与市场的关系问题是影响我国制造业转型升级效果的重要因素。在对政府与市场关系的研究中，政府规模、政府干预与市场化水平一直是学者们关注的热点问题。在对这些指标进行刻画时，较多学者采用地方政府财政收入/GDP进行表征，还有较多的学者利用政府人员规模、政府机构数量、人口流动或是财政收支比衡量政府规模大小，除上述指标，政府消费支出/GDP也常用于表示政府规模的大小或是政府干预程度的大小（孙亚忠，2005；潘卫杰，2007；周黎安、陶婧，2009；吕炜，2009；李银秀，2015；赖先进，2017；杨艳红、卢现祥，2018；邓雪琳、孙宗锋，2018；等等）。此外，国有经济也是学术界用来衡量政府与市场关系的重要分项指标，刘小玄（2003）利用国有大中型企业所占市场份额（产值占比）来表征市场行政性进入壁垒问题，而徐浩（2015）则用非国有企业员工/该地区从业人员基础指标来衡量我国的市场化程度。吕炜、高帅雄、周潮（2016）通过固定资产投资的相关指标表征我国政府投资建设性支出，用政府财政支出的指标加总来衡量政府的保障性支出水平。这一系列的文献都指出，现阶段我国经济发展不能且不再依赖于靠政府规模或是政府投入拉动增长，政府应保持适度规模，达到量与质的平衡。

2. 政府公共服务

政府公共服务水平对经济增长、制造业发展或是转型升级的促进作用毋庸置疑。已有关研究中，对政府公共服务水平与社会经济发展之间关系进行分析的文献也不在少数。在对制造业转型升级文献中，主要是对政府的规划能力、执行能力、公共资源配置能力、管理能力等进行考量分析。政府财政用于医疗、卫生、教育上的支出一直以来被广泛应用于对政府公共服务水平进行评估（吕稚知，2010；刘书明，2015）。对基础设施建设进行投入也是政府为社会、企业、个人提供公共服务的重要手段，部分学者也采用地区每平方千米国土面积的铁路、公路水路里程或是公路密度基础指标进行衡量（徐浩，2015；曾铖，2017）。除了上述指标外，不少学者借鉴樊纲市场化指数衡量指标体系，选用市场中介组织发育分项指标中的律所数量对市场中介组织进行衡量。

3. 政府产业支持

政府对产业的支持直接关乎制造业转型升级，在实际操作中，政府通过给予企业财政支持、税收减免、金融支持等推动制造业企业进行转型升级。在政府产业支持举措中，政府科技投入的多少对企业创新产生直接影响；企业税负也是制约企业转型升级行为的重要所在，陈思霞、卢盛峰（2016）在对政府行为进行分析时，就采用了税收负担这一指标。金融手段上，李涛、徐昕（2005）引用了樊纲、王小鲁（2003）构造的市场化指数中的金融市场化指标，用金融业的竞争程度和信贷资金分配的市场化指标，来测量金融结构。

综合考虑已有研究结果及数据的可获得性，主要从以下三个方面出发对政府转型行为进行评价。政府与市场的关系、政府公共服务和政府产业支持的角度选择我国政府转型升级评价指标，分析新常态背景下我国政府转型的现状，对经济转型过程中的政府转型做一个比较分析。表 6－1 汇总了我国政府转型升级综合评价指标体系的具体内容。

需要说明的是，政府与市场的关系指标中设置了 4 个二级指标，分别是财政支出/GDP、非国有企业产值/工业企业总产值、非国有企业员工数/地区总就业人数和国有经济固定资产投资/全社会固定资产投资额，用以表示政府转型中政府规模大小、市场分配资源的比重以及行政性进入壁垒。其中，财政支出/GDP 越大，说明政府规模越大，政府转型越有难度；国有企业产值/工业企业总产值越高，说明民营经济发展不足，政府转型

表6－1　我国政府转型综合评价指标体系

方面指标	分项指标	基础指标	指标符号	单位	指标属性	
					正指标	逆指标
政府与市场的关系	政府规模	财政支出/GDP	X_1	—		√
	行政性进入壁垒	非国有企业产值/工业企业总产值	X_2	%	√	
	市场分配资源的比重	非国有企业员工数/地区总就业人数	X_3	%	√	
		非国有经济固定资产投资额/全社会固定资产投资额	X_4	%	√	
政府公共服务	基础设施服务	公路铁路水路总里程/地方国土面积	X_5	万千米/平方千米	√	
	科研平台支撑	律师事务所数	X_6	个	√	
政府产业支持	科技投入力度	科学技术支出/GDP	X_7	%	√	
	金融服务水平	地区贷款/存款	X_8	%	√	
	企业税收负担	企业所得税/GDP	X_9	—		√

难度越大；非国有企业员工数/地区总就业人数比重越小，说明市场分配资源的比重大，政府转型水平也就相应较高；非国有经济固定资产投资额占全社会固定资产投资额的比例反映的是社会固定投问题，故而此处也认定为正向指标。在政府公共服务指标中，主要有公路铁路水路总里程/地方国土面积以及律师事务所数两个指数，它们分别用于衡量政府提供基础设施服务和中介组织服务的水平，两者对政府转型均具有正向促进作用。而科学技术支出/GDP、地区贷款/存款、企业所得税/GDP科技投入则用于表征科技投入力度、金融市场化水平以及企业税收负担。它们都是政府直接影响产业发展的具体转型措施，除衡量企业税收负担的指标与政府转型方向相反，其余两个指标对政府转型都具有正向促进作用。与前文一致，本部分同样按照钞小静、惠康（2009）的方法对逆向指标做取倒处理。

（二）数据来源及描述性统计分析

本章使用了全国29个省区市2002～2016年的政府转型数据（因西藏、海南数据统计口径和连贯性问题，本章考虑去除西藏和海南）。原始数据主要来源于2002～2016年的各省统计年鉴、《中国统计年鉴》、《新中国60年统计资料汇编》、《中国工业统计年鉴》、《中国区域经济统计年鉴》等。表6－2数据的描述性统计，因大部分指标为百分比指标或已做取倒处理，故此处不对描述性统计情况做详细分析，侧重于对后文的主成分结果进行分析。

表6－2　我国政府转型评价指标的描述性统计

指标符号	指标名称	样本个数	均值	标准差	最小值	最大值
X_1	财政支出/GDP	435	0.0583	0.0234	0.02	0.13
X_2	国有企业产值/工业企业总产值	435	86.359	11.091	35.29	99.74
X_3	非国有企业员工数/地区总就业人数	435	55.781	25.643	0.61	98.66
X_4	非国有经济固定资产投资额/全社会固定资产投资额	435	63.529	12.42	27.38	88.57
X_5	公路铁路水路总里程/地方国土面积	435	0.7849	0.5295	0.03531	2.5127
X_6	律师事务所数	435	585.52	409.25	55	2768
X_7	科学技术支出/GDP	435	0.2837	0.2478	0.0313	1.431
X_8	地区贷款/存款	435	72.968	12.183	6.73	108.78
X_9	企业所得税/GDP	435	1.0173	0.7671	0.25	4.74

（三）政府转型的主成分结果分析

本章使用Stata14.0软件对我国政府转型行为进行主成分分析。下面分别从适宜性检验、总方差分解、综合评价着手对主成分结果进行分析。

1. 适宜性检验

表6－3反映的是主成分模型的KMO统计量和SMC指标，两者均用于

对主成分模型进行适宜性检验。其中，KMO 统计量值越高表示变量共性越强。本部分所选用的主成分模型中 KMO 统计量值为 0.74，为可以接受的范围；SMC 统计值是复方回归方程的可决系数，值越高变量的线性关系越强，共性越强，模型就越合适。从表 6－3 的 KMO 统计量和 SMC 统计量分析，我们所选用的主成分模型通过了适宜性检验。

表 6－3　KMO 统计量和 SMC 统计量

指标名称	Variable	KMO	SMC
财政支出/GDP	X_1	0.4545	0.5109
国有企业产值/工业企业总产值	X_2	0.8306	0.4203
非国有企业员工数/地区总就业人数	X_3	0.7804	0.6357
非国有经济固定资产投资额/全社会固定资产投资额	X_4	0.8066	0.6015
公路、铁路、水路总里程/地方国土面积	X_5	0.8695	0.5937
律师事务所数	X_6	0.8221	0.6048
科学技术支出/GDP	X_7	0.6322	0.7893
地区贷款/存款	X_8	0.6233	0.2710
企业所得税/GDP	X_9	0.6932	0.7435
Overall	0.7403		

2. *总方差分解*

根据表 6－4 的总方差分解表及图 6－1 的碎石图，提取前 3 个主成分，其方差贡献率分别为 43.47%、20.57% 和 11.70%，累计方差贡献率达 75.74%，故而认为前 3 个主成分所代表的信息量能够比较充分地解释原始数据所表达的信息。

表 6－4　总方差分解

主成分	特征值	方差贡献率	累计贡献率
Comp 1	3.9122	0.4347	0.4347
Comp 2	1.8517	0.2057	0.6404

续表

主成分	特征值	方差贡献率	累计贡献率
Comp 3	1.0528	0.1170	0.7574
Comp 4	0.7171	0.0797	0.8371
Comp 5	0.4196	0.0466	0.8837
Comp 6	0.4128	0.0459	0.9296
Comp 7	0.2889	0.0321	0.9617
Comp 8	0.2218	0.0246	0.9863
Comp 9	0.1232	0.0137	1.0000

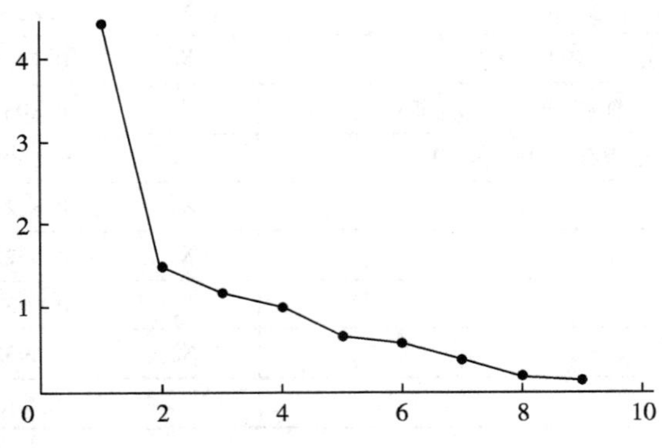

图 6－1　碎石图

3. 综合评价

在主成分分析之后，使用3个主成分各自所对应的特征值占所提取各项主成分特征值之和的比重作为权重，进行加权求和，得出各省区市政府转型成效的综合得分（Becker，1987）。计算公式如下：

$$F = q_1/(q_1+q_2+q_3)\times F_1 + q_2/(q_1+q_2+q_3)\times F_2 + q_3/(q_1+q_2+q_3)\times F_3 \quad (6-1)$$

式中，F 为各省政府转型成效综合得分；F_1、F_2 和 F_3 分别为主成分1、主成分2和主成分3的得分；$q_1 \sim q_3$ 分别为3个主成分各自的方差贡献率。所以各省区市政府转型成效综合得分的具体表达式为：

$$F = 0.4347/0.7574 \times F_1 + 0.2057/0.7574 \times F_2 + 0.1170/0.7574 \times F_3 \quad (6-2)$$

各省区市政府转型综合得分如本章附表所示，并按2016年综合得分分值进行排序，得出2002～2016年各省区市政府转型成效的排名情况。表中排名以2016年的排名为基准，以便对各省区市15年以来的政府转型成效进行比较分析。

图6－2是各省政府转型升级的散点图。通过分析2002～2016年各省区市政府转型成效综合得分与排名的变化与差异情况，可以总结出我国政府转型主要有以下特征。

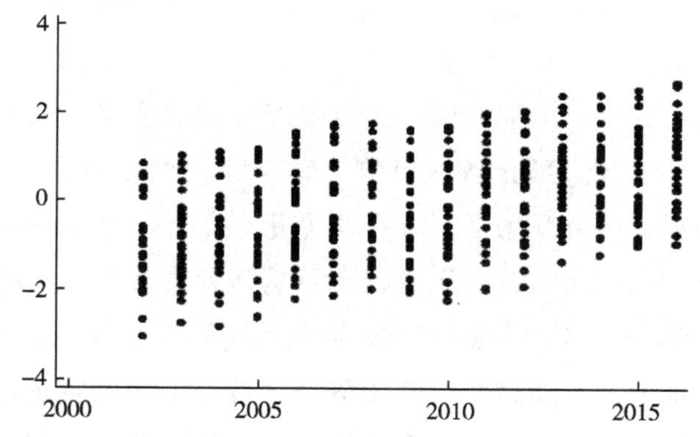

图6－2　标准化的各省区市2002～2016年政府转型成效得分值

（1）我国政府转型综合水平呈明显上升趋势。从附表我国政府转型综合得分中可直观看出，2002年，29个省区市中有超75%的省区市政府转型得分为负，其中，排名第一的浙江，政府转型综合得分为0.903，而排名最后的贵州，政府转型综合得分为－3.003。而到2016年，29个省区市中只有7个省区市政府转型得分为负，减少至25%不到，且排名第一的广东综合得分达到2.786。2002～2016年我国政府转型平均综合得分分别为－1.0366、－0.7873、－0.5570、－0.5949、－0.3204、－0.0970、－0.1108、－0.1564、－0.0111、0.2437、0.3221、0.6509、0.7286、0.8070、0.9191，2016年的平均综合得分较2002年增长了88.67%，表明我国政府转型成效综合水平明显有提升。

（2）2008～2009年政府转型成效有所下降。从图6－2可以看出，我国政府转型综合水平有显著提升，但2008～2009年出现普遍回落现象。同时，我国政府转型在2008年和2009年的平均综合得分也出现逆向下降趋势，2007年政府转型平均综合得分为－0.0970，而2008年和2009年政府转型平均综合得分分别为－0.1108、－0.1564。我们认为这种变化可能与2008年金融危机时，我国向市场投放了4万亿元的资金（主要流向了国有企业），同时政府也加大了对经济的干预力度有关。

（3）政府转型成效存在区域差异。从2002～2016年各省区市政府转型成效综合得分的排名可以看出，排名前十的主要有广东、上海、浙江、江苏、山东、天津、福建、河北、北京、河南，除河南省，其余省区市均属于东部地区；其次，中部地区省区市政府转型综合得分又普遍高于西部地区，并且中部地区大部分省区市政府转型综合得分增速高于其他地区，其中以湖南和江西两省最为显著，湖南政府转型综合得分从2002年的25名上升至2016年的16名，而江西政府转型综合得分则从2002年的28名上升至2016年的15名，安徽近年政府转型综合得分排名也跻进了前十行列。此外，其他地区，如湖北政府转型综合得分增速也较快；西部地区省份政府转型成效最差，四川、宁夏、贵州、云南、新疆、陕西、青海、甘肃等地政府转型排名均在20名以后。

四、模型设计和变量选择

在借鉴国内外学者研究成果及上文分析的基础上，以政府转型综合得分为解释变量，制造业转型升级为被解释变量，并选择相应的控制变量指标，建立计量模型，对前文所提出的假设进行实证分析。

（一）模型设计

为验证前文所提出的理论假设，本部分拟通过建立实证模型，对政府转型与制造业转型升级的作用关系做进一步的分析。建立实证模型如下：

$$Y_{it}=C+\beta_1 x_{it}+\beta_2 control_{it}+u_{it} \tag{6-3}$$

式中，i 为地区；t 为时间；c 为常数项；Y_{it}为因变量制造业转型升级；x_{it}为核心解释变量；$control_{it}$为控制变量；β_1、β_2 分别为其系数项；u_{it}为复合残差项，包括样本个体和时间特质效应，且 $u_{it}=\mu_{it}+\varepsilon_{it}$，$\mu_{it}$是样本个体特质效应，它不随时间的变化而变化，可以用固定效应或随机效应来刻画；ε_{it}是误差项，服从正态分布 $N(0, \sigma_i^2)$。

（二）变量与指标选择

1. 被解释变量

学者对产业转型升级水平的测定多从产业结构角度出发，主要包括转型升级的方向与速度两个方面。已有研究中，国内外学者多以劳动力在第一产业、第二产业和第三产业之间的转移，或是劳动生产率的增长作为产业转型升级的衡量指标（Kuznets & Kaldor，1973；Parteka，2009）；谭晶荣等（2012）则提出用产业结构超前系数可以直观地对产业转型升级的方向进行测度；王敏、汤伟（2016）以工业产值占 GDP 比值为指标，实证分析了产业结构的优化对转型升级具有积极促进作用。本章采用（第一产业产值 ×1 + 第二产业产值 ×2 + 第三产业产值 ×3）/GDP 指标衡量我国制造业转型升级水平。

2. 核心变量

本章的解释变量为政府转型指数（X_{it}），其数值已经通过上文的主成分分析法测算得出。

3. 控制变量

（1）外商直接投资。外商直接投资对于制造业转型升级具有重要的意义。部分学者认为外商直接投资的增加对我国工业经济增长方式的转变具有积极促进作用（陈继勇、盛杨怿，2008；赵文军、于津平，2012；刘建民等，2015）。但是，也有学者通过对外商投资进行细分，发现不同形式的外商直接投资对经济转型升级的作用会有所不同（邹建华、韩永辉，2013）。此处采用外商直接投资额/GDP 作为衡量指标，预期符号为正。

（2）对外贸易额。冯芳芳、蒲勇健（2012）在对我国区域产业结构优化的影响因素分析中提到，对外贸易的开放程度对产业结构的优化作用正在逐步增强，虽然现阶段对外贸易的促进作用还未完全显现，但在外向程度较高的省区市产生的推动作用很强，成为影响我国区域产业结构优化的重要因素。此处采用“进出口贸易总额”来衡量对外贸易开放度水平，预期符号为正。

（3）人力资本。在产业转型升级已有研究中，不少学者对人力资本要素的影响作用进行了分析。张国强等（2011）就对人力资本与产业结构升级之间的关系进行了研究，发现人力资本对产业转型升级的作用存在地区差异，东部地区的人力资本要素对产业结构的升级促进作用更为显著，而在中西部地区则不显著。此处采用大专以上学历占 6 岁以上人口比例来衡量，预期符号为正。

（4）城市化水平。城市化也是影响制造业转型升级水平的重要因素之一。乐小兵（2013）以非农业人口占总人口的比重表征城市化水平，实证结果表明城市化水平与产业转型升级显著正相关。曹贤中（2013）用城镇可支配收入、城镇低保人数占总人口的比例、农村人均纯收入、全区从业人员数量等指标对城市化水平进行衡量，提出城市化水平并非转型升级的决定性因素，但对转型升级却有显著的促进作用，刘建民等（2015）也有类似结论。此处用城镇人口占总人口的比重来表征城市化水平。

（5）投资消费结构。当前，我国经济发展存在低消费与高投资并行的局面。吕冰洋、毛捷（2014）指出，我国经济发展要保持平稳增长最为重要的是拉动居民消费需求，提升消费水平以及降低经济发展对投资的依赖。褚敏、踪家峰（2017）用全社会固定资产投资与社会零售品销售总额的比例来表征投资消费结构，并认为其对东北经济增长具有负向影响。同样采用全社会固定资产投资占社会零售品销售总额的比重来衡量我国的消费投资结构，预期符号为负。

（6）固定资产投资率。除上述变量，固定资产投资率也是影响我国经济发展与制造业转型升级的重要增长要素，固定资产投资率反映的是固定资产投资对经济增长的贡献，对经济转型、制造业转型升级也有重要作用，因此，此处采用全社会固定资产投资占 GDP 比重来反映我国固定资产投资率，预期符合为正。

（7）地区差异。区域经济学认为，良好的地理位置为经济发展提供了良好的外部条件。东部地区是我国经济最为发达的地区，而中西部地区经济发展水平则低一些。另外，作为经济发展较好的地区，所能获得的包括外部投资等的机会也更多。为了控制地区差异对制造业转型升级的影响，引入虚拟变量，东部地区省份设为 1，其他地区为 0。预期符号为正。

五、回归结果分析

（一）数据的统计性描述

表 6－5 提供的是 2002～2016 年各省区市所涉及的本书所有变量的统计性描述数据。其中，政府转型指数是根据各省区市政府转型的 9 个统计数据，利用主成分分析法合成的指标。

表 6－5　变量的统计性描述

变量	观测值	均值	标准差	最小值	最大值
制造业转型升级	435	2. 29	0. 12	2. 10	2. 80

续表

变量	观测值	均值	标准差	最小值	最大值
政府转型指数	435	3.38	1.20	-3.00	2.79
外商直接投资	435	0.03	0.02	0.004	0.15
对外贸易	435	1374.42	4272.98	1.97	63100.50
人力资本	435	9.69	6.42	1.83	45.46
城市化水平	435	49.23	15.48	5.26	89.60
投资消费结构	435	1.75	0.76	0.50	4.73
固定资产投资率	435	62.60	23.78	23.98	137.15

（二）基准结果回归

首先对模型进行混合 OLS 回归。从回归结果（见表6－6）来看，R^2值维持在0.5506～0.7855，说明模型拟合优度较好。图6－3展示的是政府转型与制造业转型升级关系的变化趋势，整体来看，政府转型与制造业转型升级之间同向变动，正向相关；通过对比实际制造业转型升级指数与拟合值，发现有两组数据偏差较大，借助 Stata 软件分析发现，这两组数据分别为北京和上海，制造业转型升级指数的实际值要高于拟合值，这不难理解，北京与上海自身制造业产业结构就很合理，制造业转型升级水平也越高，在这种情形下，政府转型对制造业转型升级的促进作用也更强。

1. 政府转型对制造业转型升级具有正向的作用

从回归结果可以看出，政府转型指数均在1%的显著性水平上显著，且正向显著；故而验证了前文所提出的假设一，即政府转型对制造业转型升级具有正向促进作用。虽然在经济发展过程中，有政府职能错位、缺位、越位等问题的存在，但总体来说，政府的转型与管理符合经济发展规律，政府转型与制造业转型升级还是相互匹配的。地方政府在处理政府与市场的关系、提供制造业发展所需的公共产品以及与制造业发展相适应的产业支持时，符合制造业转型升级的需要，也为制造业转型升级提供了适宜的外部环境。

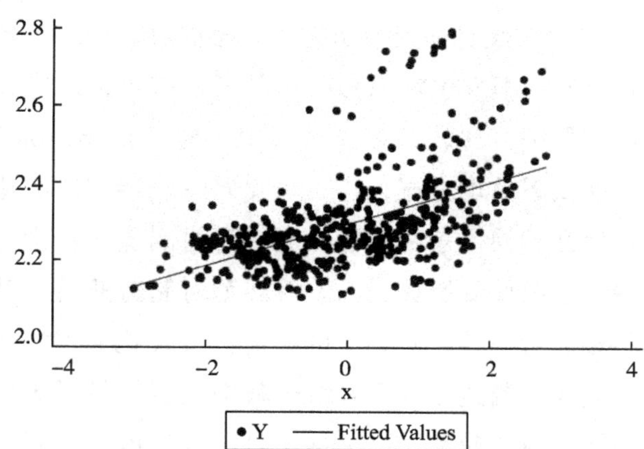

图 6-3　政府转型与制造业转型升级变化趋势

表 6-6　制造业转型升级影响因素的基准回归结果

变量	混合 OLS		
	模型 1	模型 2	模型 3
政府转型指数	0.0597 *** (0.003)	0.154 *** (0.005)	0.0234 *** (0.004)
外商直接投资		-0.046 (0.147)	-0.153 (0.152)
对外贸易		1.15e-06 ** (5.01e-07)	1.15e-06 ** (4.96e-07)
人力资本		0.008 *** (0.0007)	0.008 *** (0.0007)
城市化水平		-0.000026 (0.00010)	-0.000028 (0.00011)
投资消费结构		-0.0247 *** (0.0082)	-0.0237 *** (0.008)
固定资产投资率		0.0006 *** (0.0002)	0.0007 *** (0.0002)
地区差异			0.049 ** (0.0173)
_ Cons	2.294 *** (0.019)	2.221 *** (0.015)	2.199 *** (0.017)
Adj_R^2	0.5506	0.7855	0.7274

注：***、**、*分别表示在1%、5%、10%显著性水平上显著。

2. 东部地区省市区政府转型对制造业转型升级的促进作用更为显著

采用虚拟变量的处理方法对东部、中部、西部地区政府转型对制造业转型升级的作用效果进行比较，在模型 3 中，地区差异指标在 5% 的显著性水平上显著，回归系数也为正，这表明我国政府转型对制造业转型升级的促进作用存在地区差异，东部地区政府转型对制造业转型升级的促进作用更为明显。验证了假设二所提出的政府转型对制造业转型升级的影响存在区域差别。不难分析的是，东部地区经济更为发达，市场化水平高于中部、西部地区，政府在制造业转型升级过程中主要提供了更多公共基础服务，政府的服务能力也相应地较高，这也是东部地区省份制造业转型升级步伐更快的重要原因。政府转型与建立公共服务型政府一定意义上可以等同，政府公共服务能力越高，政府转型成效也更高，对制造业转型升级的促进作用也更明显，这又与假设一相符合。

3. 关于控制变量的解释

在控制变量中，外商直接投资在 OLS 的模型 2 和模型 3 中均不显著，且符号为负，表明外商直接投资不会对制造业转型升级之间产生显著影响。这可能与外商投资结构有关，本章所选用的外商直接投资指标没有将结构纳入考量范围，这也是影响外商直接投资指标为负的重要原因之一。除外商直接投资，城市化水平变量的符号也与预期不符。具体表现为城市化水平变量在 3 个模型中均不显著，也可能与城市化水平和制造业转型升级水平指标的选择有关。投资消费结构对制造业转型升级的影响作用也值得注意，在模型 2 和模型 3 中，投资消费结构变量均在 1% 的显著性水平上为负，这反映了我国现有投资消费结构出现扭曲，资源在各个产业之间没有得到合理的配置，现有的投资消费结构不利于我国制造业转型升级。而其他控制变量，如对外贸易、人力资本、固定资产投资率均符合预期，显著正相关，说明这些变量均对我国制造业转型升级具有正向促进作用。

（三）内生性问题处理

由于核心变量指标政府转型为合成指标，使部分信息在计量过程中被遗漏了，结果可能会受到模型内生性的影响，存在计量的偏误。政府转型变量中又包含了制造业转型升级变量的滞后性，这时如果只用 OLS 模型或是固定效应模型都会导致估计结果的有偏和非一致性，那么结果显示的经济含义也是扭曲的。对此，采用系统 GMM 方法估计模型，分析政府转型对我国制造业转型升级影响的动态调整特征及变动趋势，同时以考察计量结果的稳健性。对此，建立模型如下：

$$Y_it = C + \beta_1 Y_{i,t-1} + \beta_2 x_{it} + \beta_1 control_{it} + u_{it} \qquad (6-4)$$

式中，i 为地区；t 为时间；c 为常数项；Y_{it}为被解释变量；$Y_{i,t-1}$为被解释变量的滞后一期；x_{it}为核心解释变量；$control_{it}$为控制变量；β_1、β_2、β_3分别为其系数项；u_{it}为复合残差项，包括样本个体和时间的固定效应。并按照"以差分变量的滞后项作为水平方程的工具变量，以水平变量的滞后项作为差分方程的工具变量"的方法确定工具变量。我们运用软件 Stata14.0 对模型进行两阶段系统 GMM 估计，主要运用 Arellano - Bond 二阶序列相关检验以及 Sargan 检验对工具变量和估计结果的有效性进行判别。还对所选定的工具变量的外生性进行鉴别。估计结果如表 6 - 7 所示。

从表 6 - 7 所列出的系统 GMM 估计结果来看，模型 4 ~ 模型 6 与前文所做的基本回归结果一致，且所有变量均显著，绝大部分变量在 1% 的显著性水平下显著，表明各变量的面板数据都是平稳的，表明系统 GMM 方法估计出来的系数具有一致性，所建立的模型是有效模型。通过模型 4 ~ 模型 6 中的 Arellano - Bond 自相关检验结果可知，模型不存在二阶自相关性，所以，系统 GMM 估计法是适用的。在过渡识别性检验中，通过了 Sargan 检验，可以判定模型估计时所选用的工具变量子集都是有效的。从表 6 - 7 系统 GMM 估计结果看，制造业转型升级滞后一期变量参数为正且在 1% 的统计水平上显著，说明制造业转型升级受前期转型成效的影响较大。在模型 4 中，政府转型变量在 1% 的显著性水平上显著为正，这与前文所做的固定效应回归结果一致，政府转型正向促进制造业转型升级，再次验证了假设一。在模型 5 和模型 6 中，加入了政府转型的滞后一期变量，新增政府转型滞后变量同样在 1% 的统计水平上显著为正，而在具体的回归试验过程中，发现在滞后一期的基础上，若是同时加上政府转型原变量（X），原核心变量显著为负，但滞后一期变量却显著为正，分析可能与政府转型对制造业转型升级的影响存在滞后效应，故而出现政府转型滞后变量显著为正，而当期变量显著为负的现象，这就验证了前文所提出的假设三：政府转型对制造业转型升级的促进作用存在滞后。

表6-7　动态面板数据的系统GMM估计结果

变量	模型4	模型5	模型6
Y			
L1.	0.5578*** (0.023)	0.547*** (0.029)	0.5130*** (0.020)
X	0.0173*** (0.0023)		
L1.		0.024*** (0.0004)	0.0199*** (0.002)
人力资本	0.0013*** (0.0005)	0.0006 (0.0005)	
L1.			0.003*** (0.0004)
外商直接投资	-1.078*** (0.288)	-1.076*** (0.178)	-0.916 (0.261)
对外贸易	9.98e-07*** (2.84e-07)	9.52e-07*** (3.20e-07)	6.90e-07** (2.75e-07)
城市化水平	-0.0004*** (0.0000)	-0.00043*** (0.00006)	-0.0004*** (0.00005)
投资消费结构	-0.0049*** (0.0051)	-0.0139*** (0.0034)	-0.0004*** (0.0001)
固定资产投资率	0.0006*** (0.0001)	0.0006*** (0.00007)	0.0121*** (0.0037)
常数项	1.042*** (0.0509)	1.077*** (0.063)	1.137*** (0.048)
AR（1）检验P值	0.000	0.000	0.000

续表

变量	模型 4	模型 5	模型 6
AR（2）检验 P 值	0.6571	0.6895	0.9364
Sarga 检验 P 值	1.0000	1.0000	1.0000
样本数	406	406	406

注：***、**、*分别表示在 1%、5%、10%显著性水平显著，L 表示滞后算子。

在其他变量中，模型 6 在增加制造业转型升级滞后一期和政府转型滞后一期的变量的基础上，还选择了人力资本的滞后期，由于人力资本变量是用“大专以上学历占六岁以上人口比例”来衡量的，并非直接的资本变量，可能存在滞后影响，故而加上了人力资本变量的滞后一期变量，这时与模型 5 相比，人力资本滞后一期变量在 1% 的显著性水平上为正，故而我们分析，人力资本变量对制造业转型升级同样存在滞后影响。在 3 个模型中，对外贸易、固定资产投资率均与制造业转型升级显著正相关，这与前文所做的普通回归结果一致，说明对外贸易水平与固定资产投资率对我国制造业转型升级具有积极的推动作用。外商直接投资、城市化水平、投资消费结构变量回归也与普通 OLS 回归结果相一致，并且在系统 GMM 估计结果中，外商直接投资、城市化水平、投资消费结构变量均显著为负，这与我国现有的外商投资结构、城市化结构、投资消费结构有很大的关联，结构性问题是制约我国经济发展的重要因素，结构不合理、失衡等也是抑制我国制造业转型升级的重要影响因素。正因为如此，我国在制定各类规划、政策或是做政府工作报告时都强调“调结构”，结构转型也是我国政府所重点关注的问题。

六、结论

当前我国经济发展增速放缓，各类结构性矛盾凸显，制造业作为经济发展的重要增长极，其转型升级的成败也直接关系我国经济整体转型升级能否实现。本章根据制造业转型升级与政府转型的相关内容，在可得数据条件下，选择政府转型的相关统计指标，通过主成分的分析方法，合成了各省区市 2002 ~2016 年政府转型升级指数。发现我国政府转型整体呈现出稳步上升的趋势，但在 2008 ~2009 年出现了小幅度的下降。为了分析我国政府转型对制造业转型升级的影响作用，通过使用 29 个省区市 2002 ~2016 年的面板数据，构建计量模型，分析了各因素对制造业转型升级的作用。根据上文的结果分析，提出以下结论与政策建议：

第一，加快政府转型步伐，建立公共服务型政府。无论是整个社会经济的转型还是细化到制造业转型升级，对我国政府管理和行政体制都有较高的要求，尤其是经济发展到一定阶段后，经济发展对政府管理和行政体制变革的需求更高，亟须优化市场经济环境、提高政府公共服务能力、优化制造业转型升级外部环境。

第二，在政府干预方面，变直接干预为间接干预。地方政府应根据各自的发展条件科学制定重点发展的制造业产业，优化制造业产业结构，推行混合所有制，提高国有企业生产效率，推动制造业转型升级。

第三，在公共服务方面，完善地区基础设施建设，优化资源配置。例如，可以通过建立以市场为导向，由政府、社会服务机构、高校或是科研单位共同构成的产学研协同合作平台，提供面向制造业企业的科技成果交流、法律咨询等多种中介服务的制造业协同创新服务平台，营造良好的制造业转型升级环境。

第四，在产业支持方面，完善金融体制，优化政策环境。创新金融体制，完善针对制造业企业的金融评估体制，以金融平台为依托，提供有助于制造业转型升级的金融服务。此外，还可以通过完善制造业发展政策，加快形成服务制造业企业的工作机制，认真落实企业有关优惠政策，减轻企业负担，解决制造业企业转型升级过程中遇到的制度性和普遍性问题，为企业创造良好的政策发展环境。

本章附表

2002~2016 年各省区市政府转型成效综合得分

省份＼年份	2016	2015	2014	2013	2012	2011	2010	2009	2008	2007	2006	2005	2004	2003	2002
广东	2. 786	2. 626	2. 267	2. 246	1. 604	1. 428	1. 463	1. 112	1. 275	1. 407	1. 092	0. 957	0. 908	0. 904	0. 659
上海	2. 718	2. 475	2. 508	2. 491	2. 140	2. 029	1. 765	1. 454	1. 378	1. 507	1. 193	1. 027	1. 168	0. 281	0. 627
山东	2. 338	2. 286	2. 216	2. 116	1. 950	1. 857	1. 662	1. 657	1. 650	1. 739	1. 627	1. 221	1. 009	0. 721	0. 347
浙江	2. 095	1. 757	1. 871	1. 866	1. 666	1. 601	1. 178	1. 087	1. 374	1. 562	1. 371	1. 092	1. 167	1. 082	0. 903
江苏	1. 969	2. 269	2. 239	2. 235	2. 108	2. 078	1. 750	1. 702	1. 833	1. 808	1. 513	1. 152	1. 028	0. 911	0. 577
天津	1. 876	1. 580	1. 522	1. 213	0. 887	0. 689	0. 416	0. 267	0. 351	0. 341	0. 221	0. 217	0. 155	-0. 109	0. 137
河南	1. 787	1. 631	1. 574	1. 557	1. 238	1. 176	1. 136	1. 024	0. 946	0. 945	0. 682	0. 051	-0. 074	-0. 384	-0. 650
安徽	1. 718	1. 420	1. 169	1. 114	0. 710	0. 793	0. 811	0. 589	0. 438	0. 411	0. 139	-0. 262	-0. 398	-0. 701	-0. 978
福建	1. 590	1. 270	1. 255	1. 222	0. 943	0. 970	0. 827	0. 681	0. 772	0. 817	0. 691	0. 680	0. 612	0. 482	0. 285
河北	1. 460	1. 223	1. 229	1. 025	0. 784	0. 630	0. 472	0. 300	0. 461	0. 429	0. 311	-0. 029	-0. 089	-0. 269	-0. 632
北京	1. 449	1. 455	1. 315	1. 317	1. 209	1. 202	0. 922	0. 525	0. 889	0. 865	0. 481	0. 310	0. 043	-0. 169	-0. 545
湖北	1. 363	1. 183	1. 031	0. 813	0. 399	0. 235	-0. 050	-0. 277	-0. 428	-0. 476	-0. 673	-0. 972	-1. 112	-1. 207	-1. 484
重庆	1. 283	1. 231	1. 103	1. 032	0. 597	0. 437	0. 353	0. 286	0. 349	0. 292	0. 033	-0. 098	-0. 112	-0. 353	-0. 883
辽宁	1. 141	1. 096	1. 088	0. 965	0. 734	0. 787	0. 578	0. 526	0. 191	0. 230	-0. 002	-0. 219	-0. 367	-0. 499	-0. 843

续表

年份 / 省份	2016	2015	2014	2013	2012	2011	2010	2009	2008	2007	2006	2005	2004	2003	2002
江西	1.092	0.928	0.808	0.610	0.356	0.398	-0.098	-0.234	-0.321	-0.607	-0.954	-1.252	-1.185	-2.229	-2.627
湖南	0.787	0.756	0.771	0.729	0.416	0.474	-0.064	-0.494	-0.400	-0.621	-0.888	-1.194	-1.346	-1.499	-2.000
广西	0.778	0.500	0.488	0.403	-0.020	-0.137	-0.289	-0.355	-0.435	-0.466	-0.551	-0.832	-0.707	-1.292	-1.247
山西	0.619	0.483	0.430	0.137	-0.163	-0.303	-0.684	-0.777	-0.687	-0.390	-0.666	-0.763	-0.519	-1.063	-1.443
四川	0.458	0.557	0.077	0.437	0.462	-0.071	-0.695	-0.860	-0.726	-0.626	-0.821	-1.005	-0.672	-0.975	-1.176
宁夏	0.344	0.195	0.174	0.280	-0.107	-0.201	-0.517	-0.869	-1.071	-0.823	-1.080	-1.141	-0.775	-0.784	-1.515
吉林	0.305	0.073	0.069	0.006	-0.134	0.210	-0.133	-0.036	-0.287	-0.318	-0.572	-1.425	-0.998	-1.413	-1.755
贵州	0.062	-0.165	-0.285	-0.559	-1.180	-1.338	-2.190	-1.904	-1.645	-1.639	-1.705	-2.553	-2.784	-2.712	-3.003
黑龙江	-0.087	-0.283	-0.469	-0.466	-0.969	-1.141	-1.226	-1.417	-1.278	-1.136	-1.180	-1.348	-1.381	-1.424	-1.527
云南	-0.158	-0.045	-0.021	-0.082	-0.460	-0.545	-0.923	-0.990	-0.790	-0.853	-1.257	-1.294	-1.123	-1.664	-2.057
新疆	-0.286	-0.443	-0.360	-0.342	-0.657	-0.536	-0.816	-1.028	-0.839	-0.731	-0.992	-0.966	-1.146	-1.233	-1.450
陕西	-0.287	-0.057	-0.228	-0.578	-0.927	-0.937	-1.138	-1.315	-1.355	-1.392	-1.522	-2.167	-1.602	-1.871	-2.011
青海	-0.712	-0.855	-0.797	-0.868	-1.879	-1.914	-1.779	-1.724	-1.471	-1.191	-1.725	-1.767	-1.490	-1.582	-1.972
内蒙古	-0.907	-0.775	-0.747	-0.721	-0.849	-0.854	-1.024	-1.458	-1.443	-2.096	-2.176	-2.583	-2.273	-2.062	-1.833
甘肃	-0.926	-0.966	-1.168	-1.322	-1.517	-1.948	-2.031	-2.006	-1.941	-1.801	-1.878	-2.089	-2.090	-1.716	-1.966

2002～2016 年各省区市政府转型成效综合得分排名

省份＼年份	2016	2015	2014	2013	2012	2011	2010	2009	2008	2007	2006	2005	2004	2003	2002
广东	1	1	2	2	5	5	4	4	5	5	5	5	5	3	2
上海	2	2	1	1	1	2	1	3	3	4	4	4	1	6	3
山东	3	3	4	4	3	3	3	2	2	2	1	1	4	4	5
浙江	4	5	5	5	4	4	5	5	4	3	3	3	2	1	1
江苏	5	4	3	3	2	1	2	1	1	1	2	2	3	2	4
天津	6	7	7	9	9	11	12	13	11	11	10	8	7	7	7
河南	7	6	6	6	6	7	6	6	6	6	7	9	9	11	10
安徽	8	9	11	10	12	9	9	8	10	10	11	13	13	13	13
福建	9	10	9	8	8	8	8	7	8	8	6	6	6	5	6
河北	10	12	10	12	10	12	11	11	9	9	9	10	10	9	9
北京	11	8	8	7	7	6	7	10	7	7	8	7	8	8	8
湖北	12	13	14	14	16	16	14	16	17	17	17	17	19	17	18
重庆	13	11	12	11	13	14	13	12	12	12	12	11	11	10	12
辽宁	14	14	13	13	11	10	10	9	13	13	13	12	12	12	11
江西	15	15	15	16	17	15	16	15	15	18	20	21	22	28	28

续表

年份/省份	2016	2015	2014	2013	2012	2011	2010	2009	2008	2007	2006	2005	2004	2003	2002
湖南	16	16	16	15	15	13	15	18	16	19	19	20	23	22	25
广西	17	18	17	18	18	19	18	17	18	16	14	15	16	19	15
山西	18	19	18	20	21	21	20	19	19	15	16	14	14	16	16
四川	19	17	20	17	14	18	21	20	20	20	18	18	15	15	14
宁夏	20	20	19	19	19	20	19	21	23	22	22	19	17	14	19
吉林	21	21	21	21	20	17	17	14	14	14	15	24	18	20	21
贵州	22	24	24	25	27	27	29	28	28	27	26	28	29	29	29
黑龙江	23	25	26	24	26	26	26	25	24	24	23	23	24	21	20
云南	24	22	22	22	22	23	23	22	21	23	24	22	20	24	27
新疆	25	26	25	23	23	22	22	23	22	21	21	16	21	18	17
陕西	26	23	23	26	25	25	25	24	25	26	25	27	26	26	26
青海	27	28	28	28	29	28	27	27	27	25	27	25	25	23	24
内蒙古	28	27	27	27	24	24	24	26	26	29	29	29	28	27	22
甘肃	29	29	29	29	28	29	28	29	29	28	28	26	27	25	23

第七章　企业转型升级与制造业集群升级

在经济新常态下，转变经济增长方式重点在制造业，难点也在制造业。在影响制造业企业转型升级的诸多因素中，金融政策与产业集聚是极为关键的两个因素。基于此，本章使用江西制造业企业的微观调研数据，运用Logit模型实证分析企业转型升级的影响因素。研究发现：金融政策对企业转型升级行为的选择具有显著的影响，企业对政府融资政策的满意度越高，其升级意愿更强；我国现阶段不少的产业集聚还处于低层次的"扎堆"集聚，企业之间集而不聚，难以产生集群效应，不利于企业进行转型升级，并未实现马歇尔所说的外部经济，这可能是由于企业之间的低成本竞争模式对企业转型升级行为产生了抑制作用。因此，有必要创新金融体制，以提升融资政策对企业的服务力度，同时形成具有外部溢出效应的产业集群，促进制造业的转型升级。

一、引言

我国经济已然进入新常态，制造业发展所面临的社会经济环境变得更为复杂。从国际看，发达国家提出"再工业化"重塑制造业，发展中国家也纷纷提出加速工业化进程；从国内看，经济发展所依赖的各类资源优势正逐步消失，亟须进行转型升级。制造业企业作为经济社会发展的中坚力量，是经济转型升级的关键杠杆，创新研究出符合市场需求的中高端产品，找出企业的核心竞争力所在，才能在市场上找到出路，突破困境。

通过梳理现有文献发现，产业政策与产业集聚已成为我国制造业企业转型升级研究中的核心问题（张杰等，2007；孔伟杰，2012；林毅夫，2012；杨志群，2013；程虹，2016 等）。首先是产业政策方面，产业政策一直是产业经济领域备受争执的话题，林毅夫（2012）提出产业政策的转型对我国经济的转型升级具有关键性的推动作用。以产业群体为对象的金融政策是产业政策中的重要内容，充足的资本供给是企业有效运转的基础，但就目前而言，我国企业外源性融资渠道少且融资难度大，严重制约了企业转型升级的步伐。也有不少学者从产业集聚的角度做了相关研究，产业集聚作为我国制造业发展的重要载体，也是制造业转型升级研究中的关注热点，部分学者认为产业集聚所带来的外部规模经济效应、专业化分工是制造业企业转型升级的有机载体（郑健壮等，2002），而张杰等（2007）基于江苏制造业企业数据，实证研究发现行业集聚并没有对企业创新产生积极作用。调研发现，以江西为代表的中部地区的金融政策普遍存在创新不足、支持力度不够、金融服务不完善、金融机构组织体系不健全的问题，与之相对的是，制造业企业对金融服务能力的高诉求，金融政策的供需不平衡问题会对制造业企业转型升级产生怎样的影响呢？产业集聚的本质是外部经济，东部发达地区的产业集聚区内人才、技术、信息等的交流所带来的外溢效应强于中部、西部地区，对集聚区内企业转型升级的促进作用也更显著，而中部、西部地区却有不少产业集聚区存有“集而不聚”现象，这种形式的产业集聚又会给制造业企业转型升级带来怎样的影响？以江西为样本，研究金融政策、产业集聚对制造业企业转型升级的影响，是对以往转型升级研究中以东部发达地区企业为主的研究现状的补充，增加对中西部地区制造业转型升级的研究，以便对我国制造业转型升级进行全面的了解。

二、相关理论分析及文献回顾

围绕研究主题，本章从以下两个方面对制造业转型升级的现有文献进行回顾：

（一）企业转型升级演化路径的研究

Gereffi（1999）通过分析东亚服装生产企业在全球价值链上的演变过程，总结出企业升级的路径为从委托组装（Original Equipment Assembling）、委托加工（Original Entrusted Manufacture）、自主设计和加工（Original Design Manufacture）到自主品牌生产（Own Brand Manufacture），为研究企业转型和升级问题提供了新方向。梅丽霞等（2005）认为我国的原始设备制造企业在全球价值链上应积极地从原始设备制造到原始设计制造，再到原始品牌制造转变，逐步攀升至价值链的高端环节。杨桂菊（2010）则总结归纳了本土代工（OEM）企业转型升级路径的理论模型。金碚（2011）从资源环境约束下技术路线转换的角度提出，发展现代产业体系要在引用先进技术的基础上增强企业的自主创新能力和竞争力等。胡迟（2014）提出企业转型升级应该努力培育来自科技创新和人力资本的新竞争。

（二）对企业转型升级影响因素的研究

具体可归纳为以下几类：

1. 金融政策

熊彼特（2000）认为将资金向创新型产业领域配置，可以达到促进产业结构升级的效果。孙晶（2012）提出通过服务和信息的外溢，金融集聚为企业转型升级发展提供了适宜的土壤。杨志群（2013）发现金融集聚对集聚区内企业的技术创新起着促进作用；而刘海飞、贺晓宇（2017）则认为地方政府对金融资源的干预尤其是融资渠道的干预，削弱了金融集聚对企业创新的促进作用。

2. 产业集聚

马歇尔（1890）提出由于外部规模经济的存在，使许多性质相同的企业集聚在一起，带来了知识、信息、技术等的外溢效应，提高了企业的生产效率。Britton（2003）研究发现产业聚集通过构建紧密相连的创新网络关系，使企业间可以实现协同研发，共享各类创新资源，可以降低企业技术研发的成本与风险，为企业创造更多的效益。杜威剑、李梦洁（2015）采用微观企业数据发现，产业集聚对企业转型升级决策和创新选择具有显著的促进作用。王缉慈（2004）发现低层次的产业集聚对企业创新行为具有负效应，陈佳贵等（2005）也得出类似的结论。而孔伟杰（2009）以浙江省制造业企业为样本，发现我国产业集聚对企业转型升级行为的影响并不确定。

3. 企业基本特征变量

（1）企业规模。周长富、杜宇玮（2012）以代工特征显著的昆山为例，分析了代工企业转型升级的可能影响因素，发现企业规模的扩大非但不能促进制造业企业的转型升级，反而会使企业陷入对国际代工模式的路径依赖。

（2）企业类型。任志成、戴翔（2015）在研究劳动力成本上升对出口企业转型升级倒逼作用时发现，倒逼效应在不同企业类型间存在差异，对劳动密集型企业的倒逼作用强于资本和技术密集型企业。

4. 企业战略变量

（1）品牌。程虹（2016）对我国企业转型升级的基本状况及转型路径分析中发现，品牌的形成可以帮助企业形成较好的需求刚性，有助于推动企业转型升级。

（2）市场范围。张峰等（2016）以省级市场和全国市场的比例作为变量，发现企业市场范围越大越需要进行自主创新。

(3) 人力资本。张国强等(2011)对人力资本与产业结构升级之间的关系进行了研究，发现人力资本在东部地区对产业结构的升级具有显著的促进作用，而对中西部地区产业结构升级的促进作用不明显。

5. 外部环境变量

都阳(2013)提出用高技术水平的劳动力替代低水平的劳动力是应对劳动力成本上升，提高劳动生产力的重要手段。

6. 其他变量

还有文献研究了产业结构(王敏、汤伟，2016)；企业所有制类型(安同良，2006)；企业家能力(陈传明、孙俊华，2008)；企业家精神(张维迎，2015)等变量对企业升级行为的影响。

以上研究从不同方面考察了企业转型升级的路径与影响因素，其中，金融政策和产业集聚是企业转型升级研究中学者较为关注的两个变量。而课题组在调研中也发现，金融政策和产业集聚同样是制造业企业所重点关心的内容，这与学者的研究相吻合。对此，本章通过微观调研数据，窥探金融政策和产业集聚对制造业转型升级的影响，希望为制造业转型升级影响因素的研究做一点补充。

三、数据来源与总体性描述

调研组从2016年7月至2017年5月对江西省制造业企业转型升级的影响因素进行了调查，本次调研采用实地访谈与发送电子邮件两种方式共发放调查问卷超过200份，回收了125份，并根据问卷的填写情况删减了部分无效问卷，最终确定的有效问卷为87份，问卷有效率为69.6%。调研所涉及行业有电子信息产业、食品制造行业、陶瓷行业、有色金属业等，其中，建筑陶瓷业企业占比22.8%、计算机通信和其他电子设备制造业企业占比为21.5%、有色金属冶炼和压延加工业企业占比为15.2%、食品制造业企业占比为6.5%、橡胶和塑料制品业企业占比为4.3%、其他行业企业占比为29.7%。

问卷涵盖了企业负责人基本情况、企业的生产经营概况、企业转型升级的举措、企业的技术创新现状与问题、转型升级的政策环境五个方面，共有63个问题，信息项650个左右，调查内容较深，问卷质量较高。企业转型升级现状主要考察了企业转型升级举措选择的差异；企业转型升级过程中面临的问题则主要从企业家转型升级的紧迫感、企业人才资源、转型所需资金、技术开发能力和获取信息的能力等方面进行了了解；转型升级的政策环境部分则主要包括了人才引进，融资政策，节能降耗、清洁生产，技术创新、专利奖励等方面。围绕企业转型升级问题，下面通过直观的统计性数据对问卷内容进行简单分析。

（一）转型升级举措选择的差异

Humphrey 和 Schmitz（2002）概况了产业升级的四种转型路径：工艺流程升级、产品升级、功能升级和链条升级。本章所用问卷就是按照这一思路设计的，分别从产品本身、产品功能、流程和链条的升级出发，设计了类似“近三年贵企是否引进更新了设备”、“近三年贵企是否增加了新业务”、“近三年贵企是否引进关键性人才”、“贵企目前最主要的销售模式(多选)”[①] 等问题，统计结果如图7－1所示。[②] 从图7－1中可以看出，在所调查的样本企业中转型升级路径以功能转型和流程升级为主，主要采用设备更新、技术升级、人才引进等转型升级措施，其中，53%的制造业企业会选择更新设备、51%的制造业企业选择进行技术升级、60%的企业选择引进人才；只有不到15%的企业选择收购重组上下游企业进行链条升级；最后一种转型举措与熊彼特五种创新模式中的市场创新类似，但仅有

① 根据数据特性，数据整理时按照企业目前最主要的销售模式分为单一型销售模式企业和多元化销售模式企业，转化为二元型问题。其他问题均为是否型问题。

② 人才引进一项有六个空缺项。

17%的企业采用了多元化的销售模式，更多的是选择利用本企业的销售分公司或销售部门进行销售。

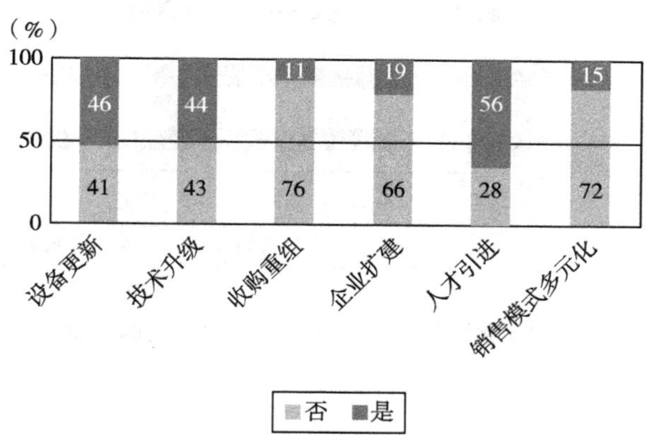

图 7－1　制造业转型升级举措选择差异

（二）政策环境的满意度

企业发展所面临的政策环境对于企业的转型升级行为有着深刻的影响。宏观政策不仅会引起企业经营策略的变化，对企业的战略决策产生影响，也会对企业所处的社会环境产生影响，而这些变化又将导致企业生存和发展的其他因素发生变化，所以说，政策环境是影响企业转型升级行为的极为关键的因素。图 7－2 汇总了企业对有关政策的满意度，主要有人才引进政策，融资政策，节能降耗、清洁生产政策及技术创新、专利奖励政策。总体来看，制造业企业普遍对现有政策环境较为满意，尤其是节能降耗、清洁生产方面的政策满意度更高，说明政府和园区在这一方面的服务做得较好。而在人才引进和融资政策方面的不满意率较高，达到 10%，说明政府或园区在人才引进和融资政策方面的政策支持力度还有待提高，尤其是在融资政策方面不满意率为 13%；这也反映了企业对融资政策提高改善的诉求较多，企业融资还存有问题。

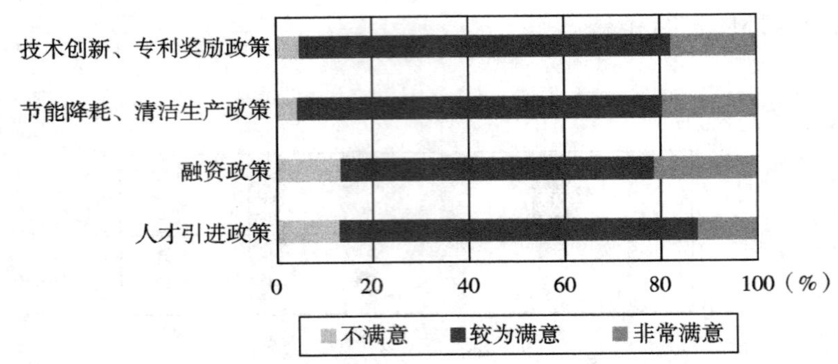

图 7－2　我国制造业转型升级政策环境的满意度

（三）企业类型

图 7－3 反映的是样本企业类型①的占比情况，在 87 个样本数据中，劳动密集型企业有 52 家，占比接近 60%，这与全省实际情况相符。江西制造业企业多以低水平的劳动密集型企业为主，技术水平低，高新技术企业占比少，资本密集型企业占比更是不及 10%，这说明江西制造业企业还处于低水平的发展阶段，绝大部分企业处于产业链和价值链低端。主要原因是大部分江西制造业企业虽然所处行业为资本或技术密集型产业，但其所参与的依然是劳动密集型环节的生产，仍然徘徊在微笑曲线的中间部分，而较少参与产品前期的研发设计和后期的销售及服务等环节，简单的加工组装只能带来低附加值，制约了企业的进一步发展，这一类企业亟待转型升级。

① 根据所调研行业的特征，将陶瓷企业、食品制造业企业、橡胶和塑料制品业企业、纺织企业等企业定义为劳动密集型企业；有色金属冶炼和压延加工业企业则定义为资本密集型企业；计算机通信和其他电子设备制造业企业定义为技术密集型企业。

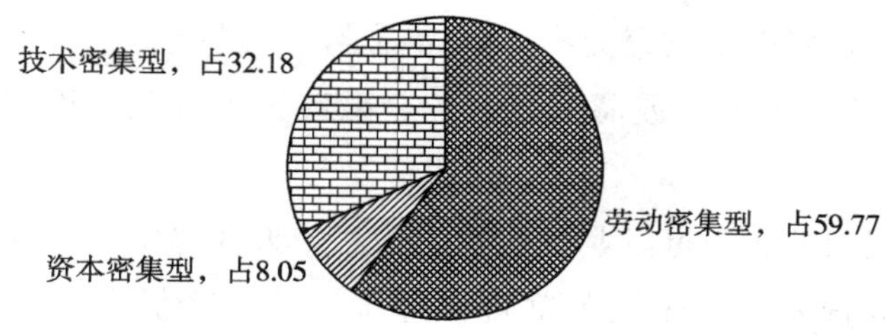

图7-3 企业类型占比

四、研究假设、模型构建与变量设计

综合前文分析，我们发现：一方面，企业的融资要求与政府、园区等提供的融资服务水平不平衡，故而必须将融资政策作为重点研究对象，全面分析融资政策对企业转型升级行为的影响；另一方面，已有研究中关于产业集聚的作用结论不一，有必要将产业集聚纳入企业转型升级研究的框架内，分析中西部地区产业集聚对制造业企业转型升级的影响。因此，本部分给出研究假设、理论模型及变量的选取如下。

（一）研究假设

政府或园区所给予企业的金融服务越到位，企业对政府的金融政策满意度越高，企业进行转型升级的可能性越大。制造业企业转型升级举措中无论是技术升级还是更新设备、收购重组其他企业、引进高素质人才对资金的要求都较高，仅靠企业自有资金难以实现转型升级，必须要借助外部融资最终实现转型。政府和园区给予企业融资支持的力度越大，企业融资难度越小，资金压力也会相应减轻。企业转型升级过程中所需的资金总量通常比较大，这对企业的财力有一定的要求。所以：

假设 1：企业对政府或园区出台的金融政策越满意，越愿意选择转型升级。

产业集聚内的企业可以共享技术、信息、人才等资源，降低企业转型升级的风险与成本，集聚的外部规模经济还可以降低企业之间的交易成本，提高产业集聚圈内企业分工的专业化水平，聚集带来的知识溢出效应对企业转型升级也有显著的积极作用，为集群内企业转型升级提供了良好的平台。李景海（2011）研究分析了区域内的产业集聚与产业转型升级之间的内在机理，指出基于产业链所进行的上下游企业的聚集不仅可以给企业带来规模经济效益，还可以成为推动该区域内产业转型升级的有力举措。所以：

假设 2：制造业产业集群有助于企业共同实现转型升级。

低层次的企业集聚可能会因为技术专利等知识产权制度的缺失，使模仿，剽窃，低成本竞争成风，严重抑制企业的创新行为。朱英明（2011）专门针对这一现象进行了专题研究，发现我国产业集聚中存在集聚困境，即产业集聚在带来经济效益的同时，也会产生不经济的现象。低层次上的聚集不利于制造业企业的技术升级活动，不经济的产业聚集会加剧企业间无序的竞争。所以：

假设 3：低层次聚集所产生的不经济会对企业的转型升级行为产生抑制作用。

（二）模型构建

根据研究思路，建立相关模型如下：

$$P(y_i=1 \mid X_i)=\beta_0+\beta_1 FP_i+\beta_2 AGG_i+\beta_3 Control_i+\varepsilon_i \tag{7-1}$$

式中，X_i 为企业 i 的自变量结合；y_i 为企业“是否进行了转型升级”，若企业选择是，则 $y_i=1$，否则为 $y_i=0$；FP_i 为企业对金融政策的满意度；AGG_i 为企业是否处于产业集聚内；$Control_i$ 为控制变量，具体可包括企业基本特征变量（如企业规模、行业特征）、企业战略变量（如市场份额占比、人才资本）及外部环境变量等；β_0、β_1、β_2、β_3 为参数；ε_i 为误差项，服从正态分布。

（三）变量设计

1. 被解释变量

被解释变量的选择是企业转型升级研究中首要关注的问题。更多的是用企业利润、新产品销售额或是企业主营业务收入等数据表征转型升级的成果；也有不少研究用投入和产出两类指标共同衡量企业的转型升级行为。孔伟杰（2012）在对浙江制造业企业转型升级情况进行调查时，直接将企业是否曾经历过转型升级设置为被解释变量，经历过取值为 1，否则为 0。通过前文的分析发现，江西制造业企业转型升级路径以功能升级和流程升级为主，主要是采用设备更新、技术升级、人才引进等转型升级措施。本章仿照孔伟杰的思路，将企业"是否引进新技术"、"是否引进人才"及"是否引进更新设备"作为被解释变量，并将它们设置为 0 ~ 1 型变量，其中，进行过技术升级设置为 1，否则为 0；类似的，引进人才为 1、进行过设备更新为 1，否则为 0。

2. 解释变量

在前人的研究基础上综合考虑实地调研情况，重点考察金融政策和产业集聚对企业转型升级的影响。首先是企业对金融政策的满意程度。因为企业的转型升级行为存在收益不确定、逆向选择等问题，所以融资问题是制约企业转型升级的关键因素，尤其是对中小民营企业，政府的融资支持政策对处于转型期的企业尤为重要。在调查问卷中，针对这一问题，主要从以下方面进行观察："企业对政府或园区在融资上给予的政策支持是否满意"，并将企业对融资政策的满意度设为核心变量，该变量有"不满意"、"比较满意"、"非常满意"三个信息项，本书以"不满意"为对照组，构建比较满意和非常满意组两个虚拟变量。其次是产业集聚。Porter（1990）认为产业集聚是创新因素的集聚，它为产业的竞争优势带来了广泛而积极的影响。在江西确定的 60 个重点发展产业集群中，大部分都只是简单的企业集聚，集聚所带来外部效益的利弊有待进一步探究。问卷中设置了两个问题调查产业集聚情况：企业在本园区的合作企业数量；园区内与企业生产经营相同或相似产品的企业数量。因为集聚区内的企业之间不仅有合作关系也有竞争关系，所以在产业集聚变量的选取上，主要是根据企业对“与贵企业生产经营相同或相似产品的企业”问题的回答，将企业分为“园区内竞争合作的企业数超过5家”和“园区内竞争合作的企业数不超过5家”两类①，其中，“园区内竞争合作的企业数超过5家”的企业视为属于某一集群，设为1；不超过5家的视为不属于任何一个集群，设为0。

3. 控制变量

根据相关文献研究，控制变量主要包括以下三个方面：①企业基本特征变量。包括企业规模和企业类型。企业规模越大，企业所拥有的资金、创新实力、市场势力等也会相对地优于中小企业，在进行转型升级选择时所受到的约束也会相应地减少，转型机会更多。同时，由于规模经济的存在，大企业在风险分担和融资渠道等方面拥有相对优势，有助于降低企业转型升级的风险。本研究以员工人数为基准，对企业规模进行划分，综合考虑江西的现实情况，将200人以下的企业设置为小型企业，200～500人的企业设为中型企业，500人以上的企业设为大型企业。企业类型主要从投入要素类型划分，将样本企业分为劳动密集型企业（取值为1）及非劳动密集型企业（取值为0），就转型升级的能力而言，劳动密集型企业的人才和技术水平弱于非劳动密集型企业，转型难度大；就紧迫性而言，劳动密集型企业表现得更为突出，无论是“人口红利”消失带来的劳动力成本上升，还是可持续增长提出的环保要求，都迫切地要求劳动密集型企业进行转型升级。面对这一情况，劳动密集型企业究竟该如何选择需要做实证分析。②企业战略变量。主要关注企业的市场战略和人才战略，企业市

① 将是否有5家竞争合作企业作为分界线的设置，是综合考虑了问卷的众数、中数、平均数等指标设定的。

场战略选择品牌知名度及销售中省内市场占比作为衡量指标，企业产品品牌知名度变量中，具有驰名商标或者著名商标等的企业设为1，否则为0；省内销售占企业销售30%以下为1，占30%～50%为2，超过50%为3。企业人才战略则用员工中大专以上学历员工占比表征。③外部环境变量。外部环境的变化会引起企业行为的改变，主要从成本角度出发，控制劳动力和原材料成本上升对企业转型升级行为的影响。表7－1给出了各类变量的均值、标准差及预期符号。

表7－1　变量选取及其统计性描述

	变量		均值	标准差	预期符号		
					技术升级	人才引进	设备更新
被解释变量	技术升级		0.506	0.503			
	人才引进		0.654	0.479			
	设备更新		0.529	0.502			
核心变量	融资政策	不满意	0.195	0.399	—	—	—
		较为满意	0.598	0.493	+	+	+
		非常满意	0.207	0.407	+	+	+
	产业集聚		0.540	0.540	?	?	+
控制变量	企业基本特征	企业规模	1.782	0.895	+	+	+
		企业类型	0.598	0.493	?	−	+
	企业战略	品牌	0.621	0.488	+	+	+
		市场	1.333	0.641	+	+	+
		人才	0.211	0.206	+	+	+
	外部环境	劳动力成本	0.598	0.493	+	−	+
		原材料成本	0.805	0.399	+	+	+

注：表中预期符号“＋”表示变量与被解释变量之间正向相关，预期符号“－”则表示变量与被解释变量之间负向相关，预期符号“?”则表示变量与被解释变量之间的关系不确定。

五、实证结果分析

本部分所选取的被解释变量为二元型变量，不能简单地用普通最小二乘法进行估计，所以选择运用Stata14.0软件中的Logit模型对所构建的模型进行计量分析。为了着重分析融资政策与产业集聚两个核心变量对企业转型升级行为的影响，以及检验核心变量的稳健性，利用逐步回归的方法逐步控制企业内部特征、企业战略选择及外部环境等控制变量。以下分别对企业技术升级行为、人才引进行为、设备更新行为的回归结果进行详细分析。回归结果如表7-2所示。

表7-2 企业转型升级计量模型回归结果

项目	技术升级			人才引进			设备更新		
	模型1	模型2	模型3	模型4	模型5	模型6	模型7	模型8	模型9
融资政策（参照组：不满意）									
较为满意	1.545** (0.719)		1.499** (0.725)	0.776 (0.647)		0.733 (0.673)	0.605 (0.641)		0.619 (0.644)
非常满意	3.212*** (1.003)		3.054*** (1.014)	1.781** (0.890)		1.590* (0.944)	2.168** (0.865)		2.205** (0.879)
产业集聚		-0.928* (0.526)	-0.671 (0.563)		-1.312** (0.587)	-1.181** (0.599)		-0.162 (0.511)	0.130 (0.543)
企业基本特征									
规模	0.418 (0.418)	0.383 (0.316)	0.356 (0.335)	0.694** (0.338)	0.594* (0.339)	0.580* (0.348)	0.800** (0.330)	0.797** (0.317)	0.813** (0.335)
企业类型	-0.095 (0.662)	0.172 (0.626)	0.056 (0.681)	-0.688 (0.700)	-0.330 (0.670)	-0.423 (0.733)	-1.259* (0.657)	-0.945 (0.615)	-1.296* (0.677)

续表

项目	技术升级			人才引进			设备更新		
	模型1	模型2	模型3	模型4	模型5	模型6	模型7	模型8	模型9
企业战略（市场战略+人才战略）									
省内销售比例	0.821* (0.470)	0.633 (0.428)	0.822* (0.484)	0.246 (0.490)	0.091 (0.478)	0.225 (0.506)	-0.356 (0.447)	-0.306 (0.402)	-0.352 (0.448)
品牌	-1.052* (0.594)	-0.979* (0.559)	-0.985* (0.597)	0.162 (0.581)	0.081 (0.577)	0.225 (0.601)	-0.031 (0.552)	-0.212 (0.521)	-0.031 (0.552)
员工学历	3.863** (2.003)	2.984* (1.739)	3.496* (2.014)	2.00 (1.905)	1.628 (1.758)	1.387 (1.885)	-1.833 (1.447)	-0.922 (1.347)	-1.798 (1.458)
外部环境									
原材料成本	1.283* (0.694)	0.915 (0.648)	1.214* (0.704)	0.284 (0.616)	0.046 (0.629)	0.155 (0.636)	1.294* (0.667)	1.118* (0.622)	1.319* (0.676)
劳动力成本	0.308 (0.569)	0.792 (0.530)	0.437 (0.583)	-0.449 (0.570)	0.032 (0.562)	-0.178 (0.603)	0.156 (0.539)	0.525 (0.511)	0.123 (0.556)
Constant	-4.616*** (1.604)	-2.308* (1.309)	-4.161** (1.649)	-1.683 (1.548)	0.084 (1.436)	-0.819 (1.659)	-1.581 (1.364)	-1.114 (1.218)	-1.681 (1.430)
Observations	87	87	87	87	87	87	87	87	87
R-squared	0.247	0.165	0.259	0.126	0.110	0.165	0.173	0.110	0.173

注：表中括号数据为回归系数标准差；***、**、*分别代表在1%、5%、10%显著性水平上显著。

（一）企业技术升级行为的计量结果

核心变量中的融资政策变量，相比对融资政策不满意的参照组，较为满意和非常满意组对企业技术升级存在显著的正向作用，与模型1和模型2的单变量回归相比，加入控制变量的模型3更为显著，充分证明模型效果的稳健性，其中非常满意组一直在1%水平上显著为正。说明对政府或园区的融资政策满意的企业倾向于选择转型升级；并且，企业对政府融资政策越满意，企业进行技术升级的愿意也就越强。相反的，企业对政府等出台的融资政策不看好时，企业选择技术升级的愿意也会相应地减弱。这一结果验证了假设1。资金不足是江西制造业企业转型升级面临的最大也是最为重要的问题，虽然有类似财园信贷通等融资政策，但所能提供的融资额度较低、融资周期短，对于想引进新技术、技术创新的企业的支持作用有限，融资难仍是制约中小企业转型升级的“瓶颈”所在。

产业集聚变量的回归结果显示，江西产业集聚对企业转型升级产生负向作用，模型2中显著为负，表明江西企业集聚不利于企业选择转型升级及技术升级。我国现阶段不少的产业集聚还属于低层次的“扎堆”聚集，这种集聚难以产生集群效应，对企业转型升级所起的作用显著为负（王缉慈，2004；陈佳贵，2005；张杰，2007a；等等）。孔伟杰（2012）通过研究浙江的块状集聚也有同样的结论，他认为块状集聚对于企业创新活动不仅难以产生积极的影响，更有可能带来负面的影响。这与本章的研究结果一致，在江西新确定的重点发展的产业集群中，大部分仅能称为企业的集聚，集群内上下游配套企业不多，多是生产同类产品的同行企业，集群内制造业企业“集而不聚”，合作企业少，集群效应并未显现。与此相反的是，由于对知识产权等的保护意识弱，使企业间的模仿现象严重，原始创新企业利益受损，抑制了创新先行企业的创新行为，而低成本竞争模式再次将选择转型升级的企业置于不利地位，故而模型中集聚变量会呈现出显著为负的特征，这一结果推翻了假设2，验证了假设3的结论。模型3中集聚虽然不显著，但依然为负，总体上说，并没有与之前的结果相违背。

在控制变量中，企业基本特征对企业技术升级影响并不显著，而企业战略变量中企业的省内销售占比、品牌和员工学历三个代理变量均影响非常显著，其中企业省内销售占比显著为正，与预期一致，说明企业省内销售占比越高，企业技术升级动力越强，这主要是由于企业省内销售占比越高，制造业企业的省内市场势力更强，越有助于企业进行技术升级，企业市场范围广，为了适应市场的变化，企业转型升级的需求也更强烈，所以企业省内销售占比显著为正。品牌变量对企业技术升级显著为负，这与之前的预期不一样，但是也有文献研究表示产品品牌知名度越高的企业，越是缺乏转型升级的激励，反而会出现显著为负的现象。在人才战略变量中，结果显示员工学历显著为正，与预期一致，员工学历越高企业转型升级能力越强，企业也更偏向于选择技术升级，这主要得益于企业员工学历越高，转型升级人才越多，企业转型升级能力也更强。关于外部环境变量，原材料劳动力的成本与企业技术升级均为正相关，与预期一致，其中原材料成本上升对制造业企业选择技术升级的影响通过显著性检验。

（二）企业引进高层次人才行为的计量结果

模型4～模型6展示了企业对于引进关键或高级技术人才、技术总监等人才行为的计量结果。关于核心变量，与技术升级的计量模型相比较发现：政府的融资政策对制造业企业引进高层次人才的推动作用依然显著为正，在模型4中，融资政策在5%的水平上显著，说明融资政策在企业转型升级过程中至关重要，它不仅可以为企业引进新技术提供资金上的支持，也能够为企业引进高层次人才提供一定程度上的帮助。产业集聚对于企业引进高层次人才的意愿具有抑制作用，并在1%的水平上通过显著性检验，说明低层次的“扎堆”集聚对于集聚区或园区内企业引进高级型人才非常不利，低水平的集聚区内企业间的竞争多瞄准于低成本竞争，集聚区内企业间模仿成风，严重打压了企业的创新积极性，企业偏向于模仿而非创新，进而打击了集聚区内企业引进高级人才的积极性。

在控制变量上，企业基本特征对企业引进高层次人才行为影响较大。企业规模对企业引进人才在5%水平上存在显著的正向促进作用，与预期一致，企业规模越大，企业发展越完善、各类制度也越明确，有助于制造业企业引进高层次人才。与企业技术升级行为回归结果不同，企业品牌对企业引进人才的影响为正，虽然没有显著，但与预期一致，即企业品牌知名度越高，企业越愿意引进高级型人才，这主要是由于企业品牌知名度越高，企业的知名度也相应地高，知名度高的企业对人才的吸引力也更大，企业引进高层次人才的难度也越小。

（三）企业更新设备行为的计量结果

模型7～模型9反映的是设备更新的模型回归结果，计量结果显示：较企业技术升级与引进人才的回归结果而言，在融资政策变量中，非常满意组在5%的水平上显著为正，表示企业对政府融资政策的满意程度会对影响引进更新设备的转型升级行为产生直接影响，这主要是因为大型机器设备的引进需要大笔资金的投入，在问卷中，有设置“设备引进费用”的问题，根据统计有75%左右的企业的新进设备超过百万元，说明企业更新设备是企业投资中的大项，需要足够的资金支持。产业集聚变量对企业引进设备行为的影响并不显著，故分析企业是否引进设备与企业是否处于集聚区内关系不大。

在控制变量中，企业基本特征和外部环境变量是影响企业更新设备行为的重要因素。企业规模对企业更新设备的行为影响在模型7～模型9中均在5%的置信水平上显著为正，与预期一致，企业规模越大，企业的固定资产水平也会相应地多，所需的机器设备也就更多。企业类型对企业更新设备的行为具有显著的负作用，说明劳动密集型企业对更新设备的意愿更低。主要是因为与非劳动密集型企业相比，劳动密集型企业使用的劳动力更多，机械化程度更低，两者也就呈现负相关。在企业的市场战略变量均不显著，其中省内销售占比与企业品牌的知名度均与企业引进设备负相关。企业内部员工学历水平越高，企业越会选择内部创新，而更少地选择外部引进更新设备，所以员工学历回归系数为负。在外部环境中，原材料成本与企业引进设备行为呈显著正相关，劳动力成本与企业引进设备行为也呈正相关关系，这是因为企业面临的外部环境发生变化，原材料成本和劳动力成本增加，本企业的生产成本也就增加，企业就更倾向于考虑更新引进新设备提高生产效率，降低生产成本，并以此来应对原材料成本和劳动力成本的上升。

六、结论与启示

与之前的研究相比，本章在研究数据与研究对象上有所创新，以实地调研的微观企业数据为支撑，提高了研究的可靠性、真实性；另以江西为代表弥补了以往研究中对中部地区制造业企业转型升级的实证研究的不足。本章以江西 87 家制造业企业所提供的问卷数据为基础，实证分析了政府融资政策和产业集聚两个因素对企业转型升级行为的影响，得出如下结论：企业对政府出台的融资政策越满意，企业选择转型升级的愿意也越强；而产业集聚则对企业转型升级造成显著负向影响。分析如下：首先，江西制造业企业规模和企业实力总体不大不强，资金实力也不强，企业转型升级过程中面临的资金压力大，容易出现资金链断裂等问题，故而政府、工业园区等服务机构所提供的融资政策越有利，企业转型升级的信心也更足。其次，低层次的产业集聚“集而不聚”，产业集聚效应为负，集聚不仅没有带来外部规模效应和外部交易成本的降低，相反的是，无序的竞争带来了负作用，抑制了企业转型升级的愿意，阻碍了制造业转型升级的步伐。对此提出相关对策建议：一是创新金融体制，促进企业转型升级，具体的可以借鉴重庆两江新区科技金融公共服务平台的建设经验，完善针对企业的信用评级体系，以金融公共服务平台为托，为企业提供包括直接投资、辅助上市、发行企业债券等综合性金融服务，解决企业融资难的问题，助力企业转型升级。二是合理规划产业布局，调整产业结构，明确产业发展定位，集中力量发展钢铁、建材、有色金属、光伏等优势产业，而非资源优势产业；此外，还可以通过加大资金支持的方式，引导集群产业做大做强，相机出台扶持政策，为产业发展提供坚实保障，助力产业集聚的发展，提高产业集聚水平，帮助产业集群内企业共同实现转型升级。

第八章　制造业集群转型升级的国际经验借鉴与启示

基于集群内企业在产品价值链上的联系与定位不同，可把现有的制造业产业集群分为：中小企业群生型产业集群、轮轴式产业集群、“龙头企业+网络”型集群三类。本章选取台湾新竹高新产业集群、底特律汽车产业、意大利纺织产业集群和日本丰田汽车业四个国际上较为典型的产业集群，分析其转型升级的背景以及转型过程中遇到的困难和解决途径，为我国制造业集群的转型升级提供经验借鉴。

一、新竹集成电路产业转型升级经验启示

（一）背景介绍

依照产品价值链的分类方法，新竹集成电路产业集群属于中小企业群生型产业集群；依照集群性质分类，属于高新技术型产业集群，是通过研发、创新和产业化生产出高新技术产品而形成知识与技术密集型的产业集群。集群内企业的组织关系是一种合作模式，具有浓厚的创新氛围，这一类集群具有高附加值、高投资、高收益的特征。

新竹科技园（简称竹科）也被叫作中国台湾的硅谷，20 世纪 70 年代，受国际贸易保护以及能源危机的影响，台湾地区为了促进传统产业的转型升级寻求经济的可持续发展，仿照美国硅谷的发展模式，开始规划成立新竹科技园，创建生产与科研相联系的驻地。1980 年 12 月科技园正式创立，占地面积只有 21 平方千米，同年工研院建立了台湾第一家生产集成电路的公司：联华电子公司（联电），20 世纪 90 年代大量资本涌入竹科，微电子关联产业成为竹科的主力军。1999 年底，共有 292 家高科技公司在这里建厂，创造了 72623 个就业机会，年产值 9293 亿元新台币。到目前，竹科已形成包含集成电路、电脑及周边、通信、光电、精密机械及生物技术产业在内的六大产业。2017 年的产业营业额已达到 10188.82 亿元新台币，2018 年 5 月底，竹科园区内有效核准进入厂商已达 544 家，员工达到 152974 人。集成电路产业是竹科第一大产业，其总营业额占竹科总产值的 75.50%；光电产业产品销售额占竹科总产值的 11.60%，是园区第二大产业；精密器械产业是竹科的第三大产业，此外电脑及周边产业、通信产业及生物技术产业也占较大份额（见图 8－1）。

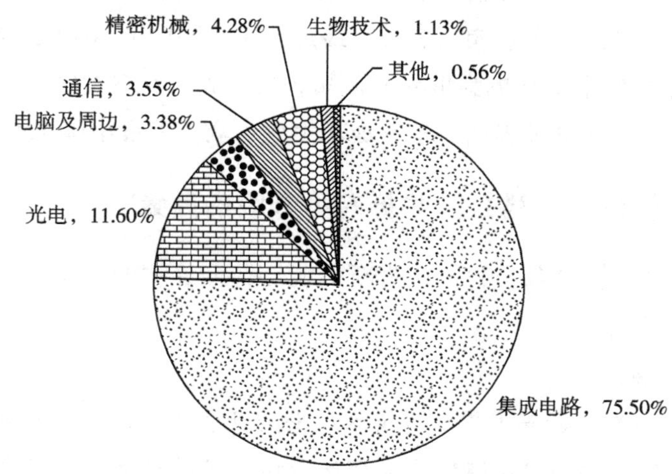

图 8－1 2017 年新竹科技园产业营业额占比

资料来源：台湾科技部统计资料库，http：//was. most. gov. tw/WAS2/main/AsMain. aspx。

(二) 竹科在转型升级过程中遇到的困难

1. 建园之初企业引入难

由于建园初期园区的相关基础设施并不完善、知名度小，企业的入驻率较低，而且缺乏技术与科技人员也是制约竹科初期发展的关键因素，科学技术与产业需求做不到很好的融合。政府颁布一系列优惠措施来吸引其他高科技公司进入园区设厂，新竹科技园在发展思路上也做出改变，大力发展科技服务业，并且以分阶段的发展为重点来促进竹科的繁荣。

2. 产品生产成本高涨

经过20年的发展，园区内拥有的土地资源已经到了很紧张的地步，人力成本加大，之前政府强调的是制造导向的高新技术产业发展，而由于综合生产成本的提高刺激着园区向研发阶段发展，行政当局对竹科也进行扩建规划，力图让中国台湾地区成为以高新技术产业为核心的宝岛。到现在30多年的时间，新竹科技园凭借大力发展高新科技产业，拥有了大批的创新型人才，通过不断地拓展产业链、创新链和价值链使之成为台湾地区高新技术产业发展的摇篮，让台湾地区的科技产业能够站在世界的舞台中，获得了台湾第一科技园的名号。最近几年，园区的GDP已经占到台湾经济总量的10%上下，成为世界上最知名的集成芯片制造区之一，园区的国际竞争力也在逐渐地提高，这一成功案例为众多发展中国家所模仿。

(三) 促使新竹科技园集群转型升级的因素

通过查阅相关文献，我们认为新竹能够转型成功的经验，主要是基于以下三方面的措施。

1. 企业层面

(1) 大力发展领先世界先进技术水平的产业。集群内企业要积极融入国际的分工中去而不是一味地顺应市场，让自己的高新技术产业能够融入相关零部件的国际生产线中，适应新的国际分工模式。中国台湾在发展高新技术产业初期起点低，所以这类企业在设定目标时要尽可能地避免与发达国家竞争。

（2）良好的管理体制。新竹科技园设立“指导委员会”，这是新竹产业集群的最高权力机关，以园区的规划设计、政策的制定和实施为主要任务，委员会聘请的顾问都是顶级的科技专家，专家与政府和企业代表协同制定方案，由委员会审核实施。

2. 政府的支持

新竹之所以能够如此的成功，与政府行为是密不可分的，由于政府的积极推动才产生了新竹集群内的早期企业。

（1）前瞻性的战略。20 世纪 70 年代中期政府派遣一批工程师前往美国学习先进的技术，然后成立了实验工厂，最早的电子工业发展计划就是由政府的此项决定推动的，并且政府还为新竹产业集群的发展提供了一系列的外部环境，如先进的厂房和生产设施的提供、园区服务设施的健全以及配套了完善的社区生活设施。在集群内也为企业提供低息贷款、设立研发的奖励基金，对进口设备实行免税政策，还对投资人的各种权益提供保障措施，吸引了大批国内外投资者以及资金的参与，这对知识密集型的高新技术产业的成长帮助很大。

（2）合理完善的园区发展规划。1980 年，中国台湾地区就颁布了关于竹科的《园区十年三期发展规划》，这个规划决定新竹的发展要经历三个阶段，1987 年竹科的管理当局与美国公司签署合约，重新拟定 1987 ~ 1996 年的《园区十年营运计划》来促进竹科的健康成长；1994 年，拟定了《科学园区未来十年发展远景规划方案》，计划把新竹科技园打造成亚太地区高附加值产品的研发基地。当然，政府在新竹产业集群中起到的最重要的一个作用就是立足本土特色抓住时机建立起一条不同于硅谷模式的发展道路。

3. 注重引进高素质的人才

园区内的员工受教育程度要比台湾地区中部科学园区、南部科学园区高出很多，拥有博士、硕士与学士学历的人才是台湾地区平均值的两倍以上，早在 20 世纪 90 年代集群内职员的平均年龄才 32 岁。截至 2018 年 5

月，近70%的职工接受过大学教育，拥有硕士学历人才49215人，占总职工的33%，拥有博士学历人才4460人，外籍专门性、技术性人才671人，位居台湾地区科学园区的榜首。另外，海归人员在竹科的发展中也扮演着极其重要的角色，他们所带回的新技术、新思想推动了整个产业集群实力的提升。

二、底特律汽车城转型升级

（一）背景介绍

美国底特律曾是最大的汽车工业中心，被称为“世界汽车之都”。放眼底特律的汽车业发展路程，19世纪到20世纪初是快速发展时期，到“二战”期间达到巅峰，20世纪50年代则是底特律汽车业和都市发展的重要节点，经过巅峰时期的发展，之后底特律集群呈现下滑趋势，问题也越来越多，最终濒临破产。

美国底特律的汽车产业是一种典型的“龙头企业+网络”型产业集群，这种集群与轮轴式集群的不同在于它是由少数几家企业控制了产品价值链的某个或某几个工序，而上下游的工序则由许多中小企业共同完成。这几家少数的企业就是龙头企业，底特律汽车产业是由三大汽车巨头通用、福特、克莱斯勒共同发展起来的，在三巨头的周围形成了众多的供应商、零部件生产商以及服务结构等活动主体，共同依存于核心企业进行生产活动，而龙头企业与这些中小企业的关系就既独立又相互依赖。1898年底特律出现了美国第一家汽车公司——奥兹汽车公司生产奥斯摩比尔汽车，1903年福特汽车公司在底特律成立，同年大卫·别克在底特律成立了别克汽车公司，年底美国已有几百家大大小小的汽车厂，其中绝大多数集中在底特律。从19世纪90年代初期至1907年，14年间才生产了16万辆汽车，1929年汽车产量创历史最高纪录，突破500万辆大关，达到534万辆，汽车业的发展促进了建筑业和房地产业的繁荣，街道和公路建设成了国家和各州第二大投资领域。1900～1930年底特律人口总数由30.5万人增加到183.7万人，增长了6倍，这一发展是由汽车产业的集聚所带来的，截至1929年，底特律汽车产业是美国最大的产业，1929年美国的汽车产量占全球汽车产量的95%，而其中80%是由底特律汽车产业集群生产的。随着底特律的通用、福特、克莱斯勒三大汽车巨头地位的确立，围绕三大企业集团形成了联系紧密的多个生产体系，也吸引了从零件制造、金融服务到汽车维修公司等为汽车产业提供专业服务，以底特律为中心的汽车产业集群成为美国甚至世界的汽车产业的集聚中心，并以其强大的竞争优势，长期保持美国汽车产业在国际汽车产业中的领先地位。第二次世界大战期间，重工业尤其是军火产品的需求急剧增加，底特律充分利用旺盛的国防需求，为美国和世界提供了大量汽车，并充分发挥利用其发达的水陆交通优势，使底特律成为军事工业综合体之一，1987年底特律汽车利润超过100亿美元。

第三次科技革命后，世界经济开始全面复苏，底特律汽车业面临更加激烈的外部竞争环境，市场技术优势差距逐渐减小。此外，油价等原材料成本不断上涨，使生产成本持续增加，底特律汽车产业利润空间逐渐缩小，2005年底特律的常住人口由全盛时期的185万人降到不到89万人，自2008年金融危机以来，企业融资困难，实体经济投资锐减，企业订单大量减少，三大厂商的经营赤字已高达500亿美元，2010年底特律的失业率已达到了14.5%，城市人口降到71万人，最终在2013年7月底特律宣布破产，从经济繁荣的大都市变成一个经济不景气的老工业区（刘艳艳，2012）。

（二）集群中遇到的问题

1. *石油危机*

20世纪70年代中东战争爆发导致美国油价飞涨，汽车加油困难，而在此之前美国的油价是很低廉的，所以油耗问题是当时美国车不会考虑的因素，这次的石油危机同时给底特律三大巨头致命的打击，他们之前的生产重点是车型的创新以及研究车辆性能而对经济型的车辆研究甚少。此时一批灵活、质量稳定、省油的日系、韩系车等充斥美国市场，受油价攀升的影响，短期内消费者可能减少开车次数，但长期内消费者会选择购买日本、韩国、德国、法国等国生产的新型、节能、环保的汽车，使美国汽车行业出现亏损，从而给底特律带来巨大影响。

2. 生产体制落后

20 世纪 80 年代以前，底特律汽车产业集群内企业与零部件厂商之间是简单的水平分工体制，这种体制使零部件厂商在新产品开发、生产过程中的主观能动性受到了影响，从而在整车的成本和质量方面落后于日本，降低了美国汽车的国际竞争力。

3. 团队协作意识滞后

“龙头企业 + 网络”式集群内企业主要依靠合同、契约来维持双方的关系，并未形成亲密的合作伙伴关系，底特律三巨头对此关系的忽视使其在合约的制定与保护上付出了大量精力，这样反而大大增加了交易成本。由于缺乏采购供货的稳定感，零件厂商之间容易相互猜忌、封锁，导致资源浪费，集群内部产生的封闭性又带来另外的不良后果，使内部各成员很难进行技术交流、合作、信息的共享及知识的学习等。

4. 工会的需求

美国工会对劳动市场的影响非常大，工会对工人的福利和权力的保护做出了不懈的努力，企业需要为工人支付高昂的医疗、失业保险费用，这无疑增加了企业的成本，失去了原有的竞争力从而对企业产生了不利的影响。

（三）促进产业转型升级的措施

1. 改革生产方式与生产过程

首先，1913 年底特律汽车产业使用了自动流水装备线，这种大批量的生产方式大大地降低了汽车的生产时间和成本，也降低了工人对技艺熟练程度的要求，提高生产效率从而扩大了生产规模。其次，通用、福特、克莱勒斯三大公司在把世界第一汽车工业的交椅让给日本后，就改革了自己的生产体制，采用零整协作体系强化了零部件厂商与整车生产之间的关系。整车企业通过招标来选择零部件供应商，而零部件企业也可以平等自由地与多家整车企业展开合作，这种体制保证了市场的自由竞争并且促使了零部件企业进行技术改革、提升效率，在生产过程中也采用了电子商务采购技术和网络交易技术，降低了运输成本，从而促进整个汽车工业的改进。

2. 优化自身价值链

在全球化背景下，底特律汽车集群内的企业为了降低自己的人力成本，扩大国际竞争力，积极开拓国外市场来优化自己的价值链，给自己定位在车辆设计、动力制造和服务等高端环节，加大科技投入和研发步伐。三巨头之一的通用公司建立了完善的经销网络和采购网络，成立汽车金融服务公司。福特则力图改变垂直一体化的结构来建立日报交货系统，实现仓库准时化供货减少了仓储成本，同时也有发达的汽车服务业，福特信贷公司是全球最大的汽车信贷企业。克莱勒斯拥有很强的研发能力、销售网络和服务业，1989 年改革了自身的零整关系，鼓励创新，增强了价值链的运营效率。

3. 政策支持

底特律的汽车产值占美国生产总值的很大一部分，并且这座城市 90% 的人都从事与汽车行业相关的工作，由于国际油价的上涨，政府出台汽车产业扶持政策，对具有战略意义的产业进行财务补贴、税收减免等优惠措施，支持新能源汽车的开发。政策的出台在一定程度上保障了汽车产业的发展也推动了汽车企业的转型升级，加快了一些生产效率低下、生产方式理念落后产业的衰退，进一步优化了集群内汽车产业的结构。

三、意大利纺织产业集群

（一）背景介绍

意大利的纺织产业属于中小企业群生型产业集群，集群内的企业规模较小，素有中小企业王国之称的意大利，其产业集群主要是由中小企业构成并且从事传统产业生产。这些中小企业集中在生产链的单一功能上，中间产品是在区域内销售而最终产品则远销国内外，集群内各个产品价值链上的节点同时由众多中小企业共同掌握，企业之间是网络化的交易与合作关系。这类产业集群的生产模式是专业分工与协作，不同于“大量生产”的生产方式是一种专业化与弹性化生产的统一。根据意大利统计局的数据，全意大利专业集群地有 199 个，纺织品集群地有 69 个，占全部的 34.7%，对国家竞争力和经济实力起到了重要的作用。

纺织品和服装产业是意大利最有代表性的产业集群，一直在意大利的专业化模式方面发挥着核心作用，意大利的纺织品和成衣都代表着世界时尚潮流，拥有诸多国际时尚品牌，如范思哲、古驰和普拉达等。使意大利在全球服装生产中遥遥领先，成为纺织服装业的生产和出口大国。意大利的普拉托产业区是纺织产业最具有代表性的地区，普拉托从 12 世纪开始从事纺织品的生产，19 世纪末机械化工业经济的发展促使纺织企业在这个地区集聚并高速发展，20 世纪 50 年代在低端市场上遭遇其他纺织产业区激烈竞争后，标准化生产的大企业纷纷解散，中小企业异军突起，1956 年普拉托的中小企业有 780 多家，到 80 年代，这个产业集群已经有 100 多年的历史，产品在国际上享有盛名。据统计，2005 年意大利的纺织服装业的销售额已达到了 413.07 亿欧元，出口销售额达到 272.44 亿欧元，就业人数有54.31万人，2010年销售收入达到497亿欧元，同比增长7.1%。截至目前，普拉托的中小企业达15000多家，意大利纺织全行业从业人员大概有70万人，占就业总人数的4%，服装业生产总值占全国生产总值的23%。①

（二）普拉托在产业集群转型过程的困境

1. 集群内产品附加值低

首先，由于普拉托纺织产业集群有很大一部分企业是生产梳理羊毛等传统的初级产品，20世纪80年代后，这些低附加值产品的市场出现萎缩，而东欧又出现了一批低成本生产的国家，因为中小企业抵抗市场变化的能力较弱，一批企业被迫破产，这段时间大部分工厂被迫关闭，产值下滑。其次，国内的消费需求低，意大利本国的经济发展不景气，居民的可支配收入下降而物价却持续上涨，所以纺织服装产品在本国的销量减少，这种严峻形势迫使意大利的纺织服装行业积极地寻求国外市场。

2. 集群竞争优势弱

意大利纺织业集群是典型的中小企业集群，而中小企业的一个弊端就是规模小，没有资金和管理优势，对激烈的市场竞争适应能力差。在意大利纺织服装业集群中，95%以上的企业都是两人以下的小企业，在面对整个欧洲服装市场萎缩的背景下抵御市场风险的能力较差。大部分企业拥有很好的手工技艺，但并不擅长大规模的生产制造，在中低端产品市场上失去了与进口产品相比的竞争力。

3. 人力成本高

纺织行业属于劳动密集型和资金密集型产业，意大利的人力成本上涨使产品的生产成本居高不下。有数据显示，在意大利一个专业工人每月的人力工资是2150欧元，而在罗马尼亚仅需要250欧元，意大利雇用一个中层管理者每月的人力成本是4200欧元，在罗马尼亚只需支付600欧元即可。

---

① 资料来源：中国国际商会纺织行业商会，http://www.ccpittex.com/fzzx/gjzx/45928.html。

（三）集群转型升级的措施

1. 投资优化产业结构

政府增加对集群内企业的投资，加大了对于终端纺织品生产设施以及配套设施的投入，这类行业有比羊毛梳理品更大的附加值，因此，实现了对意大利纺织品的中高端定位。由于初级生产市场的萎缩使集群内的产业结构得到了优化，纺织纤维制品以及纺织材料编制大幅度降低，而纺织品包装设计、纺织品工业服务企业大幅度增加。

2. 企业加大技术创新和科技研发

纺织产业本是传统的劳动密集型产业，意大利并不具备人力成本的优势。为了降低成本提高国际竞争力，集群内企业积极与大学和研究机构联合研究开发，通过对纺织原材料的技术改进和整衣的外观设计研发以及制造设备的创新，最终形成了 Versace、Gucci、Zegna、Prada 等国际名牌。

3. 企业加强对其生产价值链的提高

随着经济全球化的发展，意大利纺织业也在积极地寻求国外市场并且把低附加值要素的生产转移到发展中国家去，利用发展中国家低人力成本来加强自己的国际竞争力完善产业的全球价值链。而自身控制服装业的品牌、核心技术，加强了对微笑曲线上游的控制，引进了专业的机械设备和计算机辅助技术，企业也通过加强与金融和服务部门的联系来提升价值创造力。

四、丰田城的产业集群

（一）背景介绍

日本汽车产业集群的代表为具有“东洋底特律”之称的丰田汽车产业

集群，它是一种轮轴式的产业集群模式。这种产业集群是由一家核心企业完全掌握集群内产品价值链的某个或某几个节点，上下游的节点则是由中小企业共同控制，从产品价值链上看这是一种多进多出的生产系统，核心企业与周围企业的关系是既独立又相互依赖的。1930 年前后，日本政府加强了扩大国内汽车生产的政策，开始有为底特律集群内企业提供零部件的企业利用已有的技术和资金在丰田自主生产，1937 年丰田公司在举母镇成立主要生产军用大卡车的基地，1959 年，举母镇正式改名为丰田，此后该地区得到快速发展，目前在丰田市，丰田汽车公司拥有 10 座汽车厂，在丰田公司的 250 个主要供货商中有 50 个总部设在丰田市区，其余的都在丰田市设有车间，协作厂的数量达到 1000 多家。丰田的汽车产量位居世界第二，这里形成了一个庞大的汽车制造产业集群，区位布局以丰田汽车公司总厂为中心，供应商按圆圈的形状环绕其周围。丰田城工厂所生产的产品几乎囊括了与汽车生产有关的一切部件，从钢铁、有色金属、化学制品到纤维制品、橡胶、玻璃、塑料制品等。并且丰田除了工厂以外的设施还有丰田汽车公司主楼、技术研究中心、教育进修设施、纪念馆、体育设施和医院以及设在郊外的体育中心、汽车试验跑道，此外，一些中介服务机构、文化机构也进驻区内，如丰田博物馆、丰田会馆等，丰田全市从业人员的 60% 都服务于丰田汽车公司。

丰田公司自成立到 1944 年，其汽车总产量不足 2000 辆，1968 年产量达到 100 万辆，1988 年的汽车产量为 396. 9 万辆，零部件供应厂商有 340 家，2001 年汽车总产量为 513. 5 万辆，生产了全世界 8% 的汽车，2003 年丰田取代福特成为全球第二大汽车生产商。丰田汽车也注重在海外的投资建厂，2012 年在全球 27 个国家或者地域设立 52 家生产厂，在 160 多个国家建立销售点，到 2017 年丰田的销售量为 1044 万辆，销售额达到 293795 亿日元，比 2016 年增长 6. 5%，营业利润已达到 23998 亿日元，较 2016 年增长 20. 3%。[①]

① 丰田汽车公司 2017 年财报。

（二）集群转型升级过程中的困境

1. 国内经济发展低迷

第二次世界大战后，战后日本经济发展陷入了困境，丰田自身的技术水平低下又受到了国际石油危机的影响，也面临着国内日元升值、美日贸易摩擦等问题，这一系列外部环境以及自身因素的影响严重阻碍了丰田的发展。

2. 缺乏关键技术

1947 年 1 月丰田才成功试制出第一辆小轿车，由于技术缺乏，丰田成为人们嘲笑的对象。20 世纪五六十年代，日本汽车同欧美汽车厂商采取技术合作，丰田也与美国福特采取合作，学习福特先进技术，但是这次的协商并未成功，迫使丰田集群内企业走上了自力更生、自主研发的道路。

3. 清洁生产需求的变化

由于世界资源的匮乏性以及越来越严重的环境污染，清洁生产的需要变得越来越迫切。20 世纪 70 年代的石油危机使大排量、高能耗的汽车面临销售困境，而根据丰田汽车的售价来说，他最大的客户是出租车公司而不是一般工薪阶层者，丰田需要针对出租车的灵活、耗油少、舒适等使用需要来改变自身产品的设计。

4. 国内市场饱和

20 世纪 90 年代后期，日本汽车产量达到巅峰时刻，但随后就进入到低迷期，日本本国的汽车市场接近饱和，导致汽车国内需求量连年下滑。丰田的汽车产量也进入了产能过剩期，有数据显示，1998～2007 年日本有六成新车销售量的平均增幅在 -2.6%，同时二手车的销售量也呈现出负增长或是零增长的趋势。

5. 生产成本过高

20 世纪 40 年代，受第二次世界大战的影响，日本的汽车产业受到牵连，丰田在汽车生产上加大了研发、技术投入，但是过于注重采取先进的技术而忽视了价格成本和生产的难度，又因为成本问题导致材料的质量、耐久性和可靠性差。在投入到市场后丰田对生产链的管理依旧按照军工生产方式，在不考虑能否销售出去的情况下增加产量，导致丰田负债高达2.5亿日元，濒临破产。

（三）转型成功的措施

1. 改变自身生产方式

丰田汽车通过精益生产方式完成了转型升级。首先，1950年一批丰田的工程师去底特律进行考察，回来就开始着手对公司的生产方式进行改革创新，创造了具有自身特色的精益生产方式，这种方式有两大主要特点：自动化和准时化。自动化是指在生产过程中运用机器智能与计算机网络工程相结合的一种生产方式；准时化又称及时性，也就是说在正好的时间生产正好的货物并及时地运输这些货物，用这种柔性化的生产方式和专业化的协作生产，与零部件产商协商生产规划来实现零库存，库存的减少降低了企业的生产成本从而提高了其国际竞争力。其次，在精益生产的发展过程中，采用基于模块的生产方式，把独立的零部件集成改为半独立的零部件集聚，以认可图纸式的零部件供应，大量减少了直接供应商的数量，基于这种柔性的生产方式也使供应商对整车生产的参与程度加强，最终导致丰田汽车制造业在80年代赶超美国底特律成为世界汽车工业之首。

2. 政府政策的支持

首先，日本政府对于本国汽车产业的发展给予实物或者金融补助、奖励，对小型车的生产进行税收优惠而且积极扶持汽车产业集群基础设施的建设；其次，政府支持企业的技术创新，通过颁布一系列的法律，如1991年的《促进循环型社会形成基本法》、《汽车再生利用法》等资源再利用的法律，促进了丰田汽车产业的再制造发展。目前，日本丰田集群内企业零部件的回收利用率已经达到了95%以上，政府也通过对清洁能源汽车进行补助、免税以及提供金融贷款等产业政策，使丰田加大了对汽车节能减排的研发以及绿色能源汽车的开发，完成了产业的转型升级。

3. 发展国外市场

由于本国销售市场的饱和，丰田积极寻求国外市场，丰田的跨国经营可分为出口导向性、规避贸易摩擦型、市场重视型和全方位全球化型四个阶段。从丰田只把产品销售至国外到开始在国外投资建厂组装，把非核心、低附加值产业转移到国外市场中，而自己掌握核心技术零部件的本土化生产以及发展汽车服务业包括售后服务和汽车金融服务等高附加值部分。截至目前，丰田已经在24个国家建立了28个海外加工厂，跨国生产提高了自己在全球制造业生产价值链中的地位，促使了集群的转型升级。

五、对中国产业集群的经验借鉴与启示

（一）重点是技术创新和组织创新

制造业集群转型升级的重点是技术创新和组织创新。技术创新是提高劳动生产率的关键，更是促进制造业转型升级的主要途径，从发达国家的经验来看，因为新技术的开发才促进了技术创新和设备更新。柔性的生产方式和零整协作的生产方式是组织创新，而精益生产方式是技术创新，技术创新和组织创新相辅相成。技术创新是产业集群创新的基础，通过组织创新可以实现集群内的知识交流和技术互助，全球价值链和产业链的升级都是以技术创新为基础的。因此，我国必须要采取有效的措施来促进制造业的技术创新和组织创新，从而推动制造业集群的转型升级，主要是从政府和企业两个方面来推动技术创新和组织创新（杜朝晖，2017）。

1. 政府完善产业政策

政府要为完善产业政策营造一种创新的氛围，要为我国制造业源源不断地输送创新型人才。首先，政府要转变自身的职能，要当好市场的服务者和规则的监管者，这样就可以充分地激发市场的创新活力，从而为我国的制造业集群转型升级提供制度保障。其次，政府可以出台一些产业政策

来推动低效率、低附加值产业的衰退来促进转型升级，通过税收优惠、财政拨款、金融补贴等方法促进产业的设备更新和产业定位。最后，政府要加大中介服务和信息网络服务的建设，以及创新平台的搭建，形成一种良好的创新氛围，要重视知识的力量，加强产学研的融合使企业内部能够有专业化的分工与协作，促进产业集群转型升级。

2. 企业发挥带动作用

企业要加大技术投入、调整方针战略、发挥自身的带动作用。中国制造业转型升级的一个难点就在于缺乏关键的核心技术，对于我国加大自主创新的方法有引进外来技术、自主创新两种。自主创新需要强大的资源支持，过程是缓慢的，但是一旦成功，新技术所带来的益处则是无穷的，我国由于自身能力的不足，如果一味地追求自主创新只会失去市场先机，最明智的做法就是在加大引进外来技术的同时增强自己的自主创新能力。对于一些大企业来说不仅要在国内产业之间进行并购重组，还要积极地走出国门，实现国际间的企业整合从而完成技术跨越，如 2010 年中国吉利控股集团成功收购了美国福特旗下的沃尔沃汽车公司，成为沃尔沃最大的股东，这种跨国并购加大了企业的知名度，也推动了整个产业的转型升级。

（二）方向是绿色生产、智能化和网络化

1. 实行绿色生产、绿色包装和绿色管理

绿色生产是制造业转型的一个未来趋势，就是加大对节能环保技术的开发和运用，要求在生产过程中尽量减少污染物的排放和效率的损失；通过更加先进的技术，提升资源的利用效率；着重使用新能源、新资源，如太阳能、风能、海洋能、潮汐能、地热能、生物质能等可再生新能源。绿色包装，是面对国内产品普遍包装过度的问题提出的，在产品包装中要保证包装材料是无污染的、健康的，不含各种有害物质；且包装还必须是可回收利用的，能够实现资源的二次利用；最重要的就是对产品进行包装时应尽量简洁，不能过度浮夸造成浪费。绿色管理，就是在产品的生命周期过程中的设计、制造、运输、使用、报废整个环节，要减少对环境的影响

和加强与社会经济效益的协调。

2. 发展智能制造

从中国制造向中国“智造”转变是我国制造业转型升级的重要一步，在生产过程中运用智能机器人、把计算机的先进技术使用在数控机床的生产中，这些自动化的设备减少了人力成本。在产品经营流程中加大智能系统软件的使用，在产品下单、生产、配送中实现智能化，如京东货物在分拣时使用机器臂、配送时采用智能机器人的方式大大减少了企业的人力成本，也在一定程度上促进了快递业的转型升级，由此可见，我国也要突破数控机床与智能机器人等核心技术的发展。

3. 交流平台建设网络化

从日本丰田和意大利纺织业都可以看出，集群内的企业组织是一种网络化的生产方式，而制约我国制造业转型升级的一个因素就是企业间的联系不强、网络化程度不高。首先，要减少我国企业间的组织层级，加强组织的有效交流，提高组织的管理效率。其次，企业与企业之间可以通过构建互联网络建立相互间的联盟，从而实现跨区域的资源调配，对市场做出迅速的反应。最后，加强企业与客户之间交互平台的建设，客户可以通过移动终端产品加强与企业的联系，使用先进的 VR 技术和开放平台参与产品的设计过程，实现定制化生产。

（三）完善价值链

1. 积极参与全球价值链全球整合与构建

随着经济全球化的发展，本国的市场已经满足不了国际竞争的需要，所以不管是汽车产业、纺织产业还是高新技术产业集群都在不断地优化自身的价值链，寻求国外更具潜力的集群地，而自己则专注于有核心竞争力的价值环节上，对于品牌和最终产品的组装以及关键环节的生产拥有较大的自主掌控权，这样就会把自身的价值链向全球范围延伸，从而促进集群的转型升级。

这些低附加值、非核心的生产环节往往是向发展中国家转移的，他们都位于价值链微笑曲线的最低端。中国属于世界上最大的发展中国家，要想进一步发展制造业必须要提升产业集群自身的实力，加快核心技术的发展形成产业集群的核心竞争力，在更大范围内和更高层次上延伸上下游产业链，提高在全球治理链中的地位。

2. 建立向价值链上游攀升的完整价值链

不管是丰田、通用还是意大利纺织业都在各自的集群内部建立了研发、生产、销售和服务等一条完整的价值链，掌握住价值链的高端环节。丰田最开始只是进行研发和组装整车，近些年把汽车服务业当作重点，20世纪80年代底特律三巨头就把汽车金融业、汽车服务业当作自己的核心业务，意大利纺织业不断加大科技投入打造国际品牌，发展产品的品牌效应，提升了自己的产品附加值，增强了竞争力。我国也要借鉴这些发达国家的经验，建立向价值链上游攀升的完整价值链，从而加速制造业集群的转型升级。

（四）政府的政策扶持

1. 制定合适的产业政策，促进中小企业的发展

中小企业在各国的经济发展中是必不可少的一个元素，推动着世界工业化的进展，中小企业是转型升级的主力军，在我国经济市场中也是一个强大的主体。台湾新竹科技园和意大利纺织业集群能够发展壮大离不开政府对中小企业的扶持，为中小企业提供信贷优惠、税收减免政策。我国中小企业融资难问题存在已久，企业的外部融资无论是通过银行贷款还是自己发行股票债券都面临着困境，所以我国一定要出台政策加大对中小企业的资金支持来保护中小企业的发展。同时政府也应该注重基础设施建设，它是制造业集群发展的前提和保障，基础设施建设对工业产品的需求刺激了工业的投资与生产，促进了制造业集群的升级发展。

2. 重视培养创新人才，加强知识产权保护

随着国际贸易的发展，知识产权在我国经济中的作用也越来越重要，知识产权的保护会让企业更加重视研发，使国家形成一个良好的创新环

境。企业是科技创新的主体，这种保护制度会刺激专利的申请从而鼓励企业的创新，人才则是科技创新的关键，而我国制造业对于高素质的科研人员的需求是紧缺的，所以政府就要加大对人才的培养。在教育制度上进行改革，培养学生的创新能力，推动制造业集群的转型升级，在人才引进、培养和使用中形成一套合理的体制机制，注重人才激励，更大地激发人才潜能。

3. 注重科技成果转化，加强产学研相结合

台湾竹科集群内拥有众多高校，高校的科研成果与企业紧密地联合在一起，意大利、丰田以及底特律的产业集群都在产学研的结合上做出了很大的努力。我国政府和企业当前的投资重点都在试验发展和应用研究上，技术知识的创新不足从而阻碍制造业的转型升级，科技成果转化在我国也一直是一个薄弱环节。政府是知识产权保护的参与者也是科技经营活动的管理者，应该建立科技博览会等平台推动和促进产学研之间的融合与协作，让更多的科技成果产业化和商业化。

第九章　研究结论与对策建议

自1978年改革开放以来，我国经济取得令世人瞩目的成就。然而，目前却面临着经济增速明显放缓，经济结构性矛盾突出，劳动力、土地等要素价格上涨等问题，我国经济已然进入新常态。制造业是中国经济的基础，是推动经济转型升级的主战场。在新经济情形下，研判制造业集群当前面临的形势，分析制造业集群发展中遇到的"瓶颈"，对于推动制造业集群转型升级发展提供了重要的决策依据。本书在深入分析了我国制造业集群的现状与困境基础上，科学测度了我国制造业集群升级的绩效，并利用省级面板数据以及项目组调研的微观企业数据，围绕我国制造业集群升级中的三个问题展开实证研究：产能过剩是否倒逼我国产业结构升级；政府转型在制造业集群升级中发挥什么作用；企业在制造业集群转型升级中充当什么角色。下面对本书内容的研究结论进行总结，指出我国制造业集群转型升级的五大路径（向创新驱动、智能制造、服务化、绿色化和品牌化转型），从意识转变、公共平台建设、人才培育、体制机制创新和营商环境五个角度提炼相应的对策建议。

一、研究结论

(一) 我国制造业集群的现状与困境的主要结论

本部分研究采用区位熵测算我国制造业分行业分地区的产业集群程度，使用2000~2016年全国31个省区市的工业总产值测算20类制造业分行业（两位数）的区位熵。通过比较2000年与2016年制造业产业集群的变化情况，并对东部地区和中西部地区在制造业集群发展中存在的问题进行剖析，主要结论如下：

第一，从东中西部地区制造业产业集群变化情况看，东部地区在低技术产业的集群优势不断下降，而中高技术产业的集群优势不断提升；中、西部地区则在低技术产业集群的优势获得了明显的增强，但是中高技术产业的集群优势正在削弱。

第二，从不同产业视角下制造业产业集群变化情况看，电气机械及器材制造业、通信设备专用设备制造业、计算机及其他电子设备制造业等高新技术产业向东部集群发展；随着矿产资源精深加工技术发展，东部的资源性产业集群化发展趋势明显；由于我国在“三线建设”中将许多重型工业迁移至中、西部地区，导致中、西部地区在部分高技术产业集群化发展开始分化，如湖北的汽车与钢铁产业、湖南的轨道交通制造业、陕西的仪器仪表与通信设备制造业等。

第三，关于我国制造业集群发展中的主要问题，沿海地区与中西部地区存在较大差异。东部沿海地区主要存在五大问题，即根植性不强、总体处于价值链低端、创新驱动产业集群发展的能力不强、产业集群的外部生存环境（如融资与营商环境）有待完善、产业集群内部分工网络体系不健全。中、西部地区（以江西为例）主要存在六大问题，即两个“两头在外”（原材料与终端市场，价值链）的现象、产业发展中“潮涌现象”突出、先进制造业“虚高”且质量不高、面临优势转换“青黄不接”的困境、产学研脱节且能力薄弱、政策供给与需求的结构性矛盾。

（二）我国制造业集群升级的绩效评价的主要结论

本部分从转型升级的目标、转型升级的路径和转型升级的方向三个方面构建了一套制造业集群转型升级的评价指标体系，基于全国 30 个省区市 2006～2016 年的面板数据，运用主成分分析法对中国制造业产业集群转型升级的绩效进行评价。主要结论如下：

第一，全国各省区市的制造业集群转型升级发展综合水平总体提升。全国 30 个省区市的制造业集群转型升级发展平均综合得分整体处于稳步增长的状态，从 2006 年的 -1.1826 提升到 2016 年的 1.2090，增长近 202.23%。

第二，后期经济效益与绿色发展的增速呈现出相反的趋势变化。在产业集群发展早期，制造业集群的经济效益成分与绿色发展成分相对稳定，发展趋势相似，皆处于稳步增长的状态；然而从 2011 年开始，两者呈现出相反的趋势变化。

第三，自主创新对促进全国各省区市制造业集群起着决定性的作用。由主成分分析结果可知，主成分 1，即自主创新的增长幅度最明显，对全国的制造业集群转型升级发展平均水平影响较大。

第四，我国东、中、西部三大区域制造业集群发展不均衡，地区差异显著。我国东、中、西部三大区域制造业集群转型升级水平呈现梯度递减态势，中、西部地区制造业集群转型升级水平远远低于东部地区，中、西部应加大制造业集群转型升级力度。

（三）产能过剩倒逼我国制造业集群升级实证研究的主要结论

本部分研究通过建立一个产能过剩倒逼产业结构升级的理论分析框

架，总结中国产能过剩的倒逼机制特征，并基于我国2001～2016年省际面板的数据，采用GMM估计与空间计量方法（SAR与SDM）实证检验以下理论假说：①在倒逼机制的前提条件不满足时，产能过剩对产业结构的倒逼作用被延缓与削弱；②产能过剩倒逼产业结构升级机制虽然被延缓与削弱，但在超过某临界点前后，产能过剩对产业结构升级的倒逼机制开始体现。结果发现：

第一，当产能过剩发生时，微观经济个体如何对自身有限理性的修正，最终达到集体行动的合意结果，促进产业结构的优化升级。因此，产能过剩对产业结构升级存在着倒逼机制，产业结构升级也是对产能过剩的一种事后补偿、纠错。然而，由于我国仍然无法满足倒逼机制的充分条件，产能过剩并未能有效地促进产业结构升级，只有在产能过剩超越某一临界值之后，产能过剩的倒逼机制逐渐满足，其对产业结构升级的作用才开始显现。

第二，由于产能过剩对产业结构升级的倒逼作用被推迟，产业结构升级的速度也就放缓，导致产能过剩问题持续存在且加剧，这就解释了为什么我国制造业产能过剩问题频繁出现且存续时间长的原因。

第三，进一步分析了不同所有制结构下产能过剩对产业结构升级倒逼机制的差异，发现当非国有经济存在产能过剩时，产能过剩对其产业结构升级存在显著作用；但是当国有经济存在产能过剩时，其对产业结构升级的作用则均不显著。因此存在产能过剩倒逼产业结构的二元经济结构，进而拖累了非国有经济的转型升级速度，也对整个产业结构升级产生“拖累效应”。

第四，引入空间计量模型，观察了产能过剩与产业结构升级在空间上的关系，发现地区之间在产业结构升级上具有正向的空间依赖性，即一个地区的产业结构升级对相邻地区的产业结构升级具有带动作用。此外，产能过剩与产业结构升级存在两类空间作用：一是由于晋升锦标赛下而导致的投资冲动与产能过剩，阻碍产业结构升级；二是产能过剩下的产业空间转移促进地区的产业结构升级。结果充分验证了产能过剩在空间上存在着正向的溢出效应。

（四）政府转型与制造业集群升级实证研究的主要结论

本部分研究首先从政府与市场的关系、政府公共服务和政府产业支持三个方面构建了政府转型的评价指标，其次分析政府转型与制造业集群升级的理论机制，并利用2002～2016年我国29个省区市的面板数据，实证检验政府转型与制造业集群升级的关系，并且应用系统GMM方法估计模型考察结果的稳健性，主要结论如下：

第一，从15年间各省区市政府转型成效综合得分与排名的变化与差异情况看，发现我国政府转型综合水平呈明显上升趋势，但是可能受金融危机影响，2008～2009年政府转型的成效有所下降；政府转型成效存在区域差异，主要表现为东部地区省份政府转型综合得分高于中部和西部地区，而中部地区省份政府转型综合得分又普遍高于西部地区。

第二，从政府转型对制造业集群转型升级影响实证结果看，发现政府转型对制造业转型升级具有正向促进作用。虽然在经济发展过程中，政府职能存在错位、缺位、越位等问题，但总体而言，政府的转型与管理仍然符合经济发展规律，政府转型与制造业转型升级还是相互匹配的；而且政府转型对制造业转型升级的促进作用存在地区差异，东部地区政府转型对制造业转型升级的促进作用更为明显。

第三，分析其他影响制造业集群转型升级的因素时发现，外商直接投资对制造业转型升级影响显著为负；由于我国现有投资结构扭曲，资源在各个产业之间没有得到合理的配置，导致投资结构变量对制造业转型升级产生负向影响；此外，对外贸易开放度、人力资本、物质资本以及企业资产值变量与制造业转型升级均呈显著的正向关系。

（五）企业转型升级与制造业集群升级实证研究的主要结论

本部分研究使用江西省微观企业调研数据，构建多个Logit模型实证研究制造业企业转型升级行为选择，重点考察产业集群、金融政策对企业选择技术升级、引进高层次人才和更新设备三种转型升级行为的影响。结果发现：

第一，低层次的产业集聚对企业转型升级产生显著的负向作用。我国现阶段不少产业集聚还属于低层次的“扎堆”聚集，集群内上下游配套企业不多，多是生产同类产品的同行企业，集群内制造业企业“集而不聚”，合作企业少，集群效应并未显现。而且由于对知识产权等的保护意识弱，使企业间的模仿现象严重，原始创新企业利益受损，抑制了创新先行企业的创新行为，对企业技术升级、引进高层次人才等转型升级行为均产生消极作用。

第二，金融政策对企业转型升级存在显著的正向作用。说明对政府或园区的融资政策满意的企业倾向于选择转型升级，并且企业对政府融资政策越满意，企业进行技术升级、引进高层次人才或设备更新的愿意也就越强；相反，企业对政府等出台的融资政策不看好时，企业选择转型升级的愿意也会相应减弱。

第三，企业基本特征、企业的市场和人才战略、外部环境对企业转型升级行为也产生重要影响。其中，企业规模对高层次人才引进和更新设备行为产生积极作用；劳动密集型企业对更新设备行为的意愿影响为负；品牌变量对企业技术升级的影响显著为负；员工学历越高企业转型升级能力越强，企业也更偏向于选择技术升级；原材料成本上升对制造业企业选择技术升级存在显著的正向影响。

二、中国制造业集群转型升级的路径

建设制造业强国的基本路径就是加快制造业集群转型升级，而制造业集群转型升级的根本路径就是推动制造业集群向创新驱动转型、智能制造转型、服务化转型、绿色化转型和品牌化转型。

（一）向创新驱动转型

党的十八大提出“科技创新是提高社会生产力和综合国力的战略支撑，必须摆在国家发展全局的核心位置。”强调深入实施创新驱动发展战略，强化创新驱动在制造业发展中的引领作用。制造业集群创新驱动发展战略是以抢占国际竞争制高点为核心目的，依托《中国制造 2025》、“互联网 +”行动计划，通过技术水平创新、产品功能创新、业态创新、商业模式创新和管理创新等手段，加快工业结构调整和制造业转型升级，加速新旧动能转换，为制造业集群转型升级发展注入了新的强劲动力。在制造业集群向创新驱动转型中，一方面既要推动战略性新兴产业的快速发展，另一方面也要注重用新技术新业态全面改造提升传统制造业。

（二）向智能制造转型

智能制造，最早源于日本在1990 年的“智能制造系统 IMS”国际合作研究计划，该计划的参与成员还有美国、欧洲共同体、加拿大、澳大利亚等地。我国工信部于 2015 年启动了“智能制造试点示范专项行动”，主要专注于制造活动的关键环节，该行动非常注重试点示范项目的成长性，目的是通过试点上突破，总结智能制造的成功经验与模式，然后在制造业各个领域加以推广与应用。

制造业集群向智能制造转型，要根据制造业行业特点，结合实际，分层级推进智能制造，实施 2.0 补课、3.0 普及、4.0 示范的并联式发展道路。依托智能制造试点示范专项行动，加快重点企业的“智能工厂”、“数字化车间”建设，通过骨干企业的示范引领，带动行业内其他企业实施智能化技术改造。并着力培育智能制造新模式，促进物联网、大数据、机器人、增材制造等新技术在制造过程中的应用，并逐步实现制造企业设备智能化、数字化设计、生产自动化、管理现代化、营销服务网络化。

（三）向服务化转型

制造业集群向服务化转型包含两层含义：一是加快制造与服务的系统

集成与融合发展。发展面向制造业的信息技术服务业，提高制造业信息应用系统的方案设计、开发和综合集成能力。制造企业发展集成服务，支持有条件的企业由提供设备向提供系统集成总承包服务、由提供产品向提供整体解决方案转变，依托新制造业基地培育一批高水平、广覆盖的生产性服务业功能区。鼓励互联网企业无缝对接制造企业，运用新一代信息技术提供产品、市场的动态监控、预测预警和精准营销服务。

二是指推进制造业生产型制造向服务型制造转变。打造生产服务新模式，进行服务型制造。制造企业延伸服务链条，企业生产模式从以产品制造为核心向产品、服务和整体解决方案并重转变，营销模式从单一产品向提供系统集成总承包转变。企业搭建产品远程监测与诊断平台，完善产品智能维护系统，向客户提供专业化远程状态管理和现场技术支持，实现产品全生命周期服务。支持优势制造企业成立财务公司、融资租赁公司等类金融服务企业，推广大型制造设备、生产线等融资租赁服务。

（四）向绿色化转型

《中国制造 2025》将全面推行绿色制造列入九大战略任务，确定了绿色发展的基本方针。制造业集群向绿色化转型，重点是构建绿色设计、绿色生产、绿色产品、绿色工厂，高效清洁低碳循环的绿色工业体系。以主要耗能行业为重点，组织实施节能改造，推进能源智慧化管理，实施能源动态监测、控制和优化管理，持续开展重点企业节能低碳行动，推动建立能源管理体系，提升制造业能效水平。推动有条件的工业园区开展循环化改造和清洁生产，加快淘汰落后和过剩产能，完善落后和过剩产能市场化退出机制，强化能耗、环保、质量、安全等约束机制，综合运用差别电价、补助资金、准入条件、行业标准等政策措施，促进落后和过剩产能加快退出。以树立标杆、政策激励、提高标准等方式推动高耗能行业、终端用能产品提升能效水平。

（五）向品牌化转型

习近平总书记提出“中国产品向中国品牌转变”。2025 年中国培育一批具有国际竞争力的自主品牌，形成一批质量水平一流的世界级制造企业和产业集群。质量品牌是国家综合竞争力的体现，品牌化是制造业产业集群转型升级的必然路径。一方面，以企业为主体，以增品种、提品质、创品牌作为增强企业和产品竞争力的重要抓手，开展质量品牌提升行动，支持企业提高产品全生命周期质量追溯能力；鼓励企业在品牌设计、品牌建设和品牌维护等方面加大投入，提高产品质量和技术标准的整体水平。另一方面，要以制造业集群为载体，打造区域品牌，带动经济发展。以高新开发区、经济开发区、工业园区和关联产业连片区为依托，鼓励品牌抱团发展，板块式发展。以浙江为例，打造了一批在全国甚至在全球拥有一定市场份额的产业集群，在 31 个统计大类的制造业中，销售收入和利润总额均占全国同行 10% 以上的产业共有 17 个，除石油加工、炼焦及核燃料加工业、烟草制品业和武器弹药制造业三个产业外，均有块状经济存在。

三、中国制造业集群转型升级的对策建议

经济新常态下，为促进我国制造业集群向创新驱动、智能制造、服务化、绿色化、品牌化转型升级，本书从意识转变、公共平台建设、人才培育、体制机制创新和营商环境五个角度提出促进我国制造业集群转型升级对策建议。

（一）转变意识，强化制造业集群转型升级的思想观念

1. 转变政府层面的意识

第一，制造业集群转型升级中发扬工匠精神与专注精神，打造地方政府的企业家精神。在制造业集群转型升级中要克服“挖井现象”，遇到问题，不要轻言放弃，切实塑造锲而不舍、迎难而上的“钉钉子”精神。集

中力量分析问题，对症下药，出台有力政策，帮助制造业企业克服在转型升级发展中的“瓶颈”，增强产业的根植性。第二，地方政府坚持以优势资源向优势产业转变，集中力量合力打造若干个在全国乃至国际有竞争力的制造业集群，避免产业“全面开花”的现象，而且在优势产业中选择突破方向，形成在全国甚至全球独占鳌头的产品或系列产品。第三，准确认识新旧制造业转型升级的定位。短期内，新型、高端制造业一时还难以成为国民经济发展的支柱，传统制造业仍然是稳定经济增长的主体力量，所以必须重视传统制造业的转型升级问题。要以高端化、智能化、绿色化、服务化为技术的改造方向，运用现代信息技术、先进适用技术、低碳环保技术等，提高传统制造业的智能化水平。

2. 转变企业层面的意识

一方面，加强企业之间的沟通与交流，弘扬与培养企业家精神。实现企业家精神的感染与传播。建议以省为单位，举办企业家论坛，组织省内企业家之间，加强省内与省外企业家之间的沟通与交流。另一方面，促使“互联网 +”、智能化制造等新理念在企业中生根发芽。聘请省内外高校与科研机构、知名企业家就新经济发展模式开展讨论会，组织感兴趣的企业免费参与，提高企业对“互联网 +”、智能化制造等新理念的理解与应用。

（二）完善公共平台，夯实制造业集群转型升级的有效载体

1. 整合与完善现有公共服务平台

整合与完善现有公共服务平台，增强其在制造业集群转型升级的作用。以省为单位，整合省内公共服务平台资源，杜绝各自为政、资源分散的现象。从浙江产业公共服务平台建设经验看，由省服务平台为龙头，各市、产业集群服务平台为骨干，以社会各类专业化服务机构为基础，整合出一个省级服务平台，完善和整合重点产业集群的窗口服务平台，形成平台网络系统。此外，遵循市场规律，鼓励多元化主体参与。借鉴温州模式，坚持政府引导与社会广泛参与相结合，推进部分公共服务平台由行业协会运营，通过与产业集群建立协商共议、民主决策、行业自律机制，充

分发挥市场机制功能。

2. 加强建设生产性服务业公共服务平台

加强制造业电子商务平台建设，支持制造企业利用电子商务转型升级，开展移动电子商务产业基地和创新基地试点示范；加快发展现代物流，完善物流公共信息平台和货物配载中心，推进物流信息化、标准化建设，推广现代物流技术装备，依托产业集群建设一批重点行业生产服务型物流园区；培育一批为企业研发设计、流程再造、管理提升、商业模式创新服务的综合服务平台，探索建设一批服务企业的“全科诊所”。

3. 强化创新创业服务平台

一是加强建设国家重点实验室、技术创新中心、工程（技术）研究中心、企业技术中心、工程实验室、制造业创新中心、企业重点实验室等平台。鼓励重点行业龙头企业发展专业化设计，创建一批专业性、开放型的工业设计中心，积极引进国家级工业设计企业，加快建设一批省级工业设计中心，促进工业设计产业在各个省份内部重点工业产业集群配套布局。发挥行业骨干企业的主导作用和高等院校、科研院所的基础作用，建立一批产业创新联盟，开展政产学研用协同创新。二是培育制造业众创空间。积极探索创业孵化模式创新，鼓励有条件的创业基地、企业和创投机构发展众创空间，“开放技术平台＋产业资源”、“大企业带小企业”孵化、“产业基金＋专业技术平台”的全产业链孵化器、“交流社区＋开放式办公”等孵化模式创新。

（三）培育人才梯队，保障制造业集群转型升级的智力支持

1. 加强本地人才的培育

首先，支持高校和职业院校开展新制造业学科体系和人才培养体系建设，引导省内高校、职业技术学校、技工学校与企业合作培养工程技术领域、工程管理领域实用型专业技术和工程管理人才，推进职业院校与企业合作共建校外实习、实训基地和生产实训中心，提高人才培养的针对性、有效性。其次，支持制造业企业设立培训机构，或与科研院所（校）合作

建立教育实践基地，开展职工在岗、转岗技能培训，对院校教育平台、企业培训平台，由相关部门按规定给予补助或奖励。

2. 转变人才引进的策略

一方面，建立市场导向的人才引进机制，在急需的制造业人才方面，加大柔性引进人才的力度，强调“不求所有，但求所用”的原则。进一步完善与省外院校与科研单位的合作机制，建立人才共享与引进服务平台。另一方面，强化团队引才，统筹整合各方面人才政策，重点强化高水平创新创业人才团队的引进、支持、服务和管理，在创业人才引进、团队建设、平台建设、科研项目等方面，应优先扶持创新创业组织。

（四）创新体制机制，增强制造业集群转型升级的内生动力

1. 深化金融体制改革

一是构建风险补偿机制，建议政府通过财政和其他手段构建风险补偿机制，如为中小型金融机构提供社会保险机制，增强中小型金融机构抵御市场金融风险的能力；施行风险覆盖的政府联保模式，对于符合相关条件的中小微企业，由财政补助其保险费，并委托保险公司进行具体操作。二是创新产融结合的融资新机制。探索开展投贷联动融资业务，推动金融机构对科技创新企业和高科技产业、战略性新兴产业、高端制造业等开展投贷联动融资业务；鼓励金融机构通过精选产业链，构建产业链金融体系，以产业链的核心企业为依托，针对产业链的各个环节，设计个性化、标准化的金融服务产品，以全产业链的方式介入客户的金融需求，实现全方位的金融服务和资金流的闭合循环。

2. 完善创新体制建设

第一，大力实施创新驱动战略。坚持以“推进原始创新、集成创新和引进消化吸收再创新”为技术提升的有效路径，加快建立以企业为主体，开放融合、自主高效、安全可控的技术创新体系。在制造业内部，对于重点发展的制造业领域，强调原始创新与集成创新能力的培育，组织科研机构与企业制定重点领域技术路线图绿皮书，遴选重大标志性项目和关键技

术环节，集中力量逐个突破技术难点；对于传统产业的转型升级，关键在于加强集成创新和引进消化再创新。第二，完善技术创新体制。加快完善以企业为主体、市场为导向、政产学研用相结合的制造业创新体系。对企业的研发投入作为税收抵扣项，鼓励企业的研发投入。深化重点企业研究院建设、重大专项技术攻关和科技人才队伍培养“三位一体”的产业技术创新的新机制新模式。第三，建立鼓励企业创新的普惠机制，使政策支持体系覆盖企业的初创、成长、发展等不同阶段。以广东、山东等为例，运用财政补助机制激励引导企业普遍建立研发准备金制度；改革财政科技投入方式，鼓励各地开展先创新后补助政策试点；应用政府购买制度激励科技创新，探索试行创新产品与服务远期约定政府购买制度。

3. 落实环保倒逼机制

一是严格落实节能目标责任考核机制，继续实行节能目标问责制和“一票否决制”。严格执行能耗、环保等准入标准，制定各地方分阶段淘汰落后产能、化解过剩产能、转移低效产能的指令性计划。二是对能耗、电耗、水耗达不到行业标准，以及污染物排放不达标、总量排放超标的制造业企业，提高差别电价加价标准，实行惩罚性电价、超定额用水累进加价，提高排污费用标准，形成落后产能退出的倒逼机制。三是完善重点制造业行业生产经营技术标准规范，强化能源资源消耗、污染物排放、质量安全、生产安全、职业危害等市场准入标准的制定和实施，倒逼制造业向低碳绿色优化升级。

4. 升级政府考核和管理机制

首先，转变原有的政府考核机制，实现总量与结构优化考核并重。不仅指标体系的设计要进行转型升级，从向要增长速度，向要增长质量、要长远产业竞争力转变，在指标体系中加入结构优化、产业集群等内容；考核方式也应该加快转型升级，杜绝形式主义与数字游戏，杜绝急功近利的政绩观念，防止出现类似“虚高”现象。其次，试行大部制、公司化的园区管理机制创新。因为绝大部分的产业集群是以工业园区为载体，所以按照综合性、大部制、扁平化的要求试行工业园区企业化管理，激活运行机制，同时将企业竞争机制和企业经营管理的有益方法引入园区管理和运营模式，以模式创新带动制造业集群转型升级。

（五）优化营商环境，提升制造业集群转型升级的效率效能

1. 营造优越的政务环境

深化“放管服”改革，切实降低企业的制度性成本，加快推行“最多跑一次”的倒逼机制，提升效能、优化服务，激发市场活力。加大对“明放暗不放”、通过权力设租寻租、“红顶”中介违规收费等的查处力度，展开不合理政策的“清理行动”。既要进一步做好简政放权的减法，又要善于做加强事中事后监管的加法和优化服务的乘法，真正做到审批更简、监管更强、服务更优。

2. 提升政府公信力

一方面，强化“信为政之基，政无信则危，有信则昌”理念，严防政府失信于企业的行为，杜绝“新官不认旧账”、“出尔反尔”等现象，对相关部门与个人破坏政府公信力的行为进行严厉问责。另一方面，加快社会信用体系建设，弘扬诚信文化，以降低搜寻和信用成本；加大对侵犯知识产权、假冒伪劣、逃债骗贷等不诚信行为的打击力度，开展守信联合激励和失信联合惩戒以降低监督和执行成本。

3. 培育包容的产业环境

积极塑造融入全球价值链的产业环境，鼓励制造业企业以不同方式嵌入全球价值链。对于已经突破加工制造优势，开始向研发、营销、物流、品牌等多方面优势扩张的具有较强竞争力的集群，以增强产业支撑服务功能为核心，通过整合资源、集聚国内外先进要素资源，汇聚国内领先、国际一流的研发、生产、营销、物流体系；对于仍然集中在生产制造领域，竞争优势并不明显的产业集群，要充分挖潜在产品、零部件、专业化加工环节或资源禀赋等方面优势和潜力，主要通过订单生产等方式融入全球价值链，目标应定位在成为规模更大、档次更高的国际性加工制造基地。

参考文献

[1] [美] 迈克尔·波特．国家竞争优势[M]．北京：华夏出版社，2002.

[2] [美] 约瑟夫·E．斯蒂格利茨．社会主义向何处去：经济体制转型的理论与证据 [M]．周立群等译．吉林：吉林人民出版社，1998.

[3] [美] 约瑟夫·熊彼特．经济发展理论[M]．何畏等译．北京：商务印书馆，2000.

[4] Aleksandra Parteka. Economic Growth, Structural Change and Quality Upgrading in New Member States [R]. Eiburs. Project, European Investment Bank Working Paper, 2009.

[5] Alfred Marshall. Principles of Economics [M]. London: Macmillan, 1890.

[6] Anselin L. Spatial Econometrics: Methods and Models [M]. Kluwer Academic, 1988.

[7] Becker W. E. Business and Economics Statistics with Computer Application [M]. Addison – Wesley Pubishing, 1987.

[8] Britton John N. H. Network Structure of an Industrial Cluster: Electronics in Toronto [J] . Environment and Planning , 2003 (35): 983 – 1006.

[9] Chamberlin E. H. The Theory of Monopolistic Competition [M]. Harvard University Press, 1933.

[10] Cullen, Julie Berry and Roger H. Gordon. Taxes and Entrepreneurial Activity: Theory and Evidence for the U. S. [J] . NBER Working Paper

No. 9015, 2002.

[11] Dixit A. The Role of Investment in Entry – Deterrence [J]. Economic Journal, 1980, 90 (357): 95 – 106.

[12] Eaton B. C., Lipsey R. G. The Theory of Market Pre – emption: The Persistence of Excess Capacity and Monopoly in Growing Spatial Markets [J]. Economica, New Series, 1979, 46 (182): 149 – 158.

[13] Gereffi G. International Trade and Upgrading in the Apparel Commodity Chain [J]. Journal of International Economics, 1999 (48): 37 – 70.

[14] Gereffi G., J. Humphrey and T. Sturgeon. The Governance of Global Value Chains [J]. Review of International Political Economy, 2005, 12 (1).

[15] Humphrey J., H. Schmitz. How Does Insertion in Global Value Chains Affect Upgrading in Industrial Clusters? [J]. Regional Studies, 2002 (36): 1017 – 1027.

[16] Jon A. Fay, James L. Medoff. Labor and Output over the Business Cycle: Some Direct Evidence [J]. America Economic Review, 1985 (4): 638 – 655.

[17] Kamien M. I., N. L. Schwartz. Uncertain Entry and Excess Capacity [J]. American Economic Review, 1972, 62 (5): 918 – 927.

[18] Kornai J. The Soft Budget Constraint [J]. Kyklos, 1986 (39): 3 – 30.

[19] Kuznets Simon. Modern Economic Growth: Findings and Reflections [J]. American Economic Review, 1973 (2).

[20] Li D. Changing Incentives of the Chinese Bureaucracy [J]. American Economic Review, 1998 (88): 393 – 397.

[21] Lieberman M. B. Excess Capacity as a Barrier to Entry: An Empirical Appraisal [J]. The Journal of Review, 1972, 62 (5): 918 – 927.

[22] Lucas R. E. The Industrial Revolution: Past and Future [J]. Annual

Report，2004（54）：5－20.

［23］ Michael E. Porter. The Competitive Advantage of Nations［M］. New York：Free Press，1990.

［24］ Ross Myron H. A Study in Excess Capacity［J］. Land Economics，1959，35（3）：284－288.

［25］ Shleifer，Andre. Government in Transition［J］. European Economic Review，1997（41）.

［26］ Yang S.，Bai Y.，Wang S.，et al. Evaluating the Transformation of China's Industrial Development Mode during 2000－2009［J］. Renewable & Sustainable Energy Reviews，2013，20（2）：585－594.

［27］ Zhao C.，Liao S.，Li J. The Evaluation Index System of Innovation－Driven Capability of Chinese Manufacturing Industry Based on Factor Analysis［C］.2017.

［28］ 安同良，施浩，Ludovico Alcorta. 中国制造业企业 R&D 行为模式的观测与实证——基于江苏省制造业企业问卷调查的实证分析［J］. 经济研究，2006（2）：21－30，56.

［29］ 蔡昉. 破解中国经济发展之谜［M］. 北京：中国社会科学出版社，2014.

［30］ 蔡昉. 人口转变、人口红利与经济增长可持续性——兼论充分就业如何促进经济增长［J］. 人口研究，2004，28（2）：2－9.

［31］ 蔡昉. 人口转变、人口红利与刘易斯转折点［J］. 经济研究，2010（4）：4－13.

［32］ 蔡宁，黄靖. 中小企业集群与技术创新［J］. 改革与战略，2011，27（1）：146－149.

［33］ 蔡瑞林，陈万明，陈圻. 低成本创新驱动制造业高端化的路径研究［J］. 科学学研究，2014，32（3）：384－391，399.

［34］ 蔡跃洲，付一夫. 全要素生产率增长中的技术效应与结构效应——基于中国宏观和产业数据的测算及分解［J］. 经济研究，2017（1）：

72－88.

［35］曹驰，黄汉民．外部制度质量差异对企业生产率和出口选择门槛的影响——基于中国制造业行业的理论和实证研究［J］．国际贸易问题，2017（2）：27－38.

［36］曹鹏．中国制造业新型化评价研究——基于28个细分产业的实证分析［J］．南京航空航天大学学报（社会科学版），2009，11（2）：39－44.

［37］曹贤忠．芜湖经济技术开发区转型升级的影响因素及模式选择研究［D］．安徽师范大学论文，2013.

［38］曹园园．基于产业结构的城市生态安全评价研究［D］．河北工程大学论文，2017.

［39］曾铖，李元旭，周瑛．我国地方政府规模对异质性企业家精神的影响分析——基于省级面板数据的实证分析［J］．研究与发展管理，2017，29（6）：68－80.

［40］曾祥效．广东专业镇产业族群的形成与产业链发展［J］．科技进步与对策，2003，20（13）：146－147.

［41］钞小静，惠康．中国经济增长质量的测度［J］．数量经济技术经济研究，2009，26（6）：75－86.

［42］陈爱贞．中国装备制造业自主创新的制约与突破——基于全球价值链的竞争视角分析［J］．南京大学学报（哲学·人文科学·社会科学版），2008（1）：36－45，142－143.

［43］陈传明，孙俊华．企业家人口背景特征与多元化战略选择——基于中国上市公司面板数据的实证研究［J］．管理世界，2008（5）：124－133，187－188.

［44］陈继勇，盛杨怿．外商直接投资的知识溢出与中国区域经济增长［J］．经济研究，2008（12）．

［45］陈佳贵，黄群慧，钟宏武．中国地区工业化进程的综合评价和特征分析［J］．经济研究，2006（6）：4－15.

［46］陈佳贵，王钦．中国产业集群可持续发展与公共政策选择［J］．

中国工业经济，2005（9）：5－10，33.

[47] 陈思霞，卢盛峰．政府干预如何影响政府信任评价：来自中国的微观经验[J]. 经济社会体制比较，2016（1）：137－151.

[48] 陈万灵，卢万青．我国如何实现从制造业大国向制造业强国的转变——基于政府转型的研究视角[J]. 财经科学，2017（11）：53－64.

[49] 程虹，刘三江，罗连发．中国企业转型升级的基本状况与路径选择——基于570家企业4794名员工入企调查数据的分析[J]. 管理世界，2016（2）：57－70.

[50] 程惠芳，唐辉亮，陈超．开放条件下区域经济转型升级综合能力评价研究——中国31个省市转型升级评价指标体系分析[J]. 管理世界，2011（8）：173－174.

[51] 程俊杰，刘志彪．产能过剩、要素扭曲与经济波动——来自制造业的经验证据[J]. 经济学家，2015（11）：59－69.

[52] 程俊杰．转型时期中国产能过剩测度及成因的地区差异[J]. 经济学家，2015（3）：74－83.

[53] 程文先，樊秀峰．全球价值链分工下制造企业出口附加值测算——来自中国微观企业层面数据[J]. 中国经济问题，2017（4）：52－65.

[54] 迟福林．政府转型是中国改革的关键[J]. 理论学习，2013（5）：42.

[55] 迟国泰，曹婷婷，张昆．基于相关——主成分分析的人的全面发展评价指标体系构建[J]. 系统工程理论与实践，2012，32（1）：111－119.

[56] 仇保兴．发展小企业集群要避免的陷阱——过度竞争所致的“柠檬市场”[J]. 北京大学学报（哲学社会科学版），1999（1）：25－29.

[57] 褚敏，靳涛．为什么中国产业结构升级步履迟缓——基于地方政府行为与国有企业垄断双重影响的探究[J]. 财贸经济，2013，34（3）：112－122.

[58] 褚敏，踪家峰．东北经济增长缘何艰难：体制藩篱还是结构扭

曲？[J]. 财经问题研究，2017（4）：114－121.

[59] 崔永涛，王燕，王志强. 产业结构变迁影响因素的统计考察[J]. 统计与决策，2017（2）：96－99.

[60] 戴翔. 中国出口贸易利益究竟有多大——基于附加值贸易的估算[J]. 当代经济科学，2015，37（3）：80－88，127.

[61] 单豪杰. 中国资本存量 K 的再估算：1952～2006 年[J]. 数量经济技术经济研究，2008（10）：17－31.

[62] 邓雪琳，孙宗锋. 经济绩效、政府规模与腐败感知差异——基于全国 77 个地级市的调查[J]. 中国行政管理，2018（2）：101－108.

[63] 都阳. 制造业企业对劳动力市场变化的反应：基于微观数据的观察[J]. 经济研究，2013，48（1）：32－40，67.

[64] 杜威剑，李梦洁. 产业集聚会促进企业产品创新吗？——基于中国工业企业数据库的实证研究[J]. 产业经济研究，2015（4）：1－9，20.

[65] 樊纲，王小鲁等. 中国市场化指数——各地区市场化相对进程年度报告[M]. 北京：经济科学出版社，2003.

[66] 樊慧玲. 中国制造业集群质量升级的路径选择——基于“微笑曲线”的分析[J]. 吉林工商学院学报，2018，34（1）：5－8.

[67] 范林凯，李晓萍，应珊珊. 渐进式改革背景下产能过剩的现实基础与形成机理[J]. 中国工业经济，2015（1）：19－31.

[68] 范硕. 基于 PSR 模型的工业园区规划环境影响评价指标体系研究[D]. 西北大学论文，2017.

[69] 范阳阳. 中国产能利用率测算[R]. 方正证券研究所证券研究报告，2013.

[70] 冯芳芳，蒲勇健. 我国区域产业结构优化及其影响因素分析——基于分位数回归方法[J]. 技术经济，2012（2）.

[71] 冯科，郑娟尔，韦仕川，郑文娟，刘勇. GIS 和 PSR 框架下城市土地集约利用空间差异的实证研究——以浙江省为例[J]. 经济地理，2007（5）：811－814，818.

［72］冯俏彬，贾康．投资决策、价格信号与制度供给：观察体制性产能过剩[J]. 改革，2014（1）：17－24.

［73］符瑛．全球价值链视角下我国产业集群转型升级影响因素研究[J]. 科学管理研究，2016，34（3）：56－59.

［74］付保宗，郭海涛．美日的产能过剩及应对措施[J]. 宏观经济管理，2011（3）：70－72.

［75］干春晖，邹俊，王健．地方官员任期、企业资源获取与产能过剩[J]. 中国工业经济，2015（3）：44－56.

［76］高越青．"中国式"产能过剩问题研究[D]. 东北财经大学论文，2015.

［77］葛顺奇，罗伟．跨国公司进入与中国制造业产业结构——基于全球价值链视角的研究[J]. 经济研究，2015（11）：34－48.

［78］耿强，江飞涛，傅坦．政策性补贴、产能过剩与中国的经济波动——引入产能利用率 RBC 模型的实证检验[J]. 中国工业经济，2011（5）：27－36.

［79］龚三乐．全球价值链内企业升级绩效、绩效评价与影响因素分析——以东莞 IT 产业集群为例[J]. 改革与战略，2011，27（7）：178－181.

［80］关娜，张莉萍，辛建生．产业集群竞争力指标评价体系研究[J]. 经济研究导刊，2018（8）：3－4.

［81］郭庆旺，贾俊雪．政府公共资本投资的长期经济增长效应[J]. 经济研究，2006（7）：29－40.

［82］郭庆旺，贾俊雪．中国全要素生产率的估算：1979—2004[J]. 经济研究，2005（6）：51－60.

［83］郭庆旺，吕冰洋，张德勇．财政支出结构与经济增长[J]. 经济理论与经济管理，2003（11）：5－12.

［84］国务院发展研究中心《进一步化解产能过剩的政策研究》课题组，赵昌文，许召元等．当前我国产能过剩的特征、风险及对策研究——基于实地调研及微观数据的分析[J]. 管理世界，2015（4）：1－10.

[85] 韩国高，高铁梅，王立国等．中国制造业产能过剩的测度、波动及成因研究[J]. 经济研究，2011（12）：18－31.

[86] 韩国高，胡文明．要素价格扭曲如何影响了我国工业产能过剩？——基于省际面板数据的实证研究[J]. 产业经济研究，2017（2）：49－61.

[87] 何帆．中国经济目前处于短周期峰顶 明年经济或下行［EB/OL］．搜狐网，http：//www. sohu. com/a/118335801_ 114984.

[88] 何蕾．中国工业行业产能利用率测度研究——基于面板协整的方法[J]. 产业经济研究，2015（2）：90－99.

[89] 何宁，夏友富．新一轮技术革命背景下中国装备制造业产业升级路径与评价指标体系研究[J]. 科技管理研究，2018，38（9）：68－76.

[90] 贺小刚，李新春．企业家能力与企业成长：基于中国经验的实证研究[J]. 经济研究，2005（10）：101－111.

[91] 胡迟．"十二五"时期战略性新兴产业发展中的金融支持[J]. 经济纵横，2014（8）：17－20.

[92] 胡迟．加快制造业转型升级的对策[J]. 经济纵横，2014（2）：25－28.

[93] 胡大立，张伟．产业集群技术创新的困境及突破——基于完全信息静态博弈的分析[J]. 江西财经大学学报，2007（5）：22－27.

[94] 黄昶生，张旭宇．山东省制造业评价及转型升级对策[J]. 中国石油大学学报（社会科学版），2015，31（5）：24－29.

[95] 黄群慧，贺俊．中国制造业的核心能力、功能定位与发展战略——兼评《中国制造2025》［J]. 中国工业经济，2015（6）：5－17.

[96] 黄群慧．工业化后期中国经济面临的趋势性变化与风险[J]. China Economist，2015（2）：40－57.

[97] 黄勇．江河流域开发模式与澜沧江可持续发展研究[J]. 地理学报，1999（S1）：119－126.

[98] 黄赜琳，王敬云．地方保护与市场分割：来自中国的经验数据

[J]. 中国工业经济，2006（2）：60－67.

［99］江飞涛，耿强，吕大国等．地区竞争、体制扭曲与产能过剩的形成机理[J]. 中国工业经济，2012（6）：44－56.

［100］江飞涛，武鹏，李晓萍．中国工业经济增长动力机制转换[J]. 中国工业经济，2014（5）：5－17.

［101］江飞涛．中国钢铁工业产能过剩问题研究[D]. 中南大学论文，2008.

［102］江小涓．跨国投资、市场结构与外商投资企业的竞争行为[J]. 经济研究，2002（9）：31－38.

［103］姜巧玲．基于 PSR 模型的县域工业用地集约利用评价研究[D]. 南京农业大学论文，2009.

［104］金碚，吕铁，邓洲．中国工业结构转型升级：进展、问题与趋势[J]. 中国工业经济，2011（2）：5－15.

［105］金碚．工业的使命和价值——中国产业转型升级的理论逻辑[J]. 中国工业经济，2014（9）：51－64.

［106］金碚．中国工业的转型升级[J]. 中国工业经济，2011（7）：5－14，25.

［107］孔伟杰，苏为华．中国制造业企业创新行为的实证研究——基于浙江省制造业 1454 家企业问卷调查的分析[J]. 统计研究，2009，26（11）：44－50.

［108］孔伟杰．制造业企业转型升级影响因素研究——基于浙江省制造业企业大样本问卷调查的实证研究[J]. 管理世界，2012（9）：120－131.

［109］赖先进．政府机构数量增长的宏观影响因素研究——基于 1998～2015 年 31 个省级面板数据的分析[J]. 湖南大学学报（社会科学版），2017，31（6）：80－86.

［110］乐小兵．政府规模、城市化水平与产业结构升级关系研究[J]. 商业时代，2013（7）：116－119.

[111] 黎文靖，李耀淘．产业政策激励了公司投资吗？[J]. 中国工业经济，2014（5）：122－134.

[112] 李慧，平芳芳．产业结构变迁与经济增长关系的实证研究[J]. 工业技术经济，2014，33（10）：33－40.

[113] 李江涛．"产能过剩"及其治理机制[J]. 国家行政学院学报，2006（5）：32－35.

[114] 李江涛．产能过剩：问题、理论及治理机制[M]. 北京：中国财政经济出版社，2006.

[115] 李景海．产业集聚与区域产业升级的互动机制研究——以虎门服装产业集聚为例[J]. 广东商学院学报，2011，26（1）：70－75.

[116] 李廉水，程中华，刘军．中国制造业"新型化"及其评价研究[J]. 中国工业经济，2015（2）：63－75.

[117] 李廉水，杜占元．"新型制造业"的概念、内涵和意义[J]. 科学学研究，2005（2）：184－187.

[118] 李廉水，周勇．中国制造业"新型化"状况的实证分析——基于我国30个地区制造业评价研究[J]. 管理世界，2005（6）：76－81，88，172.

[119] 李猛．政府层级改革的经济学依据[J]. 理论与改革，2011（4）：90－92.

[120] 李琦．政府转型模式与转型绩效：中国经验[J]. 改革与战略，2010，26（8）：33－34，44.

[121] 李然．基于产业安全的京津冀产业转移研究[D]. 北京交通大学论文，2016.

[122] 李盛武．东莞转型升级五年绩效评价[J]. 广东经济，2012（7）：29－35.

[123] 李时椿．从"制造业大国"走向"制造业强国"[J]. 经济与管理研究，2006（7）：25－30.

[124] 李树生，张亮．制造业低碳升级路径选择及基于ANP模型的升级效果评价研究[J]. 生态经济，2013（3）：111－113.

［125］李涛，徐昕．企业因素、金融结构与财务约束：基于中国企业规模与产权结构的实证分析[J]. 金融研究，2005（5）：80－92.

［126］李文军．经济新常态下加快产业转型升级的路径[J]. 经济纵横，2015（8）：73－77.

［127］李文秀．地方政府职能转变对促进区域经济发展的作用——基于供求视角的分析[J]. 赤峰学院学报（自然科学版），2012，28（2）：29－31.

［128］李侠广．广东专业镇转型升级研究[D]. 华南理工大学论文，2014.

［129］李想，汪雷．构建基层政府公共信息服务供给能力的评估指标体系[J]. 情报理论与实践，2009，32（6）：51－54.

［130］李炎女．工业生态安全评价与实证研究[D]. 大连理工大学论文，2008.

［131］李烨，张晓红，于文强．大型煤炭企业转型升级模式选择及效果评价[J]. 煤炭经济研究，2016，36（4）：12－16.

［132］李银秀．政府规模与经济增长的 Armey 曲线效应——陕西经验分析[J]. 统计与信息论坛，2015，30（8）：25－30.

［133］李中才，刘林德，孙玉峰，崔金荣．基于 PSR 方法的区域生态安全评价[J]. 生态学报，2010，30（23）：6495－6503.

［134］林毅夫，巫和懋，邢亦青．“潮涌现象”与产能过剩的形成机制[J]. 经济研究，2010（10）：4－19.

［135］林毅夫，蔡昉，李周．中国的奇迹：发展战略与经济改革[M]. 上海：上海三联书店，1994.

［136］林毅夫．新结构经济学：反思经济发展与政策的理论框架[M]. 北京：北京大学出版社，2012.

［137］蔺蕊．基于 PSR 模型的新疆工业污染评价[J]. 新疆环境保护，2009，31（4）：31－35.

［138］刘川，宋晓明．基于价值链视角的产业升级能力评价及提升路

径研究——以我国中东部地区高技术产业为例[J]. 经济体制改革，2014（3）：99－104.

[139] 刘海飞，贺晓宇．金融集聚、政府干预与企业创新行为——基于中国制造业企业的微观证据[J]. 财经论丛，2017（8）：104－112.

[140] 刘航，孙早．城镇化动因扭曲与制造业产能过剩——基于2001～2012年中国省级面板数据的经验分析[J]. 中国工业经济，2014（11）：5－17.

[141] 刘厚金．我国政府转型的逻辑路径与动力分析[J]. 上海行政学院学报，2008（4）：38－45.

[142] 刘建民，陈霞，吴金光．湖南省产业转型升级的水平测度及其影响因素的实证分析[J]. 湖南社会科学，2015（1）：143－147.

[143] 刘瑞明．国有企业、隐性补贴与市场分割：理论与经验证据[J]. 管理世界，2012（4）：21－32.

[144] 刘瑞明．金融压抑、所有制歧视与增长拖累——国有企业效率损失再考察[J]. 经济学（季刊），2011，10（2）：603－618.

[145] 刘世锦．对中国的产业结构和产能过剩问题的看法 [A] //中国国际经济交流中心．第一届全球智库峰会演讲集 [C]．中国国际经济交流中心，2009：2.

[146] 刘书明．西部欠发达地区地方政府公共服务财政保障能力分析与评价——基于甘肃省2012年数据的实证研究[J]. 地方财政研究，2015（4）：50－56.

[147] 刘霞，陈建军．产业集群成长的组织间学习效应研究[J]. 科研管理，2012，33（4）：28－35.

[148] 刘小铁．产业集群发展水平的评价模型及指标体系[J]. 江西社会科学，2013，33（10）：54－58.

[149] 刘小玄．中国转轨经济中的产权结构和市场结构——产业绩效水平的决定因素[J]. 经济研究，2003（1）：21－29，92.

[150] 刘志彪，王建优．制造业的产能过剩与产业升级战略[J]. 经济

学家，2000（1）：64－69.

［151］刘志彪，张少军．中国地区差距及其纠偏：全球价值链和国内价值链的视角[J]. 学术月刊，2008（5）：49－55.

［152］刘智勇，李海静，胡永远，李陈华．人力资本结构高级化与经济增长[J]. 经济研究，2018（3）：50－63.

［153］卢星星，罗小娟，赵波．江西工业园区转型升级测度及评价[J]. 江西社会科学，2017，37（8）：63－70.

［154］卢永真．供给侧改革需要政府和企业共同发力［N］．中国证券报，2015－12－30.

［155］陆翱翔，陆春燕，刘影．基于PSR模型的江西省工业污染评价[J]. 太原师范学院学报（自然科学版），2007（4）：99－102.

［156］陆铭，陈钊．分割市场的经济增长——为什么经济开放可能加剧地方保护？[J]. 经济研究，2009（3）：42－52.

［157］罗党论，刘晓龙．政治关系、进入壁垒与企业绩效——来自中国民营上市公司的经验证据[J]. 管理世界，2009（5）：97－106.

［158］罗光华．政府在产业升级过程中的作用研究[J]. 法制与社会，2008（35）：212－213.

［159］罗若愚．我国区域间企业集群的比较及启示[J]. 南开经济研究，2002（6）：52－55.

［160］罗长远，张军．附加值贸易：基于中国的实证分析[J]. 经济研究，2014，49（6）：4－17，43.

［161］吕冰洋，毛捷．高投资、低消费的财政基础[J]. 经济研究，2014，49（5）：4－18.

［162］吕福新．“浙商”从模仿创业到自主创新——两类企业家的定义与实践[J]. 经济管理，2008（Z1）：49－54.

［163］吕炜，单双．政府规模与公共服务水平关系研究——基于中国省际面板数据的分析[J]. 财经科学，2009（3）：106－115.

［164］吕炜，高帅雄，周潮．投资建设性支出还是保障性支出——去

杠杆背景下的财政政策实施研究[J]. 中国工业经济，2016（8）：5－22.

[165] 吕稚知. 关于政府服务能力的概念界定及阐述[J]. 前沿，2010（14）：116－118.

[166] 马述忠，刘梦恒. 全球价值链背景下中国 OFDI 的网络化趋势及其默会知识逆向溢出研究[J]. 国际商务（对外经济贸易大学学报），2017（3）：74－85.

[167] 马秀贞. 政府转型促进经济转型的机理与路径分析[J]. 行政论坛，2012，19（3）：28－31.

[168] 毛旭鹏，陈彩虹，郭霞，周丹华，胡焕香. 基于 PSR 模型的长株潭地区森林生态安全动态评价[J]. 中南林业科技大学学报，2012，32（6）：82－86.

[169] 毛蕴诗，汪建成. 基于产品升级的自主创新路径研究[J]. 管理世界，2006（5）：114－120.

[170] 梅丽霞，蔡铂，聂鸣. 全球价值链与地方产业集群的升级[J]. 科技进步与对策，2005（4）：11－13.

[171] 宁靓，梁铄，孙成成. 中国服务外包产业转型升级的综合能力评价——基于全国 19 个重点省市的实证研究[J]. 中国海洋大学学报（社会科学版），2016（5）：74－81.

[172] 潘卫杰. 对省级地方政府规模影响因素的定量研究[J]. 公共管理学报，2007（1）：33－41，121－122.

[173] 潘忠贤. 地方政府介入产业升级的定位与创新——基于温岭市制造业优化升级的实证研究[J]. 四川行政学院学报，2011（1）：14－18.

[174] 祁明德. 珠三角产业转型升级绩效研究[J]. 社会科学家，2015（12）：68－71.

[175] 渠慎宁，杨丹辉. 中美制造业劳动力成本比较分析[J]. 中国党政干部论坛，2017（9）：74－77.

[176] 任志成，戴翔. 劳动力成本上升对出口企业转型升级的倒逼作用——基于中国工业企业数据的实证研究[J]. 中国人口科学，2015（1）：

48 –58，127.

［177］阮建青，石琦，张晓波．产业集群动态演化规律与地方政府政策[J]. 管理世界，2014（12）：79 –91.

［178］沈坤荣，耿强．外国直接投资、技术外溢与内生经济增长——中国数据的计量检验与实证分析[J]. 中国社会科学，2001（5）：82 –93，206.

［179］沈坤荣，李震．供给侧结构性改革背景下制造业转型升级研究[J]. 中国高校社会科学，2017（1）：64 –73，157.

［180］沈坤荣，钦晓双，孙成浩．中国产能过剩的成因与测度[J]. 产业经济评论（山东大学），2012（4）：1 –26.

［181］盛明泉，张敏，马黎珺等．国有产权、预算软约束与资本结构动态调整[J]. 管理世界，2012（3）：151 –157.

［182］施炳展．中国出口产品的国际分工地位研究——基于产品内分工的视角[J]. 世界经济研究，2010（1）：56 –62，88 –89.

［183］石杰琳，秦国民．经济发展方式转变与政府转型：角色转变和制度创新[J]. 中国行政管理，2014（11）：43 –47.

［184］宋凌云，王贤彬，徐现祥．地方官员引领产业结构变动[J]. 经济学（季刊），2013，12（1）：71 –92.

［185］宋叙言，沈江．基于主成分分析和集对分析的生态工业园区生态绩效评价研究——以山东省生态工业园区为例[J]. 资源科学，2015，37（3）：546 –554.

［186］宋渊洋，黄礼伟．为什么中国企业难以国内跨地区经营？[J]. 管理世界，2014（12）.

［187］孙建娥，沈伯平．政府转型：中国道路迈向卓越的关键[J]. 前沿，2017（11）：4 –8.

［188］孙晶，李涵硕．金融集聚与产业结构升级——来自 2003 ~2007 年省际经济数据的实证分析[J]. 经济学家，2012（3）：80 –86.

［189］孙巍，何彬，武治国．现阶段工业产能过剩“窖藏效应”的数理分析及其实证检验[J]. 吉林大学社会科学学报，2008（1）：68 –75.

［190］孙巍，李何，王文成．产能利用与固定资产投资关系的面板数据协整研究——基于制造业28个行业样本［J］．经济管理，2009（3）：38－43.

［191］孙亚忠．适度政府规模的数量和质量分析［J］．南京社会科学，2005（7）：58－63.

［192］谭晶荣，颜敏霞，邓强等．产业转型升级水平测度及劳动生产效率影响因素估测——以长三角地区16个城市为例［J］．商业经济与管理，2012（5）：72－81.

［193］谭周令．产业政策激励与中国制造业企业自主创新——来自于中国A股上市公司的证据［J］．当代经济科学，2017，39（3）：59－65，126.

［194］唐光海．互联网思维下制造业产业升级路径与对策研究［J］．中国集体经济，2015（3）：22－23.

［195］唐海燕，程新章．企业升级的路径选择——以温州打火机企业为例［J］．科技管理研究，2006（12）：113－116.

［196］唐辉亮，姚玉婷．开放经济条件下企业转型升级评价体系研究——基于沪市500家制造业上市公司数据的实证分析［J］．对外经贸，2016（10）：102－105.

［197］唐铁汉．以科学发展观为指导，加快推进政府职能转变［J］．行政管理改革，2010（1）：48－49.

［198］唐兴霖．政府转型、公民社会与中介组织功能定位［J］．上海行政学院学报，2008（6）：24－37.

［199］童昕，王缉慈，李天宏．特色产业区规划要引入生态工业思想［J］．浙江经济，2001（12）：32－33.

［200］汪斌，侯茂章．经济全球化条件下的全球价值链理论研究［J］．国际贸易问题，2007（3）：92－97.

［201］王琛，李翠，黄凯悦．转型升级背景下对产业集群促进区域创新的思考［J］．中外企业家，2016（3）：31－32.

［202］王福君，宋玉祥．技术创新推动辽宁省装备制造业升级的机理

和路径[J]. 理论界，2008（12）：63－64.

［203］王红领，李稻葵，冯俊新．FDI与自主研发：基于行业数据的经验研究[J]. 经济研究，2006（2）：44－56.

［204］王缉慈，童昕．简论我国地方企业集群的研究意义[J]. 经济地理，2001（5）：550－553.

［205］王缉慈．关于发展创新型产业集群的政策建议[J]. 经济地理，2004（4）．

［206］王静华．产业集群创新能力评价指标体系的构建[J]. 统计与决策，2011（19）：186－188.

［207］王立国，张日旭．财政分权背景下的产能过剩问题研究——基于钢铁行业的实证分析[J]. 财经问题研究，2010（12）：30－35.

［208］王立国，周雨．体制性产能过剩：内部成本外部化视角下的解析[J]. 财经问题研究，2013（3）：27－35.

［209］王敏，汤伟．皖江城市带对外贸易转型升级研究现状与趋势[J]. 铜陵学院学报，2016，15（2）：67－72，87.

［210］王敏，汤伟．皖江城市带外贸转型升级的影响因素实证分析[J]. 阴山学刊（自然科学版），2017，31（2）：18－22.

［211］王敏，汤伟．皖江城市带外贸转型升级的影响因素实证分析[J]. 铜陵学院学报，2012（9）．

［212］王薇．国际视野下公共服务运行的政府责任[J]. 改革，2013（6）：151－157.

［213］王文甫，明娟，岳超云．企业规模、地方政府干预与产能过剩[J]. 管理世界，2014（10）：17－36.

［214］王一鸣．企业自主创新面临三大困难［N］．中国企业报，2005－10－25.

［215］王玉燕，林汉川，吕臣．全球价值链嵌入的技术进步效应——来自中国工业面板数据的经验研究[J]. 中国工业经济，2014（9）：65－77.

［216］王岳平．我国产能过剩行业的特征分析及对策[J]. 宏观经济管

理，2006（6）：15－18.

［217］王云平．产业集群：发展动力、风险及防范［J］. 当代财经，2006（4）：87－89，93.

［218］王志刚．我国地方政府财政支出绩效管理的制度研究［D］. 财政部财政科学研究所论文，2014.

［219］卫新华．论基础设施建设的民间投资［J］. 价格理论与实践，2003（5）：40－41.

［220］魏浩，郭也．中国制造业单位劳动力成本及其国际比较研究［J］. 统计研究，2013，30（8）：102－110.

［221］魏后凯．从重复建设走向有序竞争［M］. 北京：人民出版社，2001.

［222］吴进红．对外贸易与工业结构升级——以扬州市为例的分析［J］. 上海经济研究，2007（7）：70－75.

［223］吴鹏跃．小微企业转型升级的评价指标及影响因素研究——基于378家企业的调查证据［J］. 统计科学与实践，2015（12）：12－16.

［224］吴延兵．国有企业双重效率损失研究［J］. 经济研究，2012，47（3）：15－27.

［225］谢利文．政府转型与民营经济发展环境优化［J］. 长春理工大学学报（社会科学版），2012，25（11）：98－99.

［226］邢苗，张建刚．五大发展理念下产业结构转型升级评价指标体系构建与测评［J］. 中国市场，2017（32）：16－21.

［227］徐朝阳，周念利．市场结构内生变迁与产能过剩治理［J］. 经济研究，2015，50（2）：75－87.

［228］徐充，刘志强．东北地区产业转型发展的现存难点与对策研究［J］. 江淮论坛，2016（1）：32－35，193.

［229］徐浩，冯涛，张蕾．金融发展、政府干预与资本配置效率——基于中国1978～2013年的经验分析［J］. 上海经济研究，2015（10）：40－48.

［230］杨桂菊．代工企业转型升级：演进路径的理论模型——基于3

家本土企业的案例研究[J]. 管理世界，2010（6）：132－142.

[231] 杨鸿台．论法治政府、责任政府、服务政府及政府职能转变[J]. 毛泽东邓小平理论研究，2004（7）：3－13.

[232] 杨立勋，高瑜．西北五省区工业转型升级测度及评价[J]. 统计与决策，2016（22）：109－112.

[233] 杨培鸿．重复建设的政治经济学分析：一个基于委托代理框架的模型[J]. 经济学（季刊），2006（1）：467－478.

[234] 杨艳红，卢现祥．外资开放和人口流动对中国地方政府规模的影响分析——基于空间计量模型[J]. 河北经贸大学学报，2018，39（2）：17－25.

[235] 杨志群．金融集聚、金融发展对企业技术创新的影响研究[D]. 南开大学论文，2013.

[236] 姚君．外商直接投资对产业结构升级的作用机制研究[J]. 经济与管理，2005，19（11）：41－43.

[237] 游秋琳，张霄，肖兆飞．制造业转型升级中的财政政策定位[J]. 地方财政研究，2016（4）：97－101.

[238] 于良春，余东华．中国地区性行政垄断程度的测度研究[J]. 经济研究，2009（2）：119－131.

[239] 余东华，邱璞．产能过剩、进入壁垒与民营企业行为波及[J]. 改革，2016（10）：54－64.

[240] 余明桂，范蕊，钟慧洁．中国产业政策与企业技术创新[J]. 中国工业经济，2016（12）：5－22.

[241] 俞超，李向东．常州民营中小型高新企业转型升级评价研究[J]. 江苏理工学院学报，2015，21（1）：56－62.

[242] 岳芳敏．产业集群升级机制及政府的作用[J]. 广东商学院学报，2009（1）：11－16.

[243] 岳意定，谢伟峰．城市工业转型升级发展水平的测度[J]. 系统工程，2014，32（2）：132－137.

[244] 翟东升. 解析“中国式”产能过剩[J]. 宏观经济管理，2013（7）：34－35.

[245] 张峰，黄玖立，王睿. 政府管制、非正规部门与企业创新：来自制造业的实证依据[J]. 管理世界，2016（2）：95－111，169.

[246] 张国强，温军，汤向俊. 中国人力资本、人力资本结构与产业结构升级[J]. 中国人口·资源与环境，2011，21（10）：138－146.

[247] 张海洋. R&D 两面性、外资活动与中国工业生产率增长[J]. 经济研究，2005（5）：107－117.

[248] 张宏娟，范如国，张应青. 传统制造业集群低碳转型升级的演化机理及策略研究[J]. 商业经济与管理，2016（6）：64－72.

[249] 张辉. 全球价值链下地方产业集群升级模式研究[J]. 中国工业经济，2005（9）：11－18.

[250] 张继良，赵崇生. 我国工业转型升级、绩效、问题与对策[J]. 调研世界，2015（12）：3－7.

[251] 张杰，刘志彪，郑江淮. 产业链定位、分工与集聚如何影响企业创新——基于江苏省制造业企业问卷调查的实证研究[J]. 中国工业经济，2007（7）：47－55.

[252] 张杰，刘志彪，郑江淮. 中国制造业企业创新活动的关键影响因素研究——基于江苏省制造业企业问卷的分析[J]. 管理世界，2007（6）：64－74.

[253] 张杰，刘志彪. 需求因素与全球价值链形成——兼论发展中国家的“结构封锁型”障碍与突破[J]. 财贸研究，2007（6）：1－10.

[254] 张天华，张少华. 偏向性政策、资源配置与国有企业效率[J]. 经济研究，2016，51（2）：126－139.

[255] 张维迎. 经济转型需让企业家精神自由[J]. 中国投资，2015（4）：98.

[256] 张文魁. 企业规模、企业异质性与经济持续增长[J]. 新视野，2018（2）：64－74.

[257] 张文龙，邓伟根，余锦龙. 城市化与产业生态化耦合发展的PSR机理与政策研究[J]. 广西社会科学，2012（1）：70-72.

[258] 张晓芹，王宇. 发达中小城市新型制造业综合评价与比较研究[J]. 科技管理研究，2018，38（9）：55-60.

[259] 张晓晓. 基于PSR-ESDA的山西省工业用地集约利用空间差异研究[D]. 山西农业大学论文，2015.

[260] 张尧庭，张璋. 几种选取部分代表性指标的统计方法[J]. 统计研究，1990（1）：52-58.

[261] 张银杰. 论企业、市场、政府的行为边界[J]. 当代经济研究，1997（5）：29-32.

[262] 张志元，李兆友. 新常态下我国制造业转型升级的动力机制及战略趋向[J]. 经济问题探索，2015（6）：144-149.

[263] 赵昌文，许召元. 国际金融危机以来中国企业转型升级的调查研究[J]. 管理世界，2013（4）：8-15，58.

[264] 赵立波，窦泽秀，毕监武. 政府转型与社会管理体制改革[J]. 科学社会主义，2005（3）：42-45.

[265] 赵天航. 政府转型问题研究述评[J]. 理论与现代化，2017（5）：92-99.

[266] 赵文军，于津平. 贸易开放、FDI与中国工业经济增长方式——基于30个工业行业数据的实证研究[J]. 经济研究，2012，47（8）：18-31.

[267] 赵晓晨. 加工贸易转型升级效果评价[J]. 当代财经，2011（9）：85-93.

[268] 郑健壮，吴晓波. 中小企业集群经济持续发展动因[J]. 经济理论与经济管理，2002（3）：31-33.

[269] 郑江淮，高彦彦，胡小文. 企业“扎堆”、技术升级与经济绩效——开发区集聚效应的实证分析[J]. 经济研究，2008（5）：33-46.

[270] 郑江淮. 国有企业预算约束硬化了吗？——对1996~2000年

信贷约束政策有效性的实证研究[J]. 经济研究，2001（8）：53 - 60.

[271] 郑勇军，孟琦. 全球化背景下的浙江制造业战略性结构调整研究[J]. 浙江社会科学，2002（6）：33 - 36，54.

[272] 中国社会科学院工业经济研究所. 中国工业发展报告（2013）——稳中求进的中国工业[M]. 北京：经济管理出版社，2013.

[273] 中国社会科学院工业经济研究所. 中国工业发展报告(2014)——全面深化改革背景下的中国工业[M]. 北京：经济管理出版社，2014.

[274] 钟春平，潘黎. "产能过剩" 的误区——产能利用率及产能过剩的进展、争议及现实判断[J]. 经济学动态，2014（3）：35 - 47.

[275] 钟自然，谷雨. 从统计看广东专业镇经济与浙江块状经济[J]. 广东科技，2010，19（19）：29 - 31.

[276] 周炳中，杨浩，包浩生，赵其国，周生路. PSR 模型及在土地可持续利用评价中的应用[J]. 自然资源学报，2002（5）：541 - 548.

[277] 周劲，付保宗. 产能过剩的内涵、评价体系及在我国工业领域的表现特征[J]. 经济学动态，2011（10）：58 - 64.

[278] 周黎安，陶婧. 政府规模、市场化与地区腐败问题研究[J]. 经济研究，2009，44（1）：57 - 69.

[279] 周黎安. 政府转型：一场 "触及灵魂" 的革命[J]. 北大商业评论，2015（5）：82 - 89.

[280] 周黎安. 中国地方政府公共服务的差异：一个理论假说及其证据[J]. 新余高专学报，2008（4）：5 - 6.

[281] 周密，刘秉镰. 供给侧结构性改革为什么是必由之路？——中国式产能过剩的经济学解释[J]. 经济研究，2017（2）：67 - 81.

[282] 周升起，兰珍先，付华. 中国制造业在全球价值链国际分工地位再考察——基于 Koopman 等的 "GVC 地位指数" [J]. 国际贸易问题，2014（2）：3 - 12.

[283] 周晓晔，孙欢，王喆. 基于云模型的区域物流产业集群升级评价——以沈阳经济区为例[J]. 工业工程与管理，2014，19（6）：133 -

137.

［284］周长富，杜宇玮．代工企业转型升级的影响因素研究——基于昆山制造业企业的问卷调查[J]. 世界经济研究，2012（7）：23－28，86－88.

［285］周志忍．世界行政体制改革大势：政府后退，市场回归[J]. 理论参考，2006（6）：52－53.

［286］朱英明，杨斌，周晓丽，朱峰．产业集聚困境研究：回顾与展望[J]. 经济评论，2011（2）：145－151.

［287］竺乾威．经济新常态下的政府行为调整[J]. 中国行政管理，2015（3）.

［288］邹建华，韩永辉．引资转型、FDI 质量与区域经济增长[J]. 国际贸易问题，2013（7）.

［289］刘艳艳．底特律汽车产业转型失败及启示［J］．世界地理研究，2012，21（3）：101－110.

［290］杜朝晖．发达国家传统产业转型升级的经验及启示［J］．宏观经济管理，2017（6）：87－92.

［291］Schmitz H. Local Upgrading in Global Chains：Recent Findings［J］. Institute of Development Studies Sussex，2004.

［292］张杰，陈志远，刘元春．中国出口国内附加值的测算与变化机制［J］．经济研究，2013（10）：124－137.

［293］张杰，郑文平．全球价值链下中国本土企业的创新效应［J］．经济研究，2017（3）：151－165.

［294］马述忠，张洪胜，王笑笑．融资约束与全球价值链地位提升——来自中国加工贸易企业的理论与证据［J］．中国社会科学，2017（1）：83－107.

［295］侯峻，胡俊成，季斌．中国城市新型制造业评价指标体系研究［J］．现代城市研究，2007（7）：35－42.

［296］张斌．中国经济存在平均 14 个季度的短周期［EB/OL］．搜狐网，http：//www. sohu. com/a/121311188_ 481451.